인생을 바꾸는
# 창의력 수업

## 차례

2024년 개정판 서문: 창의력, 아이뿐 아니라 모두에게 필요하다 ··· 8
2019년 한국판 서문: 교육은 어떻게 변화해야 하는가 ··· 12

들어가는 말 ··· 16

## 1부

# 창의력이란?

### 1장 · 창의력 위기

창의력이 떨어지면 무슨 일이 벌어질까 ··· 32
창의력은 교육과 제도에서 온다 ··· 37
창의력 하락의 진정한 원인 ··· 40
잘못된 교육제도가 창의력을 망쳤다 ··· 44

### 2장 · 창의력 해법

창의력은 혁신의 필수조건 ··· 54
1단계: 4S 풍토 ··· 60
2단계: 4S 태도 ··· 65
3단계: ION 사고력 ··· 77
우선 풍토가 중요하다 ··· 81

> 2부

# 혁신가를 낳는 최소한의 조건

## 3장 · 비옥한 토양에서 단단한 태도가 자란다

혁신가 아인슈타인을 만든 삶 ··· 88
비옥한 토양 풍토 조성하기 ··· 101
5가지 토양 태도 기르기 ··· 111

## 4장 · 따뜻한 햇살이 싹을 틔운다

혁신가 스티브 잡스를 만든 삶 ··· 126
밝은 햇살 풍토 조성하기 ··· 138
6가지 햇살 태도 기르기 ··· 150

## 5장 · 비바람 속에서 더욱 단단해진다

혁신가 넬슨 만델라를 만든 삶 ··· 168
거센 비바람 풍토 조성하기 ··· 180
8가지 비바람 태도 기르기 ··· 197

## 6장 · 자기만의 공간이 혁신을 만든다

혁신가 조지아 오키프를 만든 삶 ··· 220
자유로운 공간 풍토 조성하기 ··· 231
8가지 공간 태도 기르기 ··· 247

## 3부

# 창의력과 문화

### 7장 · 남자가 여자보다 창의적일까?

| | |
|---|---|
| 노벨상 수상자는 왜 대부분 남자일까 | ⋯ 276 |
| 최초로 노벨상을 두 번 받은 마리 퀴리 | ⋯ 278 |
| 밀레바 마리치가 꽃피우지 못한 창의력 | ⋯ 285 |
| 가부장적 문화는 어떻게 여성의 창의력을 죽이는가 | ⋯ 290 |

### 8장 · 유대인이 아시아인보다 창의적일까?

| | |
|---|---|
| 노벨상을 휩쓰는 유대인 | ⋯ 298 |
| 유대인의 4S 양육 | ⋯ 301 |
| 아시아인의 4P 양육 | ⋯ 315 |
| 타이거 마더가 될 것인가 | ⋯ 326 |

### 4부

# 창의적 사고력을 키우는 사과나무 창의 과정

## 9장 · 사과나무 창의 과정과 ION 사고력

| | |
|---|---|
| 미국인의 잘못된 선택 | ⋯ 336 |
| ION 사고력이란 | ⋯ 338 |
| 사과나무 창의 과정 1단계: 전문성 개발 | ⋯ 344 |
| 사과나무 창의 과정 2단계: 욕구 식별 | ⋯ 352 |
| 사과나무 창의 과정 3단계: 아이디어 창출 | ⋯ 355 |
| 사과나무 창의 과정 4단계: 잠재의식적 처리 | ⋯ 365 |
| 사과나무 창의 과정 5단계: 아이디어 평가 | ⋯ 370 |
| 사과나무 창의 과정 6단계: 합성 | ⋯ 375 |
| 사과나무 창의 과정 7단계: 변형 | ⋯ 383 |
| 사과나무 창의 과정 8단계: 홍보 | ⋯ 389 |
| 사과나무 창의 과정에 적용되는 ION 사고력 | ⋯ 397 |

나가는 말 ⋯ 401

### 2024년 개정판 서문

## 창의력, 아이뿐 아니라 모두에게 필요하다

저는 2016년 이 책의 초판본이자 원서인 《The Creativity Challenge: How We Can Recapture American Innovation》을 출간한 이후, 여태 뇌과학에 몰입했습니다. 창의적으로 성공한 사람들, 즉 혁신가들의 두뇌에서 어느 영역의 신경세포가 혼자, 또는 다른 영역의 세포와 함께 신경 조직망을 만들고, 어떤 창의 과정에 기여하는지 연구했습니다. 그러다 보니 세월이 이렇게 흐른지도 몰랐습니다.

또한 27가지 창의적 태도에서 무엇이 창의력 사고 개발, 두뇌 발달, 정신 건강에 더욱 기여하는지도 연구했습니다. 그렇게 쓴 논문이 곧 저명한 뇌과학 학술지에 게재될 것입니다. 연구 결과는 제가 이어서 쓸 성인용 창의력 개발서의 뼈대로 삼으려고 합니다.

저는 아이들의 창의력 개발을 위한 책을 펴낸 뒤, 어른들의 창의력을 먼저 개발해야 아이들의 창의력도 개발할 수 있다는 것을 깨달았습니다. 저는 당신이 이 책을 읽으며, 아이들의 창의력은 물론 당신의 창의력을 어떻게 개발할 것인지도 깊이 생각해보면 좋겠습니다.

'창작과정The Creative Process'을 세계에서 처음으로 이론화한 그레이엄 월러스Graham Wallas는 과학, 예술, 수학, 철학 등 분야에서 위대한 결과물을 낸 혁신가와 직접 면담하거나, 그들의 저서를 분석해 어떤 창작과정을 거쳤는지 연구하고 이를 이론화했습니다.

그 연구 결과는 《위대한 사회The Great Society》(1914)와 《사고의 기술 The Art of Thought》(1926)이라는 책에 정리되어 있습니다. 이 책은 과학이든 예술이든 창의적인 결과물은 동일한 창작과정을 거쳐서 탄생한다는 것을 이야기합니다. 그 과정은 구체적으로 전문성 준비과정, 창작 상상과정, 그리고 창작 검증과정으로 이뤄지는데, 분야에 상관없이 모든 창작자가 이 과정을 거친다고 합니다.

또한 이 창작과정은 한 번으로 그치지 않고, 더 새롭고 유용한 것을 만들기 위해 반복됩니다. 월러스의 이론은 이 책에 쓰인 저의 이론과 아주 비슷하지만, 저는 그의 이론과 제 연구를 바탕으로 몇 부분을 간결화했습니다. 그렇게 '창의력 선순환 7단계The Virtuous 7 Neuro-Creative Cycle' 이론을 만들었습니다.

세계가 급속도로 발전하고 변함에 따라, 지구촌이라는 말이 더는 비유가 아니게 되었습니다. 예기치 못한 미래에 생길 더 복잡한 문제를 해결하기 위해 창의력은 더욱 중요해졌습니다. 기존의 지식과 기술을 그대로 이용하기만 했다면, 코로나 백신 같은 것은 만들 수 없었을 것입니다.

창작과정에서 상상력으로 색다른 아이디어를 제시하는 힘은 아이디어를 구체화하는 힘보다 훨씬 중요합니다. 색다른 아이디어가 없으면 그것을 값지게 만드는 힘은 아무런 빛을 발하지 못합니다. 우리나라는 기존의 것을 갈고 닦는 힘을 길러 가난에서 벗어나고, 또 선진국의 대열에 설 수 있었습니다. 그런데 이제 인공지능이 인간의 역할을 대체하는 시대가 오고 있습니다. 기존의 것을 갈고 닦는 힘은 이전보다 가치가 떨어질 수밖에 없습니다. 한국의 미래 인재는 이제 새로운 아이디어를 만들어낼 수 있어야 합니다.

그래서 이 책의 분야를 교육서에서 인문서로 바꾸고, 제목도 고쳐 시대의 흐름에 맞게 개정판을 내고자 했습니다. 미래의 한국을 책임질 아이들뿐 아니라, 이 시대의 주인공이자 미래의 주연을 길러내는 역할을 맡은 어른들도 이 책을 함께 읽고 창의력을 개발하길 바라는 마음에서 말입니다.

뇌의 구조를 바꾸기는 어렵습니다. 나이가 들수록 그렇습니다. 어른에게 더 어려운 것이 사실입니다. 그렇다고 어른의 뇌의 구조를 바꾸기가 불가능하다는 의미는 아닙니다. 가령 직장에서 은퇴한 어르신이 예술이나 과학 분야의 지식과 기술을 습득하고 창작에 몰두하면, 두뇌가 왕성히 활동해 뇌의 구조까지도 바뀌곤 합니다. 자라는 한국의 꿈나무는 물론이고 성인도 다음과 같은 방법으로 창의력을 키울 수 있습니다.

(1) 남보다 나 자신에 집중하고(독립심), (2) 자신이 즐기는 분야나 주

제를 분명히 하고(호기심), (3) 자신의 지식, 기술, 경험을 감각과 감정에 따라 즉흥적으로 아이디어나 창작품을 만들고(재미), (4) 자신과 그 결과물, 그리고 미래에 대해 긍정적으로 생각하고(자신감), (5) 새로운 방법을 시도하며 가능성을 넓히고(개방성), (6) 공동체 의식으로 남을 돕고 협력하고(연대감), (7) 날마다 완성된 창작품이 어떻게 세상을 이롭게 할지 생생하고 열렬한 감정으로 상상함과 동시에, 시간과 정성을 들여 그 일을 자기 정체성의 일부분으로 삼게 됩니다. 그러면 어떤 어려움이 닥쳐도 쉽게 포기하지 않게 됩니다.

　진정 자아가 추구하는 길을 걸으면 도파민이 분비되어 설렘과 기대감으로 충만해지고, 이 설렘과 기대감은 다시 장기간 창작과정의 원동력이 되어 잠재력을 일깨웁니다. 덤으로 건강까지 좋아지게 되지요. 뜻깊고 의미 있는 일에 대한 개인의 열정과 헌신, 또 그로 인한 뇌의 구조 변화는 사회적인 결속으로 이어지고, 세상을 더 나은 곳으로 만듭니다. 저는 이러한 방향성이 아이뿐 아니라, 우리 모두에게 부여된 과업이자 목표이길 바랍니다. 이 책이 더 나은 세상을 위한 마중물이 되기를 바랍니다.

**2019년 한국판 서문**

## 교육은 어떻게 변화해야 하는가

"재미있어서 공부하는 사람이 어디 있니?" 한국의 양육자들은 보통 이런 말로 아이를 훈육하며 억지로 정해진 교육과정을 따르게 합니다. 그런데 과연 그런 사람이 없을까요? 저는 이렇게 제안합니다.

"재미있어 하는 걸 공부하게 하세요!"

모든 아이는 호기심을 타고납니다. 호기심이 충족되면 재미를 느끼고, 재미를 느끼면 관심이 생기고, 관심이 커지면 흥미가 생기고, 흥미가 더해지면 열정이 됩니다. 열정은 배움의 즐거움을 경험하도록 돕습니다. 그러니 호기심과 재미는 아이들을 바르게 교육하기 위한 첫 단추입니다. 또한 창의력 개발의 원동력이기도 하고요.

호기심은 열정을 낳습니다. 사람들은 한 분야의 전문가를 만나면 "열정이 느껴진다"고들 합니다. 그 열정 덕에 '잘하는' 사람이 되었다고 생각합니다. 그러나 이는 거꾸로 된 해석입니다. '열정이 있어서' 잘하는 것이 아니라. 흥미 있고 좋아하는 것을 반복해 '잘하게 되면' 열정이 생기는 것입니다. 30년 동안 수많은 전문가와 혁신가를 연구하고 얻은 결론입니다.

4차 산업혁명 시대가 오고 있습니다. 기술과 문화, 과학과 경제 등 세상 전체가 급변하고 있습니다. 그런데 교육도 시대에 발맞춰 변하고 있을까요? 안타깝게도 교육은 변화를 주저하고 있습니다. 특히 한국 사회는 아직도 '시험위주 능력주의' 문화에서 벗어나지 못하고 있습니다. 미래는 융합의 시대입니다. 혼자의 힘으로는 결코 성공할 수 없습니다. 그런데 한국의 시험위주 능력주의는 경쟁을 조장합니다. 경쟁 중심 문화는 타인과의 교류와 협업을 꺼리게 만듭니다. 하지만 보십시오. 마이크로소프트, 애플, 구글 등 누구나 아는 굴지의 글로벌 기업은 둘 이상의 전문가가 힘을 합쳐 창업한 경우가 대다수입니다.

세계적으로 4차 산업혁명을 준비하는 데에 온 힘을 쏟고 있습니다. 국가의 성장과 경쟁력을 좌우하는 교육에 대한 관심도 어느 때보다 높습니다. 미국은 물론이고 유럽의 교육자와 교육행정가 역시 창의력 이론에 관심을 가지고 제게 조언을 청하고 있습니다. 창의력이 다가오는 시대의 핵심 역량이기 때문입니다. 창의력이 뛰어난 아이는 세상이 어떻게 변해도 적응하고 성공할 수 있습니다.

안타깝게도 현재 한국의 풍토에서는 창의적인 인재가 자라나기 어렵습니다. 천편일률적으로 지식을 암기하고 시험을 치러야 하는 경쟁 속에서 아이들은 자신의 강점과 약점, 적성과 흥미를 찾을 기회를 박탈당합니다. 실생활과 무관한 지식을 암기하면서, 아이는 지겨움을 느끼고 흥미를 잃으며, 창의력 개발의 결정적인 시기를 놓치게 됩니다.

제 사명은 세상을 '더 나은 곳'으로 만드는 것입니다. 이 사명을 교육으로 이루고자 합니다. 세상을 더 나은 곳으로 바꾼 혁신가를 연구해서 그들이 어떻게 혁신을 일구었는지를 밝히고, 이 과정을 많은 사람이 배울 수 있도록 했습니다.

혁신은 창의력의 산물입니다. 또 창의력은 아이의 호기심과 재미를 충족시키는 풍토에서 자랍니다. 호기심과 재미를 충족시키는 풍토에서 자란 아이는 스스로 배우고, 전문가가 되고, 마침내 혁신을 이룹니다. 부모와 교육자를 비롯한 양육자는 자유와 상상력이 마음껏 숨 쉬는 풍토에서, 아이들이 전문성을 쌓아 혁신을 추구하도록 도와야 합니다.

인간은 자신이 좋아하는 것을 잘하고, 그것으로 남을 도울 때 진정한 행복을 느낍니다. 흥미를 찾아서 자신감을 찾고, 행복해진 아이가 타인과 협력해서 세상을 발전시키고 사회적 약자들을 돕는 것이 진정한 혁신입니다. 이 과정이 창의력 개발이고, 다가오는 시대에 필요한 교육입니다.

이 책은 2016년 미국에서 출간한 《The Creativity Challenge: How We Can Recapture American Innovation》을 한국의 현실에 맞게 새롭게 구성한 결과물입니다. 저는 오랫동안 창의력을 연구했습니다. 교수로서 학생들을 가르쳤으며, 학자로서 논문을 발표했습니다. 그리고 무엇보다

한 명의 부모로서 우리나라 교육이 올바른 방향으로 변화하길 소망하고 있습니다. 이 책이 그 출발점이 된다면 더없이 기쁠 것입니다.

## 들어가는 말

 나는 이 책으로 세상을 바꾸고 싶다. 선생님, 부모님, 아이 모두를 돕기 위해 이 책을 썼고, 특히 아이들이 창의력을 발휘해 자신의 꿈을 이루는 데 도움이 되길 바란다. 이 책은 내가 성년기 내내 품었던 꿈의 결정체이다. 나에게 '창의력'은 단순히 하나의 연구 주제가 아니다. 창의력은 나의 구원이었다.

 나는 산골 마을에서 태어나 서른세 살 때까지 한국에서 살았다. 한국에서 사는 동안 내 인생은 대체로 끔찍했다. 한국 사회에 깔려 있는 유교적 가르침을 따를수록 자기표현 욕구가 짓밟혔기 때문이다. 하지만 내 창의력의 잉걸불은 나의 어머니와 한 분의 선생님, 그리고 한 미군의 친절 덕분에 꺼지지 않을 수 있었다.

 집에서 트럭으로 약 30분 정도 걸리는 팔공산 꼭대기에는 군 기지가 두 곳 있었다. 한 곳은 미군 기지, 다른 한 곳은 국군 기지였다. 팔공산은 우리 마을에 눈이 오기 전부터 언제나 얇은 눈을 담요처럼 두르고 있었다. 흰 눈가루는 마을에 내렸던 눈이 다 녹고 한참이 지나서까지도 그대로 있었다. 나는 그 추운 산봉우리에 사는 군인들이 안됐다고 생각했다.

한국 군인들의 가족은 우리 집 근처에 살았다. 내 눈에 그들은 엄청난 부자로 보였다. 나도 그렇고 우리 마을에 사는 아이들은 지저분했다. 머리에는 이도 있었다. 목욕은 냇물이나 강물에서 미역을 감을 수 있는 여름에만 할 수 있었다. 그런데 군인 자녀들은 여름은 물론 겨울에도 목욕을 했다. 그 아이들의 머리에서는 꽃향기가 났다. 군 자녀들의 방에는 욕조가 있다는 얘기를 들었는데, 나는 믿지 않았다. 당시의 내겐 집 안에 그렇게 많은 물이 있다는 게 도무지 믿기지 않았다.

미군의 가족들이 어디에 사는지는 나도 몰랐다. 그들이 지구 반대편에 살고 있다는 선생님의 말씀을 듣기는 했다. 하지만 그곳이 어딘지 상상이 안 되었다. 머릿속으로 그릴 수 있는 가장 먼 곳은 중국과 일본이었다. 왜 미군이 가족도 없이 추운 팔공산 꼭대기에 있는 건지도 이해가 안 되었다.

미군과 얽힌 최초의 기억은 내가 세 살 무렵의 일이다. 기지를 향해 비포장도로 흙길을 달리던 군용 트럭들의 뒤꽁무니를 따라 마을 아이들이 죄다 환호성을 지르면서 뛰어갔다. 우리는 군인들이 뿌려주는 캐러멜 캔디를 잡기 위해서 먼지 구덩이 속을 구르다시피 내달리며 몸싸움을 벌였다.

캐러멜 캔디는 말랑말랑하고 쫀득쫀득했다. 먹는 동안 이에 쩍쩍 들러붙었다. 오후 내내 그 맛이 입술에 남아 있었다. 그것은 내 인생 최초로 맛본 캐러멜 캔디였다. 인근 농장에서 나오는 달콤한 과일이 지천에 널려 있었지만, 캐러멜 캔디 같은 것은 우리 마을에 없었다.

내가 다닌 중학교에는 학생이 210명 있었다. 우리는 각각 70명씩 세 그룹으로 나뉘어 대부분의 시간을 보냈다. 초등학교는 집에서 도보로 10분 거리에 있었는데, 중학교에 갈 때는 꼬박 1시간이 걸렸다. 초등학교와 중학교 모두 공립학교로, 아주 작은 산촌에 사는 아이들이 다녔다.

당시 한국에서 산간벽지에 부임한 교사는 학교 관리자가 되는 데 필요한 가산점을 받을 수 있었다. 그러다 보니 우리 학교에 계신 선생님도 대부분 50대 중반 즈음에 교장이 되겠다는 목표를 품고 있는, 야심 차고 열정적인 남성들이었다. 선생님들은 가정방문 때 교육과 근대성이 왜 필요한지를 알려주었고, 또 비전을 심어주었다. 우리 학교 선생님들은 학생과 학부모 모두를 교육해주었다.

1978년 12월, 중학교 1학년 말이었다. 담임선생님은 내가 전교생 210명 가운데 가장 높은 성적을 받았다고 발표했다. 그러고 나서 미군이 학교를 방문해 나와 전교 2등 남학생에게 장학금을 줄 것이라고도 했다. 그때까지 나는 장학금이라는 게 뭔지 몰랐다.

담임선생님이 설명한 대로 안테나에 성조기를 단 미군 지프 한 대가 학교 운동장으로 들어섰고, 뒤이어 대형 트럭 한 대도 따라왔다. 그 트럭에는 학생들을 위한 탁구대 4대가 실려 있었다. 열광의 도가니였다. 남학생들은 의자에서 펄쩍 뛰어오르더니 흥분해서 마구 소리를 지르며 밖으로 뛰쳐나갔다.

나는 지프를 타고 도착한 미군 세 명을 맞기 위해 교장실로 갔다. 장식

단추가 달린 녹색 군복을 입고서, 환하게 미소를 짓고 있는 그들은 우리보다 키가 훨씬 컸다. 내 눈에 그들의 피부는 너무나도 하얬다. 빛이 나는 것 같았다. 아주 큼지막한 손에는 털이 북슬북슬했다.

당시 미군의 눈에 우리가 어떻게 비쳤을지 나는 짐작만 할 뿐이다. 나의 얼굴과 옷은 꼬질꼬질하고 지저분했다. 머리카락은 엉겨 붙어 헝클어져 있었다. 다른 아이들처럼 내 머리에는 피를 빨아먹어서 통통하게 살이 올라 느릿느릿 굼뜨게 움직이던 이가 있었다.

미군은 나에게 돈이 든 봉투를 건넸다. 전교 2등 남학생에게도. 나는 충격을 받았다. 한국인들은 우리 학교에 장학금을 준 적이 한 번도 없었다. 이토록 힘 있고 거대하고 초인적인 존재가 왜 우리에게 호의를 베푸는 걸까?

영어 선생님은 손으로 한 군인을 가리키면서 사진을 찍을 수 있도록 그를 쳐다보라고 하셨다. 우리가 고개를 돌리자마자 빛이 번쩍했다. 윙 하는 소리가 나더니 놀랍게도 작은 상자에서 사진 한 장이 튀어나왔다. 카메라에 대해서는 전에 들어본 적이 있었다. 하지만 사진을 찍자마자 곧바로 현상되는 카메라가 있는 줄은 꿈에도 몰랐다. 마법 같았다!

전교 2등 남학생은 눈이 왕방울만 해져서는 나를 쳐다봤다. 나도 그보다 더 눈이 커져서는 그 아이를 마주 봤다. 그것은 내 인생 최초의 사진이었다. 안타깝게도 시간이 흐르면서 사진은 희미해졌다. 하도 자주 들여다봐서 닳은 듯도 하다. 나는 그 사진을 보물 상자 안에 보관해두고서 보고 또 봤다. 심지어 사진 속 형상이 사라진 뒤에도.

미군이 다녀간 뒤로 많은 변화가 있었다. 남자아이들은 수업 전후로 탁구를 치려고 매일 일찍 등교했다. 그리고 공부에 더 열의를 보였다. 성적이 좋으면 학교에 탁구대가 생기고, 돈까지 받을 수 있다는 사실을 깨달았기 때문이었다. 나와 함께 장학금을 받았던 남학생은 나중에 육군사관학교에 들어갔고, 청와대에서 근무했다. 영감을 받은 그는 우리에게 장학금과 탁구대를 준 미군처럼 되리라는 꿈을 품었다.

나에게도 그 경험은 인생을 바꾼 사건이었다. 부모님은 당시 300달러 정도였던 장학금을 내가 더 잘 공부할 수 있도록 하는 데 몽땅 쓰셨다. 그때껏 내 것이 되리라고는 상상도 하지 못했던 물건들을 사주셨다. 매일 2시간씩 걸어서 통학하느라 시간을 낭비하지 않도록 거의 새것이나 다름없는 자전거도 사주셨다.

여유 시간이 생기자 나는 매일 더 오랜 시간 공부할 수 있었다. 내가 자전거를 타고 지나갈 때면 온 마을 사람들이 웃으며 손을 흔들었다. 내가 받은 장학금으로 산 자전거라는 사실을 모두 알고 있었다.

부모님은 1인용 침대와 매트리스도 사주셨다. 나는 잠도 더 잘 자고, 공부도 더 잘할 수 있었다. 당시 평범한 한국 가정에서는 바닥에 두툼한 요를 깔고 잠을 잤다. 그런데 나는 이때부터 나만의 침대를 가진 것이다.

이게 끝이 아니었다. 부모님은 카세트 플레이어와 영어 카세트테이프, 영어 교과서도 사주셨다. 덕분에 나는 영어 말하기를 더 잘 배울 수 있었다. 남은 돈으로는 새끼 돼지 다섯 마리를 사셨다. 그리고 이 돼지들이 낳은 새끼들을 수도 없이 팔아서 고등학교 수업료를 내셨다.

미군은 본인들이 준 선물이 우리 마을에 얼마나 큰 변화를 주었는지 모를 것이다. 선생님들은 가난한 마을에서 벗어나 언젠가는 나 같은 처지의 사람들을 도울 수 있도록 공부를 더 열심히 하라고 독려했다. 나는 여러 뉴스와 역사를 통해 숭고한 열정이 일상을 어떤 식으로 향상시킬 수 있는지도 알게 되었다. 현재 나는 학생, 교사, 학부모 등을 지도할 때마다 변화를 만들고 있다.

나는 영감을 받고, 학문적으로 성공한 이후에도 미래의 정체성을 또렷이 하기 위해 고군분투했다. 내가 어릴 때 사람들은 나더러 호기심이 지나치다고 나무랐다. 이런 기억 때문에 대학원 시절까지 나는 너무나도 많은 질문을 참아야 했다. 교사나 교수에게 무례한 행동으로 보일까 봐 걱정했기 때문이다.

나는 여느 한국 여성과 달랐다. 한마디로 둥근 구멍에 들어가려는 네모난 못이었다. 한국의 학교에서 교사 생활을 할 때 나는 예상 밖의 질문이나 별난 질문을 던지는 학생들을 좋아했다. 비록 그 아이가 사고뭉치라고 해도 말이다. 하지만 내 방식은 유교적 가르침과 충돌했다. 문화적 가치와 창의력 사이의 갈등을 이해하기까지 오랜 시간이 걸렸다. 나는 미국으로 이주하여 창의력을 연구하고 나서야 비로소 그런 갈등이 발생하는 이유를 깨달았다.

10년 동안 중고등학교에서 영어를 가르치다가 네 살과 아홉 살짜리 두 아이를 데리고 한국에서 탈출했다. 하루하루가 모험과 발견, 임기응변이 뒤섞인 희비극이었다. 나는 내가 자라온 곳과는 모든 게 다른 환경에서 자식들을 키우기 위해 아등바등했다. 아이들의 창의력을 기르는 새로운 접근법을 발견할 때마다 많은 실수를 저지르기도 했다. 나는 내 경험과 연구 결과를 나와 비슷한 상황과 욕구에 맞닥뜨린 이들과 공유하려 한다. 내 전철을 밟지 않길 바라기 때문이다.

나는 창의력과 혁신가들을 연구하면서 오랜 시간을 보냈다. 수년간 전문적인 학계의 독자들을 대상으로 창의력의 다양한 측면에 관해 광범위하게 조사하고 글을 써왔다. 하지만 이 책은 단순한 통계나 분석을 훨씬 뛰어넘는 내용을 담고 있다. 이 책에는 혁신가의 삶에 담긴 놀라운 영향력과 혁신의 요인들에 관한 이야기도 있다. 모든 사람이 창의력이 무엇인지 이해하고, 또 창의력을 꽃피울 수 있게끔 기운을 북돋아줄 것이다.

나는 혁신을 낳는 실질적인 3단계를 개발했다.

1단계: 창의적 풍토 조성하기
2단계: 창의적 태도 기르기
3단계: 창의적 사고력 적용하기

《내 아이를 위한 창의력 수업》은 세 부류의 사람들, 즉 양육자(학부모, 교육자), 학교, 정부, 기업 그리고 창의적인 성인과 학생에게 창의력 기술 및 도구를 제공하도록 설계되었다.

**양육자**(학부모, 교육자): 이 책의 가장 주요한 독자층은 학부모와 교육자다. 이들은 아이들이 무엇을 성취할지는 통제할 수 없지만, 창의적인 풍토 및 태도를 조성하는 데 필요한 요소들은 통제할 수 있다. 창의력 발달은 개인마다 다르다. 내가 20년 넘게 해 온 창의력 연구 결과에 따르면, 이는 타고난 능력이나 재능, 혹은 IQ가 아니라, 각자 인생의 경험 차이에 따라 달라진다. 이 책에서는 양육자가 어떻게 창의적 풍토를 조성하고 아이들의 창의적 태도를 키우는지, 그리고 아이들은 어떤 식으로 창의적 사고력을 적용하는지 자세히 들여다볼 것이다. 나는 광범위한 연구조사를 통해 양육자가 이미 짜둔 계획이나, 하고 있는 노력과 결합하기 쉬운 실제 사례들을 소개하려고 한다. 양육자는 우등생이 혁신가가 되도록 도움을 줄 수 있다. 알베르트 아인슈타인, 스티브 잡스, 넬슨 만델라, 조지아 오키프, 마리 퀴리 같은 혁신가들은 대체로 어린 시절에 산만한 행동들을 보였는데, 이들의 양육자는 이런 행동들을 이해함으로써 사고뭉치들을 미래의 혁신가로 탈바꿈시켰다.

학교, 정부, 기업: 이 책은 학교, 정부, 기업 등 여러 기관이 독특하고 유용한 아이디어나 상품, 서비스를 보다 효율적이면서도 효과적으로 개발할 수 있는 방법을 제공한다.

성인, 학생: 내가 진행하는 대학원 수업에서 이 책의 초안을 사용해 대학원생들이 창의력을 이해하고, 본인의 창의력을 향상시키도록 했다. 이 책은 라이터스 블록(writer's block, 글길 막힘)을 깨부수고 싶거나 그래야 하는 사람, 예술적 비전을 좇는 사람, 기업가적인 꿈을 실현하고자 하는 사람, 네모난 못 같은 인생에서 탈출하고자 하는 사람, 아니면 그저 부모의 지하실에서 벗어나고자 하는 사람들에게도 통찰력을 제공한다. 관심거리를 발견하고 키워 그것을 열정으로 탈바꿈시킴으로써 본인의 창의력을 어떤 식으로 향상시킬 수 있는지 보여준다.

개인이 내면의 창의적 잠재력을 깨우게끔 돕는 일은 식물을 키우는 과정과 매우 닮아 있다. 나는 창의적 풍토를 조성하고 창의적 태도를 길러 창의적 사고력을 적용함으로써 혁신에 이르는 단계를 보여주기 위해 '정원 가꾸기'라는 은유를 사용하려고 한다.

### 1부: 창의력이란?

1장에서는 2010년 미국에서 폭발적인 반응을 불러일으켰던 '창의력 위기' 현상과 그 연구 결과를 다룬다. 1990년 이후로 미국인의 창의력이 저하되고 있다는 사실을 발표하면서 나의 연구는 언론 매체에서 악명을 떨쳤다. 여기서는 창의력 위기의 원인과 반응, 결과, 시험 위주 풍토 쪽으로 향하는, 즉 창의적 풍토에 반하는 미국 교육의 경향에 대해 이야기한다.

2장에서는 창의력의 본질을 밝히고, 혁신을 달성하기 위한 3단계인 창의적 풍토Climate · 태도Attitude · 사고력Thinking skills을 제시한다. 이 'CAT 이론'에 따라 창의적 풍토를 조성해 창의적 태도를 키우면 창의적 사고가 가능해지고, 창의적 사고를 적용해 혁신을 달성할 수 있다.

### 2부: 혁신가를 낳는 최소한의 조건

농촌에서 자란 덕분에 나는 작물이 튼튼하고 생산성 있게 자라도록 만드는 요소를 잘 안다. 바로 비옥한 토양, 밝은 햇살, 거센 비바람, 자유로운 공간이다. 이와 유사하게 아이들의 창의력이 잘 자라도록 하는 데에도 내가 '4S 풍토'라고 이름 붙인 조건이 필요하다. 다양한 자원과 경험(토양, soil), 영감과 격려(햇살, sun), 높은 기대치와 도전(비바람, storms), 홀로 있으면서 독특할 자유(공간, space) 4가지이다. 이 4가지 풍토는 내가 창의력에 관한 실증 연구 및 위대한 혁신가의 인생 이야기를 종합하고, 여러 요인을 분석한 결과 도출된 것이다.

3~6장은 각각 한 혁신가의 어린 시절 사연, 그리고 그 사람의 초기 창의적 풍토가 어떤 식으로 창의적 태도 및 창의적 사고력을 낳았는지 소개한다. 각 장 앞부분에서는 '창의적 풍토를 조성하는 법'에 관한 연구 결과를 제시한다.

3장에서는 우주를 보는 방식을 바꿔놓은 알베르트 아인슈타인을 다루면서, '탁월한 양육자', 즉 혁신가의 부모와 교육자가 토양 풍토(다양한 자원과 경험)를 어떻게 조성하는지 보여준다.

4장에서는 컴퓨터를 일상의 일부로 만든 애플의 공동 창업자 스티브 잡스에 대해 알아보고, 탁월한 양육자가 햇살 풍토(영감과 격려)를 어떻게 조성하는지 보여준다.

5장에서는 자신의 상상 속에만 존재하던, 이상적인 흑인과 백인의 공동체를 꿈꾸던 넬슨 만델라가 일궈낸 민주적인 남아프리카공화국의 탄생 과정을 살펴보고, 탁월한 양육자가 비바람 풍토(높은 기대치와 도전)를 어떻게 조성하는지 알아본다.

6장에서는 유럽 예술의 모방이라 불리던 미국 모더니즘의 경계를 분명히 하고, 남성만의 무대이던 예술계에서 여성 예술가의 길을 개척한 조지아 오키프를 탐구한다. 이로써 탁월한 양육자가 공간 풍토(홀로 있으면서 독특할 자유)를 어떻게 조성하는지 알아본다.

3~6장 뒷부분에서는 '창의적 태도 기르기'를 다룬다. 내가 겪은 일화를 통해 나의 창의적 태도가 어떤 식으로 고무되거나 꺾였는지, 혹은 내가 내 아이들 내면의 창의적 태도를 어떤 식으로 고무하거나 꺾었는지를 실증적으로 보여준다. 그리고 나서 각각의 창의적 태도와 관련한 연구 결과, 창의적 태도가 어떤 식으로 창의적 사고력에 기여할 수 있는지를 요약한다.

마지막으로 각 장 말미에서는 혁신가의 삶을 사례로 제시하면서 4가지 창의적 태도가 어떤 식으로 부정적으로 비치는지 보여준다.

### 3부: 창의력과 문화

7장에서는 창의력에 성 편견이 미치는 영향을 보여준다. 이 현상의 복잡성 및 파급력을 이해할 수 있도록 마리 퀴리(최초의 여성 노벨상 수상자)와 밀레바 마리치(아인슈타인의 첫 번째 부인)의 사연을 살핀다. 퀴리의 4S 풍토가 어떤 식으로 그의 창의력을 키웠는지, 마리치를 둘러싼 가부장적인 풍토가 어떤 식으로 그의 창의력을 옥죄었는지 비교한다. 이를 통해 고도의 창의적 잠재력을 지닌, 보기 드문 여성 물리학자라는 공통점이 있었음에도 왜 마리치의 창의력은 사그라든 반면, 퀴리는 두 차례나 노벨상을 받을 만큼 창의력을 꽃피울 수 있었는지를 알 수 있을 것이다.

8장에서는 서로 다른 문화에서 이뤄지는 양육이 창의력에 어떤 영향을 미치는지 탐구한다. 두 가지 특정 양육 방식, 바로 아시아인의 양육과 유대인의 양육을 자세히 살펴볼 것이다. 아이사인의 4P 양육이 창의력에 어떤 영향을 미치는지, 유대인의 4S 양육이 창의력에 어떤 영향을 미치는지 보여준다. 이 두 양육 방식의 차이는 유대인이 아시아인보다 노벨상을 625배 이상(1인당 수상 비율 기준) 더 받은 이유를 설명해준다.

### 4부: 창의적 사고력을 키우는 사과나무 창의 과정

9장에서는 창의적 과정과 창의적 사고력에 초점을 맞춘다. 이 장에서는 8단계로 이뤄진 '사과나무 창의 과정'을 제시한다.

더불어 내가 만든 'ION(틀 안·틀 밖·새 틀) 사고력'도 제시한다. 사과나무 창의 과정과 ION 사고력은 모두 창의력 검사 점수에 대한 광범위한 분석 및 창의력과 지능에 관한 실증적 연구와 이론을 토대로 나온 것이다.

인생에서 진정으로 만족하는 방법은 단 하나다.
당신이 위대하다고 믿는 일을 하는 것이다.
- 스티브 잡스

1부

창의력이란?

1장

# 창의력
# 위기

2010년 7월 10일, 저명한 시사주간지 〈뉴스위크〉가 창의력에 관한 내 연구 결과를 커버스토리로 다뤘다. 이를 두고 조지아대학교 뉴스레터에서는 "폭탄을 떨어뜨렸다 dropped like a bomb"라고 표현했다. '미국의 창의력 위기'라는 기사가 나오자마자 수많은 기자가 내게 인터뷰를 요청했다. 후속 보도가 쏟아져 나오며 미국인의 창의력이 감퇴 중이라는 나의 연구 결과가 대대적인 관심을 불러일으켰다. 가히 광풍이라 할 만했다. 내가 미국의 정신 깊숙한 곳, 그중에서도 아주 아픈 곳을 건드린 게 분명했다. 오늘날에도 여전히 미국의 급소인 부분을.

# 창의력이 떨어지면
# 무슨 일이 벌어질까

## 미국의 창의력이 떨어진다!

　언론의 관심이 특히 쏠린 곳은 내가 토런스창의력검사 TTCT, Torrance Tests of Creative Thinking 점수 27만 2,599건을 분석한 연구였다. TTCT는 가장 일반적인 창의력 검사다. 나는 1966~2008년 미국 전역과 캐나다 일부 지역의 유치원생부터 성인까지를 분석 대상으로 삼았다. 그 결과 1966년부터 1990년까지는 미국의 창의력 점수가 꾸준히 상승한 것으로 나타났다. 그런데 1990년 이후로 IQ는 계속해서 오른 데 반해 창의력 점수는 상당한 폭으로 하락하기 시작했다.

　한마디로 요약하자면, 오늘날 미국인들은 35년 전보다 덜 창의적이다. 게다가 이러한 하락세는 꾸준히 이어진다. 시간이 지날수록 미국인의 창의력이 지속적으로 떨어지는 중이라는 말이다.

나는 창의적인 태도와 창의적인 사고를 개별적으로 나눠서 분석했다. 태도 혹은 기술처럼 창의력의 다양한 측면이 총체적으로 줄어드는 현상을 보여주기 위해서였다.

- 다수의 독창적인 아이디어를 창출하기
- 문제의 숨은 측면들을 파악해서 대처하기
- 아이디어의 유의미한 세부사항을 도출하기
- 큰 그림을 그리고, 본질을 해치지 않으면서 아이디어를 정제하기
- 서로 관련 없어 보이는 아이디어들을 연결하기
- 아이디어를 제대로 설명하는 이야기꾼이 되기
- 반대 견해에 대해서 열린 태도를 갖고 신중하게 판단하기
- 기존 규범이나 가치, 전통을 당차게 거부하거나 바꾸기

가장 큰 문제는 창의적인 태도 및 기술을 향상시켜야 할 시기인 어린 아이들에게 창의력 하락이 가장 두드러진다는 점이었다. 문제는 여기서 그치지 않았다. 몇 년 뒤 나온 연구 결과에 따르면 여러 정치인과 교육자, 기업체 간부가 우려를 표명했음에도 창의력 하락세는 조금도 수그러들지 않았다.

나는 연구와 조사를 하면서 현재 미국이 직면한 문제의 해법을 찾아내

어 실행에 옮길 수 있는 개인의 수가 갈수록 줄어들고 있다는 것을 알게 됐다. 이러한 추세가 하루라도 빨리 뒤집히지 않으면 미국은 미래를 향한 도전에 임하기가 점점 어려워질 것이다.

한편에서는 창의적인 개인의 감소가 세계경제에서 미국의 우월적 지위에 아무런 영향을 끼치지 않을 것이라고 주장하기도 한다.

나는 여기에 동의하지 않는다. 20세기에 미국은 다른 어떤 나라보다도 현실의 당면 과제를 혁신적인 해법으로 풀어낼 수 있었다. 미국은 창의력 덕분에 초강대국이 되었다. 1879년 토머스 에디슨이 전구 특허를 냈을 때, 1895년 니콜라 테슬라가 제너럴일렉트릭과 함께 오늘날 가정용 전기 발전기의 원형이 되는 교류발전기를 나이아가라 폭포에 건설했을 때, 1927년 필로 판즈워스가 전자식 텔레비전을 소개했을 때, 1958년 잭 킬비가 집적회로를 소개했을 때, 1971년 존 블랭켄베이커가 최초의 개인용 컴퓨터를 소개했을 때, 그리고 2001년 애플이 아이팟을 소개했을 때만 해도 미국에는 창의력이 실재했다.(이 가운데 진정한 의미의 '발명'은 하나도 없었다. 이들은 기존의 아이디어를 융합하여 새로운 피조물로 탈바꿈시켰다.)

창의력은 미국이 세계 시장에서 경제적 성공을 거두는 데 필요한 핵심 역량이었고, 앞으로도 그럴 것이다. 창의력은 어느 시대에나 고도로 숙련된 일자리와 획기적인 기술 발전의 원동력이 된다. 창의력이 사라진다면 미국은 급변하는 세계에서 살아남기 위해 더욱 고군분투해야만 할 것이다. 다시 말해 차세대 초국가적 선두 기업들이 창의력을 디딤돌 삼아 앞으로 나아갈 때, 미국 기업들은 힘겹게 몸부림칠 수밖에 없을 것이다.

## 개인에게도 창의력 위기가 온다

  창의력 증진에 도움이 되지 않는 양육 방식과 교육제도가 바뀌지 않는다면, 고용주들은 현실 사회의 문제를 해결하고 새로운 기회를 창출할 창의적 인재를 채용하기가 무척 힘들어질 것이다. 미국이 거둔 경제적 성공의 상당 부분은 새로운 상품 혹은 서비스를 탄생시킨, 역동적인 청년 기업가들 덕분이었다. 계속해서 이 부문이 활성화되어 일자리를 제공하고, 완전 새로운 산업을 발굴하고 개척하려면 공상가이자 모험가인 창의적 개인이 필요하다.

  오늘날 주위에서 쉽게 마주하는, 간단해 보이는 물건들도 사실 창의력의 결정체이다. 단순하기 그지없어 보이는 망치만 해도 그렇다. 최초의 망치는 그저 막대기에 가죽끈을 감아서 돌을 부착한 형태였고, 그 용도는 동물을 잡거나 가죽을 다듬는 정도였다. 그러다가 세월이 흐르면서 나무에 못을 박을 수 있도록, 그리고 그렇게 박은 못을 수월하게 뺄 수 있는 장도리로도 발전했다. 도구의 유용성이 갈수록 증대되고 효율성도 높아진 것이다.

  인간은 이런 창의력 발산의 과정에서 진정한 삶의 목적을 구현할 수 있다. 망치가 연장통 안에서 자리만 차지하고, 한 번도 쓰이지 않는다면 무용지물이다. 못을 박고 뭔가를 만들거나, 혹은 만든 것을 허물거나 하는 데 쓰일 때만 망치를 오롯이 망치라 할 수 있다. 인간도 마찬가지다. 오롯이 자신의 창의력을 발휘하고 잠재력을 사용할 때에 육체적, 정신적 행복을 향유할 수 있다. 창의력을 발휘하면 자신의 아이디어와 꿈이 현실화되는 것을 눈으로 보는 기쁨을 맛볼 수 있다. 독창적이고 유용한 프로젝트를 진행하는 예술가나 과학자는 창의적 행동을 통해 생생한 흥분과 행복을 느낀다.

반대로 창의력이 억눌리면 개인은 실패자, 좌절하고 불행한 삶을 영위하는 인간이 된다. 창의력을 북돋우지 못하는 사회는 개인들이 가져다줄 잠재적인 성취를 박탈당하고 만다.

# 창의력은
# 교육과 제도에서 온다

〈뉴스위크〉 보도 이후 기자들이 우리 집 앞에 몰려들었다. 대부분 최근 발생한 미국의 위기가 누구의 탓인지를 궁금해했다. 하지만 안타까우면서도 당연하게도, 이 문제의 원인을 어떤 사람이나 기관으로 특정할 수는 없다. 나의 연구는 미국 사회가 전반적으로 창의력의 근간에서 점점 멀어지고 있다는 것을 보여준다.

이러한 변화를 이해하기 위해서는 애초에 무엇이 미국의 창의력을 빚어냈는가를 살펴봐야 한다.

## 두려움 없는 개척 정신, 모두가 녹아드는 용광로

미국의 건국자들은 더 나은 삶을 꿈꾸며 가족, 친구, 교회, 사업 등을 두고 떠나온 개척자들이었다. 미국에 도착하더라도 새로운 인생을 보장해주는 건 없었다. 이들은 위험을 무릅쓰는 모험가이자 노력으로 삶이 향상될 수 있다는 믿음을 지닌 낙관주의자였다.

미국은 여느 나라보다 이민자와 잘 동화되는 '용광로' 같은 특성이 있다. 아일랜드인, 동유럽 유대인, 중국인, 이탈리아인, 베트남인 등 이민자들이 미국으로 밀려들어올 때면 초기엔 괴롭힘과 차별이 문제시되었지만, 결국에는 대부분 미국이라는 용광로에 자연스레 녹아 뒤섞였다. 이러한 다문화적 특성이 미국의 창의력에 기여했다. 오늘날에도 전 세계의 이민자가 저마다의 아메리칸드림을 위해 미국으로 오고 있다.

## 창의력을 낳은 미국의 교육

미국이 자유와 기회의 횃불이 된 것은 우연이 아니다. 토머스 제퍼슨, 알렉산더 해밀턴, 벤저민 프랭클린, 존 애덤스와 애비게일 애덤스, 머시 오티스 워런 등 건국의 ('아버지들'이 아니라) 혁신가들은 지적 재산을 보호하면서 부패를 최소화하는 기업 체제와 사법 제도의 토대를 닦았다. 미국의 초기 교육제도는 지적 다양성, 호기심, 위험 감수, 비순응 같은 미국의 창의력에 중요한 가치들을 반영했다. 이런 토대에서 미국의 위대한 기업가 문화가 가 등장했고, 이후 혁신과 경제 성장이 따라왔다.

## 우주 시대의 창의력 경쟁

1957년 소비에트연방이 최초의 인공위성 '스푸트니크 1호'의 성공적 발사를 계기로, 미국의 창의력 증진은 가속 페달을 밟았다. 굴욕을 맛본 미국은 과학 및 교육제도 전반에 대해 철저히 조사했다. 국가적 위기를 느낀 지도자들은 다급히 뒤처짐의 이유를 찾았고, 미국이 소련에 비해 과학과 공학에서 창의력이 부족하다는 결론을 내렸다. 이에 따라 1960년대에는 연방정부의 연구개발 비용 지출을 미국 역사상 최고 수준으로 증액했다. GDP의 2퍼센트가 넘는 액수였다.

이런 추세에 걸맞게 1960년대 미국의 과학과 공학 교육에 커다란 투자가 이뤄졌다. 학생들도 이 과목들에 대한 학습 의욕이 높았다. 단순히 좋은 성적을 목표로 한 향상심이 아니라 새로움과 독특함에 대한 추구가 그 원동력이었다. 당시 학생들에겐 스푸트니크 1호 발사에 맞서 우주 경쟁에서 이기고자 하는 의지가 샘솟았다.

학생들의 창의력을 육성하는 연구기반 교수법 역시 미국 교육제도에 녹아들었다. 그 결과 교사 주도 접근법에서 교사-학생 양방향 접근법으로 교수법이 바뀌었고, 미국인의 창의력이 높아졌다.

# 창의력 하락의
# 진정한 원인

 미국인의 창의력은 1980년대 중반에 정점에 다다랐다. 이 이후로 미국은 차츰 창의력 불안의 시대로 진입하기 시작했다. 여기에는 국내적 불안(발전 대신 경제적 안정 및 현상 유지 갈망)과 국제적 불안(전 지구적 경제 경쟁에 대한 두려움)이 있었다.

## 국내적 불안

 중산층이 경제적 안정을 달성하기가 갈수록 힘들어지자, 부모들은 자녀를 싸고돌면서 아이들이 창의적 잠재력을 키우기보다는 안정적인 직업을 택하기를 바랐다. 물론 이들도 한때는 아이들의 상상력과 독창성을 소중히 여겼다. 하지만 그것들이 경제적 안정보다 중요할 수는 없었다. 오늘날 교육은 고소득, 고용안정의 직장으로 가는 디딤돌로 여겨진다. 현재 젊은 미국인 가운데 64퍼센트는 '경제적 부'를 인생의 제일 목표로 여긴다.

미국의 창의력 저하 원인은 민간 및 공공 부문의 연구개발비 감소에서도 찾을 수 있다. 신규 산업과 일자리를 창출하고, 시민의 삶의 질을 향상시키며, 국가 안보를 보장하는 미국적 가치와 과학, 기술의 진보는 모두 연구개발의 성과물이다. 하지만 2000~2012년 미국의 연평균 연구개발비용 증가율은 2.3퍼센트에 불과했다. 반면, 같은 기간 중국(17.6퍼센트), 한국(8.8퍼센트), 대만(7.7퍼센트), 싱가포르(6.5퍼센트) 등 아시아 국가들의 연평균 연구개발비용 증가율은 현저하게 늘었다.

2019년 경 중국은 미국보다 R&D에 더 많은 돈을 쓴 것으로 파악된다. 미국의 R&D 투자 감소에 따라 1996~2014년 미국 특허청의 미국 발명가 특허권 비율이 57퍼센트에서 49퍼센트로 떨어졌다. 주요인은 아시아 발명가들의 특허권 비율 증가였다. 중국은 세계지적재산권기구 내에서 특허권 1위 국가가 되었다.

2010~2015년 미국 연방정부의 R&D 투자는 15.4퍼센트 감소했다. 가장 많이 하락한 부문은 24.1퍼센트 감소한 방위산업이었다. 방위산업은 국가 안보는 물론, 민간 영역으로의 경제적 파급력이 엄청난 분야다. 수많은 혁신 기술이 원래는 미국의 다양한 군사 기관에서 비롯된 것이

기도 하다.

인터넷, GPS, 실시간 번역기, 무인자동차, 무인항공기, 스텔스기 등 미국방위고등연구계획국의 혁신은 그 기술적 파급에 따라 미국과 세계 경제에 엄청난 영향을 미쳤다. 또 방위산업 연구개발에 따른 혁신 중에는 SF 소설, 영화, 비디오 게임에서 비롯된 누군가의 창의적인 상상에서 출발한 아이디어가 단계적으로 발전해 혁신으로 이어진 사례가 많다.

지난 20년에 걸친 대학 연구비의 감소도 미국의 창의력 저하를 암시한다. 미국 연구자들이 상호심사 학술지에 발표한 기초연구 논문의 수가 줄어들었다. 미국국립보건원은 예산 삭감으로 인해 어쩔 수 없이 매년 들어오는 양질의 연구제안서 가운데 절반을 거절할 수밖에 없게 되었다.

설상가상으로 제안서가 창의적일수록 퇴짜를 맞을 공산이 크다. 한정된 예산 탓에 자금 지원 기관이 위험을 짊어지려 하지 않기 때문이다. 이 때문에 미국의 수많은 과학자들은 해외 취직을 고려하고 있다.

## 국제적 불안

20세기 미국은 굳건한 경제를 바탕으로 전 세계에 민주주의와 자유시장의 가치를 퍼뜨리면서 세계화를 옹호했다. 그런데 미국을 제외한 다른 국가들도 발전하게 되면서 미국과의 경쟁도 늘어났다. 20세기 후반기에 이르자 아시아가 미국의 가장 큰 경제적 위협으로 부상했다. 1970

년대부터 시작된 이 현상은 1980년대 초 미국이 불황기를 맞으면서 극에 달했고, 많은 미국인이 아시아에 두려움을 갖게 되었다. 미국인은 일본과의 경쟁, 미국 사회의 변화, 미국이 다른 나라들에 비해 뒤처지고 있다는 점을 두려워하게 됐다.

누구나 인정할 정도로 일본이 부강해지자 미국의 교육 전문가 일부는 일본 교육제도를 모방하자고 하기도 했다. 일례로 조지아주 교육부는 수학 교과과정을 일본의 교과과정에 가깝게 개정했다. 그런데 1980년대 말 일본 경제가 교착상태에 빠지자 미국인들의 불안을 담은 시선은 당시에 급성장하고 있던 다른 아시아 국가로 옮겨갔다.

# 잘못된 교육제도가
# 창의력을 망쳤다

아시아인이 다방면에서 비 아시아계 미국인보다 탁월한 성과를 내는 현상을 보면서, 미국 정치인과 교육 지도자는 미국 교육제도의 신속하고 극적인 변화가 필요하다는 결론을 내렸다. 하지만 이들은 창의력 증진에 초점을 맞추는 대신, 아시아의 교육을 모방하는 근시안적인 조치를 취했다.

1997년 빌 클린턴 대통령은 국가 교육 기준을 마련하라고 촉구했다. 2001년 조지 W. 부시 대통령은 '아동낙오방지법 No Child Left Behind, NCLB'을 발표했다. 버락 오바마 대통령은 아동낙오방지법의 연장선상에서 "최고를 향한 경주 Race to the Top"로 불리는 연방정부 보조금 프로그램이 연계된 공통 핵심기준, '커먼 코어 Common Core'도 함께 발표했다. 이 법률들은 지금도 미국 교실에 어마어마한 압박을 가하는 중이다.

아동낙오방지법이 공언한 목표는, 반드시 모든 학생이 양질의 교육을 받음으로써 가정의 경제 격차에 따른 학업성취도 격차를 줄이는 것이었다. 이 법에 따르면 공립학교의 경우 3~8학년인 모든 학생을 대상으로 독해, 즉 영어와 수학 과목을 테스트하는 주별 표준시험의 연간측정가능목표치Annual Measurable Objectives를 설정하고, 시험 결과를 보고해야 한다. 만약 3년 연속 목표치에 도달하지 못할 경우 주에서 전문가를 파견해 학교를 정상 궤도에 올려놓는 응급조치를 실시한다. 학교들은 연방 기금을 통해 상벌을 받는다.

아동낙오방지법은 미국 역사상 가장 통제적이고 간섭이 심한 연방 교육정책이 되었고, 학교에 가혹한 시험 위주 풍토를 조성했다. 이 법은 앞으로도 오랫동안 미국인의 창의력 증진에 족쇄가 될 것이다.

## 아시아인은 달랐다?

국제평가 결과에 따르면, 15세 이상 아시아 학생은 읽기, 수학, 과학에서 지속적으로 미국 학생보다 높은 점수를 획득하고 있다. 65개 참가국 가운데 미국 학생은 읽기 17위, 과학 23위, 수학 31위를 차지했다. 반면에 중국, 한국, 홍콩, 싱가포르 학생은 이들 과목에서 하나같이 5위 안에 들었다.

아시아의 성공을 본 미국인들은 미국에서 벌어지고 있는 일, 특히 교육 패러다임의 융합이 이뤄지는 지점, 즉, 미국 학교에 다니는 아시아 학생을 검토하기 시작했다. 아시아계 미국인 학생은 학업성취도 면에서 다른 인종 집단을 앞서고 있다.

2006년, 미국 50개 주 가운데 41개 주의 영재교육프로그램에서 아시아계 미국인 학생은 인구수에 비해 상대적으로 두드러졌다. 대학 등록률도 비 아시아계 학생보다 높았다. 2010년 인구조사에 따르면, 아시아계 미국인의 52퍼센트가 대학에 진학했다. 백인의 경우 이 비율은 30퍼센트에 불과했다. 아시아계 미국인 학생은 예상보다 더 많은 수가 대학원 과정을 밟는다. 2010년 미국을 기준으로 공학 박사학위의 45퍼센트, 수학과 컴퓨터공학 박사학위의 38퍼센트, 자연과학 박사학위의 33퍼센트, 생명과학 박사학위의 25퍼센트를 아시아 학생이 받았다.

아시아 학생 혹은 아시아계 미국인 학생이 비 아시아계 학생보다 철자법 대회 우승자, 수학의 귀재, 음악 영재가 되는 경우가 더 많다. 아시아계 미국인은 십중팔구 의사나 변호사, 공학자 같은 직업을 가질 공산이 크다. 통계에서 보듯 아시아계 미국인은 미국 인구의 5.8퍼센트에 불과하지만, 비 아시아계 미국인보다 더 안정적인 가정환경에서 자라고, 더 좋은 학교에 다니고, 더 좋은 직업을 얻는다.

### 창의력을 반영하지 못하는 표준시험

표준시험은 현재 교실 수업에 가장 큰 압박이 되고 있다. 표준시험의 측정 범위는 한정적이다. 창의력처럼 측정되지 않는 지표는 경시된다. 교사는 주별 의무 고사에 포함된 내용을 가르치는 데만 주력할 수밖에 없다. 적절한 예산 확보를 위해서 성과를 내야 하기 때문이다.

자연스럽게 과학, 사회, 인문학, 체육, 예술, 외국어 같은 비시험 과목은 경시되고, 쉬는 시간을 줄이거나 없애면서까지 영어, 수학 등 시험 과목에 더 많은 시간을 쏟게 된다. 더불어 아동낙오방지법은 영어만을 습득하도록 밀어붙임으로써 저마다의 모국어를 지키고 보존하려는 학생들의 의욕을 꺾기까지 한다. 이는 전 지구적 협업을 증진하기 위해서 언어 다양성에 초점을 맞추는 현재의 흐름에 역행한다.

배운 내용을 새로운 상황에 적용하는 능력을 측정하지 못하는, 진정성 없는 시험으로 학교의 평가도 이뤄지는 탓에 교사는 시험 요령을 가르칠 수밖에 없는 상황에 놓인다. 교사는 주 정부가 미리 제공한 문제 샘플을 두고 시험 요령을 가르치느라 시간을 허비해야 한다. 학교 측은 전과목을 선다형 시험으로 전환하게끔 압박을 받고, 학생은 OMR 카드 답안지를 채우는 법만 아는 수험생으로 전락한다.

### 갈수록 뒤처지는 취약계층 학생들

비시험 과목에 투자하는 시간의 감소는 이미 뒤처진 사회적 취약계층에 속한 빈곤층, 소수자, 학습 불능자, 영어 실력이 모자란 학생에게 특히 악영향을 미친다. 취약계층 학생에게 미치는 악영향은 4가지 측면으로 볼 수 있다.

첫째, 시험 준비에 시간을 할애해야 하는 탓에 장기적으로 도움이 될 만한 과목을 익히거나 기술을 배울 기회가 줄어든다. 둘째, 전자기기로 손쉽게 접근 가능한 사실들을 단순히 암기하느라 정보화 시대에 경쟁력을 가질 수 없게 된다. 셋째, 내용이 풍성한 수업에 참여할 수 없는 탓에 한평생 열정으로 이어질 수도 있는 흥미진진한 관심 주제를 발견할 기회가 줄어든다. 마지막으로 교사가 전인 아동의 육성을 도외시하고, 음악, 숫자, 몸, 단어, 그림, 사람, 자연 등에 요구되는 다양한 지능을 살리지 못하게 된다. 나아가 전인 교육의 부재는 취약계층 학생이 본인의 강점이나 선호하는 학습 방식에 따른 학습 기회를 제한한다. 역설적이게도 아동낙오방지법은 당초 그 법의 최대 수혜자로 설정되었던 계층의 학생에게 가장 악영향을 미치고 있다.

세계적으로 볼 때, 미국의 교육 예산은 딱 평균 수준이다. 특히 교육 자원에 할당되는 예산이 적다. 반면 아시아 국가는 교사의 전문성 개발 등 교육 자원에 상당히 많은 자금을 지원하고, 교사는 대단히 존경받는 동시에 급여나 금전적인 인센티브 수준도 더 높다. 그러다 보니 교사라는 직업 자체가 매우 경쟁력 있다.

역설적이게도 아동낙오방지법 시행 이후 교육 자원에 할당된 예산 비율은 감소했다. 응급조치에 돈을 허비한 탓에 실질적인 교사의 전문성 개발을 지원하지 못했다. 학교의 특성보다는 학생 가정의 형편이 시험 점수에 4배나 더 영향을 끼친다는 사실에도 불구하고, 학생의 낮은 점수에 대한 책임은 교사가 떠안을 수밖에 없는 상황이 되었다.

세 살 가량의 사회 취약계층 아동은 유복한 가정환경의 아이(시간당 2,153단어)보다 3,000만 개나 더 적은 수의 단어(시간당 1,251단어)를 들으면서 성장한다. 이러한 경험은 열 살이 된 학생의 학업성취도 및 표준시험 점수에도 그대로 반영된다. 아동낙오방지법은 천편일률적인 척도를 들이대면서 연간목표치를 달성하지 못한 학교에 제재를 부과하는데, 이 제재는 학생의 초기 능력도, 학교의 초기 상태도 전혀 고려하지 않는다. 제재 대상이 되는 학교는 대개 사회적으로 가장 취약한 처지의 학생들이 다니는 곳이다.

아동낙오방지법은 열악한 환경의 학교에 지원 대신 처벌을 가한다. 그러다보니 학교는 교육 자원 대신 일반 관리비나 시험 관련 비용에 훨씬 더 많은 돈을 쓸 수밖에 없다. 시간이 흐를수록 연방 기금에 의존하게 되다 보니 학교가 관료주의적으로 변질하고, 학교의 자율성과 창의력이 제한되는 것은 물론, 학생의 요구에 대처하는 능력도 떨어지게 된다.

### 교사를 교육 기술자로 만든 악법

아동낙오방지법은 교과과정과 현장 교수법 등을 결정하는 교사의 자율성을 제한했다. 또 교사가 저마다 갖진 고유한 교육 방침과 활동에 모순되는 수업을 요구했다. 이 법은 학교에서 무엇을 가르치고, 어떻게 가르치고, 어떤 언어로 가르칠지에 대한 틀을 강제하고 고착화했다. 교사에게 정확한 교수법이 담긴 지침이 내려진다. 얼핏 듣기에 괜찮아 보이는 이 지침은, 교사를 미리 규정된 규칙에 복속하는 교육 기술자로 전락시킬 뿐이다.

설상가상으로 이 법은 교육자를 사기꾼으로 만들기도 한다. 2015년 애틀랜타 학구에서는 서둘러 결과를 내놔야 한다는 극도의 압박감 때문에 178명에 이르는 교사들과 교장들, 교육 행정가들이 표준시험 점수를 끌어올리기 위해 시험 답안을 조작하는 부정행위를 저질렀다.

### 성취 대신 시험 요령만 늘어났다

창의력을 희생한 대가는 심각한 지경인데, 성취도 점수 상승폭은 하찮은 수준이다. 아동낙오방지법은 사회 취약계층 학생을 더 뒤처지게 만듦으로써 학생의 학습 능력을 향상시키지도, 성취도 격차를 줄이지도 못했다. 일부 학생의 점수 상승은 실제로 그 학생의 학습 능력 향상보다는, 시험 요령이 늘었거나 시험이 전보다 훨씬 쉬워졌기 때문일 수 있다.

2015년 12월, 아동낙오방지법의 문제점들을 '손보기' 위해서 그 법을 '모든학생성공법Every Student Succeeds Act'이라는 새로운 법률로 대체했다. 하지만 모든학생성공법 역시 의무 시험에 초점을 맞추기는 매한가지다. 그저 연방 차원에서 주관하던 것을 주 정부에서 관리하도록 바꾼 것뿐이었다. 그 결과 애매모호한 주 정부의 책임만 늘어났다.

창의적 잠재력의 개발 대신 오로지 시험 점수를 올리고 시험 요령을 향상시키는 데만 골몰하면 학생은 인간 분재가 되고 만다. 완전히 성장하여 제 크기로 자라지 못하도록 인위적으로 가지를 잘라내고 철사로 묶어 장식용으로 모양을 잡은 나무가 바로 분재다. 마찬가지로 요즘 우리 아이들도 자신의 잠재력을 오롯이 발휘할 수 없게, 창의력을 가지치기 당하고 철사에 묶여 있다. 앞서 미국을 위대하게 만드는 데 기여했던 힘이 '분재화'되고 말았는데, 오늘날 세계의 대부분 아이들에게도 남 이야기가 아닐지 모른다.

2장

# 창의력
# 해법

창의력 자체는 축복이지만, 선다형 시험 등의 반反 창의적 풍토에서 창의력은 오히려 저주에 가깝다. 창의적인 태도나 생각 때문에 야단을 맞고 벌 받는 경우는 매우 흔하다. 많은 양육자가 아이들의 창의적 태도를 부정적으로 본다. 창의력을 가치 있게 여긴다는 양육자도 실제로는 창의력을 깎아내리는 평가를 드물지 않게 한다. 이들은 대체로 아이의 순응적 태도를 창의적이라고 간주하고, 관습을 거스르는 태도를 반 창의적으로 여긴다.

# 창의력은
# 혁신의 필수조건

　나는 과학자이므로 연구 부분에서는 조사를 토대로 결론을 내리지만, 여타의 부분에서는 미신을 믿기도 한다. 가령 나는 한자로 죽음死을 암시하는 숫자 4四를 피한다. 동아시아에 있는 건물들 가운데 4층이 없는 경우는 이 미신 때문이다. 나는 깨진 거울을 들여다본 적이 한 번도 없다. 얼마나 들어맞는지는 모르겠지만 포춘 쿠키의 점괘도 믿는다.

　내가 창의력을 연구하기 시작한 것도 인생을 바꾼 역술가와의 인연 때문일지 모른다. 어느 날, 긴 잿빛 수염에 새하얀 한복을 입은 노인이 내게 다가와 말했다. 나의 특정 신체 부위에 출생점 두 개가 있다는 것을 안다며 이 모반 두 개는 귀한 아이 둘을 의미한다고 했다. 또 두 아이는 세상에 크게 이바지할 것이라고 했다. 사기꾼으로 치부하기엔 너무 정확히 내 신체의 비밀을 꿰뚫었다.

나는 노인의 말을 절로 귀담아듣게 되었다. 그 말대로라면 나에게 적어도 두 명의 아이가 생길 터였다. 노인이 말해주기 전까지 아이를 갖겠다는 생각을 해본 적도 없었는데 말이다. 다만 그 예언이 실현되려면 내가 훌륭한 어머니가 되어야만 했다.

나는 부모님이 나를 키운 방식 말고는 양육법에 관해 아는 게 전혀 없었다. 좋은 부모가 되기 위해 양육법을 닥치는 대로 조사했다. 양육에 관한 책을 수백 권은 읽었다. 재밌게도 그 책들에는 모순되는 이론, 개념, 기법이 많았다. 결국 내가 직접 연구하고 조사해야 한다는 결론에 이르렀다.

연구는 기초적인 훈육법에서 시작해 지능, 탁월함에 대한 연구로 이어졌고, 어느덧 나는 노벨상 수상자들에 관해 연구하고 있었다. 노벨상 수상자 집단은 대체로 더 나은 세상을 만드는 데 기여한, 좋은 표본집단이었다. 그리고 노벨상 수상자 연구는 더 나아가 창의력 연구로 이어졌다. 높은 지능보다도 창의력이야말로 혁신의 필수조건이라는 연구 결과가 도출되었기 때문이다.

나는 정말로 역술가의 예언대로 아이 둘을 낳았다. 나는 자식들이 세상에 기여할 수 있게끔 창의적으로 키우고 싶었다. 그런데 창의력을 가르치며 큰 어려움에 봉착했다. 실제로 창의력 교육 자체는 특별히 힘들지 않다. 다만, 아이들이 창의적인 사람이 되도록 하려면 무엇을 어떻게 가르쳐야 하는지에 관해 잘못된 정보가 너무 많았다. 창의력에 관한 잘못된 정보는 반드시 바로잡아야 한다. 상식과 달리, 지능이 재능이라면 창의력은 역량이다. 재능이 타고나는 것이라면 역량은 노력으로 키울 수 있는 것이다. 하지만 사람들이 잘못된 정보 때문에 시간을 낭비하거나 교육 실패 경험을 겪으면 이후로 새로운 교육을 시도도 못 하게 된다.

가령 사람들이 지구가 평평하다고 믿는다면 위험을 무릅쓰고 미지의 땅을 찾으러 갈 엄두를 못 낼 것이다. 아이들이 창의력이란 오직 신이 내려주거나, 천재성에 의한 한순간 번뜩이는 총기聰氣일 뿐이라고 믿는다면, 혹은 오직 예술가만이 창의적이라고 믿는다면, 자신만의 창의적 잠재력을 살피려는 시도조차 하지 않을지도 모른다.

나는 30년에 걸쳐 창의력에 관한 지식과 정보의 옥석을 가려냈다. 가히 엄청난 분량이었다. 그 과정에서 전통이나 미신, 잘못된 추정이 아니라, 과학에 기초하여 창의력을 이해하고 가르치는 모형들을 개발했다. 내가 개발한 '창의적 CAT' 모형을 보기 전에, '창의력'과 '혁신'이 구체적으로 어떤 것인지를 살펴볼 필요가 있다.

## 창의력과 혁신의 관계

서양에서는 창의력을 주로 예술성과 연관 짓는다. 가령 풍경 그리기, 안무 짜기, 시 쓰기 등에 창의력이 요구된다고 여긴다. '창의적'이라는 용어와 '예술적'이라는 용어를 혼용하는 경우도 빈번하다. 반면 동양에서는 창의력을 전기나 항생제, 컴퓨터 같은 과학적 발견 혹은 발명으로 여긴다.

창의력은 대체로 이 두 가지 해석 가운데 어느 한쪽이라기보다, 훨씬 범위가 넓은 개념이다. 창의력은 뭔가 독특하고 유용한 것을 만들거나 행하는 것이다. 모든 분야의 혁신으로 이어지는 과정으로서, 예술, 과학, 수학, 공학, 의학, 사업, 리더십, 육아, 교육, 스포츠 등 모든 사회적 노력에서 발휘된다.

혁신은 창의적인 과정에서 도출되는 독특하고 유용한 콘셉트, 지적재산, 발명, 상품 또는 서비스다. '새로움'이 아니라 '독특함'이라는 표현을 쓴 까닭은, 하늘 아래 정말로 새로운 것은 없기 때문이다.

모든 상품은 기존 아이디어들의 확장 또는 결합체이다. 일례로 애플은 매해 아이폰의 최신 모델을 출시하는데, 이는 완전히 새로운 기술이 아니라 독특한 방식으로 결합된 '기존' 기술들로 이뤄져 있다. 이것이 바로 혁신이다. 그러고 나면 삼성이 아이폰을 분석한 다음 재빨리 재구성하여 어떤 부분에서는 아이폰보다 더 나은 다른 모델을 만들어 판매한다. 이것 역시 혁신이다. 이 두 가지 사례 가운데 어느 쪽이 더 독특하냐고 물어본다면 저마다 대답이 다를 것이다.

독특한 아이디어를 많이 생각해낼 수는 있다. 하지만 어떤 식으로든지 적용하지 못하면, 그저 몽상가의 아이디어로만 남고 어떤 유용성도 지니지 못한다. 다시 말해 혁신이 아니다. 혁신은 반드시 독특한 동시에 유용해야 한다.

가령 대단한 기량을 지닌 어느 예술가가 사실적인 풍경화를 창의적으로 그려내거나 대중적인 방식으로 모사했다고 하자, 이는 유용하지만 독특하지는 않다. 재료를 다르게 쓰거나 감정 또는 생각을 가시적인 인공물에 불어넣는 기법을 개발한 경우라면 독특하고 평할 수 있다. 독특함과 유용함을 동시에 잡았다면 이 예술가는 혁신가라고도 할 수 있다.

혁신은 유형일 수도, 무형일 수도 있다. 스티브 잡스가 탄생시킨 아이폰, 조지아 오키프가 정립한 추상환상주의 작품은 유형의 혁신이다. 넬슨 만델라가 이뤄낸 남아프리카공화국의 민주주의와 알베르트 아인슈타인의 상대성이론은 무형의 혁신이다. 유형과 무형 둘 다 혁신으로 간주되려면 독특한 동시에 타인이나 사회에 유용해야 한다.

혁신은 작고 일상적인 것이 있고, 규모가 크고 위대한 것이 있다. 작은 혁신 사례는 쉽게 찾아볼 수 있다. 사회에 미치는 영향이 작고, 대개는 일상생활 속에서 부지불식간에 만들어진다. 요리사가 다양한 재료를 한데 집어넣고서 정해진 요리법을 따르지 않고 독특한 요리를 만드는 경우도 작은 혁신이라 할 수 있다.

위대한 혁신은 사회에 대규모로 영향을 미치는 것이다. 마리 퀴리의 방사능 발견, 알베르트 아인슈타인의 광전효과 발견, 넬슨 만델라의 아파르트헤이트 종식 및 민주주의 평화혁명 주도처럼 인간의 지식과 역량에 크게 기여하는 것이 위대한 혁신 사례다.

작은 혁신과 위대한 혁신 둘 다 중요하다. 혁신의 영향력은 이렇게 정의할 수 있다.

혁신의 영향력 = (연수) × (영향을 받은 사람의 숫자)

가령 내가 만든 독특한 창의력 개발 모델이 10년간 100명의 양육과 교육에 유용하다면, 이 혁신의 영향력은 1,000이다. 그런데 이 모델이 10년간 100만 명에게 유용하다면 혁신의 영향력은 1,000만이 된다.

나는 또, 창의적 CAT 모형을 고안했다. 'CAT'이라고 이름을 붙인 것은 이것이 혁신의 실질적인 세 단계를 의미하기 때문이다.

혁신의 세 단계는 '창의적 풍토Climate'를 조성하는 1단계, '창의적 태도Attitude'를 기르는 2단계, '창의적 사고Thinking Skill'을 개발하는 3단계로 이루어진다. 각 단계는 저마다 세부 유형으로 나뉘는데, 이를 좀 더 자세히 살펴보자.

# 1단계: 4S 풍토

통념과 달리 창의적 과정에서 가장 핵심적인 요소는 개인의 특성이나 결과물 자체가 아니다. 창의력을 배양할 수 있는 풍토가 무엇보다 중요하다. 풍토는 양육자가 조성할 수 있다. '환경' 대신 '풍토'인 이유는 물리적인 외부 환경보다 더 포괄적인 개념이기 때문이다.

풍토는 관계, 장소, 시간 등 개인에게 영향을 미치는 물리적, 심리적 환경 및 상태를 모두 아우른다. 풍토는 창의적 잠재력을 일깨우거나 억누르고, 개인이 어떻게 생각하고 행동하는지에도 영향을 미친다.

또 최종 창작물에 대한 피드백이나 평가도 풍토의 일부라 할 수 있다. 피드백과 평가로 이를 통해 창작물의 가치가 결정되기 때문이다. 타인 혹은 사회가 창작물을 인정하고 가치 있다고 여길 때에만 혁신이라 할 수 있다.

식물이 튼튼하게 무럭무럭 자라려면 비옥한 토양soil, 밝은 햇살sun, 거센 비바람storm, 자유로운 공간space이 필요한 것처럼 아이들의 창의력이 튼튼하게 쑥쑥 크려면 4S 풍토, 즉 토양 풍토, 햇살 풍토, 비바람 풍토, 공간 풍토가 차례대로 필요하다. 전 단계의 풍토가 제대로 갖춰진 상태에서 다음 단계의 풍토를 쌓아가야만 한다.

## 비옥한 토양 풍토

비옥한 토양 풍토는 아이에게 다양한 자원과 경험을 제공한다. 여기서 자원은 물질적인 것만을 뜻하지 않는다. 사물, 사람, 지식, 관점 등 온갖 종류의 다양성을 포함한다. 토양 풍토는 이미 가지고 있는 가용 자원을 단순히 소비하는 대신, 새로운 자원에 접근하고 그것을 키워내는 법을 가르치기도 한다.

비옥한 토양은 질소, 인, 칼륨 등 광물성 입자와 물, 공기, 유기물로 이뤄지고, 이는 모두 식물의 생장에 필수적인 요소다. 토양에 질소가 넘친다고 칼륨의 결핍을 대체할 수는 없다. 다양한 요소가 잘 융합되어 있을 때 그 토양을 비옥하다고 할 수 있다.

사람도 마찬가지다. 개방적인 풍토는 생각의 정리를 돕는 다양한 관점, 타인과의 상호작용 방식 등과 이어진다. 식물은 다른 식물과의 타가

수분이 가능할 때 더 큰 열매를 맺는다. 마찬가지로 재능이 풍부한 개인은 타인과의 직접적인 상호작용과 협업이 가능할 때 더욱 성공할 수 있다. 어린 시절 토양 풍토가 잘 다져지면 새로운 문제, 다양한 사건에 직면해 개방적인 태도와 관점을 지닐 수 있다. 비옥한 토양 풍토에 대해서는 3장에서 자세히 다룬다.

## 밝은 햇살 풍토

비옥한 토양 다음에는 밝은 햇살 풍토를 조성해야 한다. 밝은 햇살은 아이에게 영감을 주고 아이를 격려한다. 햇빛이 식물을 끌어당기는 것처럼, 영감을 자극하는 인물이나 사건은 아이의 긍정적인 호기심을 끌어낸다. 이로써 아이의 마음에 독서와 배움에 대한 씨앗이 싹튼다.

태양은 온 세상을 외딴 구석까지 비춘다. 마찬가지로 영감을 불어넣는 인물이나 사건은 아이에게 큰 그림과 무한한 가능성을 보여주고, 제한적인 상황 밖으로 끌어내준다. 태양이 식물에게 온기와 에너지를 주는 것처럼, 햇살 풍토는 개인에게 영감을 불어넣고 새로운 사안들을 재미있게 소개함으로써 격려와 설렘을 전한다.

어린 시절 햇살 풍토가 잘 마련되면 아이마다 특정 주제에 대한 '뚜렷한 관심사(호기심 curiosity, 선호 preference, 흥미 interest)'를 찾아낼 수 있다. 밝은 햇살 풍토에 대해서는 4장에서 자세히 다룬다.

### 거센 비바람 풍토

거센 비바람 풍토는 반드시 비옥한 토양 풍토와 밝은 햇살 풍토가 잘 갖춰진 다음에 조성해야 한다. 거센 비바람은 개인에게 높은 기대치와 도전 욕구를 자극한다. 정원사는 식물이 화려한 꽃을 피우고 큰 열매를 맺으리라는 높은 기대치를 세운다. 마찬가지로 비바람 풍토는 아이가 잠재력을 최대한 활용하도록 높은 기대치를 설정한다.

정원사는 식물이 통제 불능 상태로 자라지 않게끔 일찍부터 지속적으로 가지를 친다. 이와 유사하게 비바람 풍토 역시 개인에게 자기 수양 능력과 자기효능감을 심어주기 위해서 일찍부터 지속적으로 긍정적인 피드백과 부정적인 피드백을 모두 제공한다. 세찬 비바람 덕분에 식물이 더욱 튼튼하게 자라듯, 도전과 역경은 갈수록 어려워지는 도전들에 적용할 만한 경쟁력 있는 기술을 개발하는 데 도움이 된다.

비옥한 토양, 밝은 햇살 풍토 다음으로 비바람 풍토가 조성되면 아이는 전문지식과 기술을 개발할 수 있고, 이를 통해 뚜렷한 관심사를 열정으로 바꾸게 된다. 거센 비바람 풍토에 대해서는 5장에서 자세히 다룬다.

### 자유로운 공간 풍토

비옥한 토양, 밝은 햇살, 거센 비바람 풍토가 조성된 다음에는 마지막으로 자유로운 공간 풍토가 필요하다. 자유로운 공간 풍토는 독특할 자유를 제공한다. 정원사는 식물마다 고유한 특성을 고려하고, 이를 고려해 식물을 다룬다. 비슷한 맥락에서 공간 풍토는 개인이 각자의 고유하고 뚜렷한 관심사에 따라 성장하리라 여기고, 이를 존중한다.

정원사는 식물마다 제 형태와 크기로 자랄 시간과 공간을 제공한다. 공간 풍토는 개인에게 본인의 독특함을 개성으로 키우고 잠재력을 오롯이 발휘하면서 성장할 수 있는 토대가 된다.

공간 풍토가 잘 조성되면 전문지식과 기술을 바탕으로 독특한 아이디어를 개발할 수 있다. 자유로운 공간 풍토에 대해서는 6장에서 자세히 다룬다.

# 2단계: 4S 태도

태도는 아이가 풍토에 반응하는 방식을 말한다. 토양 풍토는 아이에게 다양한 사람, 문화, 종교, 의견을 소개해준다. 그러나 이러한 것들로부터 무언가를 취하려면 개인이 그러한 경험 가운데 일부에 호기심을 가지거나 흥미를 느껴야 한다.

두 사람이 같은 풍토에 노출되더라도 각자의 창의적 태도에 따라서 다른 반응을 보인다. 창의적 태도는 창의적인 행동 유발하는 개인의 특성, 신념, 비전으로서 창의적 사고를 가능하게 한다. '성격' 대신 '태도'라는 용어를 사용하는 이유는 태도가 성격보다 더 가르치기가 쉽기 때문이다. 성인의 성격 가운데 40~55퍼센트는 선천적이다. 하지만 태도는 성격보다 덜 유전적이고, 변화 가능성이 크다.

27가지 4S 태도, 세분화하여 5가지 토양 태도, 6가지 햇살 태도, 8가지 비바람 태도, 8가지 공간 태도는 4S 풍토를 반영한다. 태도는 풍토에 영향을 받아 바뀌기도 한다. 양육자가 4S 풍토를 조성해 아이들의 창의적 태도를 기를 수 있다는 뜻이다.

혁신가가 27가지 창의적 태도를 모두 갖추고 있지는 않다. 하지만 어떤 분야이든 '최고의' 혁신가는 27가지를 모두 가지고 있기도 하다. 각 태도는 타고나는 것이 아니라, 후천적으로 학습하고 연습할 수 있다. 하지만 각 태도는 관점에 따라 부정적으로 비치는 면도 있다. 이 태도들이 어떻게 창의적 사고로 이어질 수 있는지는 이후의 장에서 상세히 다룬다.

각 태도의 말미에는 혁신가를 선인장에 비유해 각 태도의 필요성을 더욱 익숙하고 자연스럽게 이해할 수 있도록 돕는다.

### 5가지 토양 태도

5가지 토양 태도의 특징은 자원을 최고로 활용하는 복합적이고 열린 마음이라고 할 수 있다. 토양 태도는 개인이 '수완 좋은 꽃가루 매개자'가 되도록 돕고, 이를 통해 창의적 사고를 할 수 있게 한다.

(1) **개방적 태도**는 자신과 다른 타인의 관점을 존중하는 자세다. 이 태도는 다른 문화에 노출되는 등 초기의 다양한 경험들을 통해 발달

한다. 하지만 동시에 '산만한' 사람으로 비칠 수 있다.

(2) 이중문화적 태도를 지녔다는 것은 본인의 고유한 문화적 정체성을 간직한 상태에서 새로운 문화를 포용한다는 뜻이다. 이 태도는 다른 문화를 배움으로써 발달하고, 다양한 멘토들을 찾음으로써 무르익는다. 이중문화적인 경험은 복잡한 여러 관점을 이해하는 데 도움이 된다. 하지만 동시에 '뿌리가 없는' 사람으로 비칠 수 있다.

(3) 멘토를 찾는 태도는 전문가의 건설적인 비판을 통해 서로 흥미를 느끼고 가르침을 주고받는 데서 나온다. 이 태도는 타인에 대한 신뢰와 배우려는 자세로써 발달한다. 멘토는 자신의 전문지식과 기술을 멘티와 공유하고, 멘티가 본인만의 전문성을 개발하도록 이끌어준다. 하지만 동시에 '조종당하는' 사람으로 비칠 수 있다.

(4) 복잡성을 추구하는 태도는 애매모호하고 상충하는 시각들을 포용하는 것이다. 이 태도는 점점 더 복잡해지는 상황 또는 문제에 대처하거나 그것을 해결함으로써 다듬어진다. 그리고 독특한 기회를 발견하고 분석하는 데 도움이 된다. 하지만 동시에 '지나치게 복잡한' 사람으로 비칠 수 있다.

(5) 수완 좋은 태도를 지녔다는 것은 목표를 달성하기 위해 온갖 자원

과 기회를 효과적으로, 그리고 효율적으로 찾아내어 사용한다는 뜻이다. 이 태도는 재정적, 육체적, 문화적 도전에 대비하거나 이를 극복하는 법을 배우면서 발달한다. 하지만 동시에 '기회주의적'으로 비칠 수 있다.

토양 태도를 지닌 혁신가는 수완 좋은 꽃가루 매개자다. 선인장은 희소한 자원 환경에 적응한 생물이다. 뿌리를 넓게 뻗어 모래로 뒤덮인 지면 근처에 있는 극소량의 수분을 빨아들여서, 구멍이 숭숭 뚫려 있거나 아예 텅 빈 몸통에 물을 저장한다. 그러고서 기온이 떨어지는 밤이 되면 기공을 열고 꽃을 피움으로써 수분 손실을 최소화한다. 혁신가도 본인의 뚜렷한 관심사에 필요한 새로운 자원을 찾고 발견하는 기술을 개발함으로써, 희소한 자원을 효율적으로 사용하는 법을 익힌다.

선인장의 가시는 포식자에게서 자신을 보호할 뿐만 아니라, 생태계를 풍성하게 만드는 곤충과 새들을 보호해준다. 선인장은 사막에서 자신을 보호하기 위해 무리를 짓기도 한다. 마찬가지로 혁신가도 혁신을 달성하기 위해 멘토나 다른 전문가들과 관계를 맺는다.

## 6가지 햇살 태도

6가지 햇살 태도는 에너지를 지속시키는 자기 영감과 호기심이라고 표현할 수 있다. 햇살 태도는 개인이 '호기심 많은 낙관론자'가 되도록 돕고, 이를 통해 창의적 사고를 할 수 있게 한다.

(1) 낙관적 태도를 지녔다는 것은 실재하는 상황이 어떻든지 간에 긍정적인 결과를 본다는 뜻이다. 이 태도는 타인에 대한 긍정적인 애착과 믿음에서 출발하고, 이를 통해 개인은 자신감 있게 자기 세계를 넓힐 수 있다. 하지만 동시에 '비현실적인' 사람으로 비칠 수 있다.

(2) 큰 그림을 생각하는 태도는 타인의 말이나 행동, 가치에서 영감을 얻고, 여러 제약 너머의 큰 그림을 보는 자세다. 이 태도를 통해 개인은 제한적인 상황에서 빠져나와 무한한 가능성을 좇을 수 있다. 낙관적이고 큰 그림을 보는 태도는 호기심을 바깥의 큰 세상으로 향하게끔 한다. 하지만 동시에 '백일몽에 빠진' 사람으로 비칠 수 있다.

(3) 호기심 많은 태도는 어린아이처럼 생각하면서 열정적으로 새로운 정보를 탐색한다는 뜻이다. 이 태도는 뜻밖의 기회를 낳고, 그러한 기회를 좇고자 하는 열망을 불어넣는다. 하지만 동시에 '성가신' 사람으로 비칠 수 있다.

(4) 즉흥적 태도가 떠오른 순간 유연한 자세로 새로운 아이디어와 기회를 즉각 행동으로 옮긴다는 뜻이다. 이 태도는 열린 마음과 호기심에서 출발하고, 재미있는 방식으로 경험에 접근하는 자세로 이어진다. 하지만 동시에 '충동적인' 사람으로 비칠 수 있다.

(5) 재미있는 태도는 탐험하듯이 상황을 이해하고, 도전의 밝은 면을 본다는 뜻이다. 이 태도는 시간이 흘러도 열정을 유지하는 데 도움이 된다. 하지만 동시에 '장난스러운' 사람으로 비칠 수 있다.

(6) 에너지가 넘치는 태도는 외부 환경과 무관하게 강렬한 호기심, 자기 영감 등 내부적인 동기 부여에서 나온다. 이 태도는 낙관적인 호기심에서 출발하고, 시간이 흐르는 동안 열정을 지속시킨다. 하지만 동시에 '도가 지나친' 사람으로 비칠 수 있다.

햇살 태도를 지닌 혁신가는 호기심 많은 낙관주의자다. 선인장은 1년 내내 생의 즐거움을 만끽한다. 낙관적인 자세로 태양에서 에너지를 받아 다른 식물들은 견디지도 못하는 사막에서 증식한다. 다채로운 빛깔의 선인장 꽃들이 터질듯한 에너지를 품고 피어나면, 삭막한 사막 풍경에 점차 생명과 희망, 아름다움이 어우러진 무지개 빛을 뿜는다. 마찬가지로 혁신가는 낙관주의와 지칠 줄 모르는 호기심을 무기 삼아 도전의 기회를 혁신으로 탈바꿈시키고, 자신과 타인의 열정을 북돋운다.

## 8가지 비바람 태도

8가지 비바람 태도는 도전을 이겨내고 목표 달성을 위해 노력하는 자세다. 비바람 태도는 개인이 '불굴의 노력가'가 되도록 돕고, 이를 통해 창의적 사고를 할 수 있게 돕는다.

(1) **독립적 태도**란 타인의 영향력, 지원, 통제에서 벗어나 자유롭게 사고하고 행동한다는 뜻이다. 이 태도는 홀로 어떤 일을 생각하고 행하는 데서 출발하고, 자신의 행동을 통제하고 관리하는 데 도움이 된다. 하지만 동시에 '냉담한' 사람으로 비칠 수 있다.

(2) **자기 수양적 태도**는 목표를 달성하기 위해 스스로 동기를 부여하고 자신을 통제, 관리한다는 뜻이다. 이 태도는 자신에 대한 기대나 한계를 명확히함으로써 시작되고, 집중을 방해하는 요소나 중독을 피하는 가운데 본인의 상황을 조직화함으로써 발달한다. 하지만 동시에 '강박적인' 사람으로 비칠 수 있다.

(3) **근면 성실한 태도**란 목표 달성을 위해 꼼꼼하고 우직하게 집중한다는 뜻이다. 이 태도는 자기 수양에서 출발해 목표 달성에 필요한 기술을 습득하게 만든다. 하지만 동시에 '워커홀릭'으로 비칠 수 있다.

(4) 자기효능감 있는 태도는 이전에 성공한 경험을 토대로 특정 과업 역시 잘 해내리라고 믿는 자신감에서 나온다. 다양한 영역에 걸친 자기효능감은 회복력을 길러준다. 하지만 동시에 '오만한' 사람으로 비칠 수 있다.

(5) 굴하지 않는 태도는 시련이나 실패를 겪은 뒤에도 잘 회복한다는 뜻이다. 이 태도는 자기효능감, 뚜렷한 목표에 대한 헌신에서 출발하는데, 위험의 충격을 최소화하는 데 도움이 된다. 하지만 동시에 '호전적인' 사람으로 비칠 수 있다.

(6) 위험을 감수하는 태도란 불확실한 보상을 좇아서 안정적인 환경을 떠난다는 뜻이다. 이 태도는 낙관적인 자기효능감에서 출발하고, 다양한 결과에 대한 계획을 세우면서 발전한다. 이 태도 덕분에 계속 시도할 수 있는 힘을 얻을 수 있다. 하지만 동시에 '무모한' 사람으로 비칠 수 있다.

(7) 끈기 있는 태도는 즉각적인 보상이 있건 없건 목표를 위해 한결같이 헌신적으로 있는 힘껏 노력한다는 뜻이다. 이 태도는 자기효능감과 회복력에서 출발하고, 목표를 향해 전진할 때마다 강화된다. 하지만 동시에 '강박적인' 사람으로 비칠 수 있다.

(8) **불확실성을 수용하는 태도**란 잠재적인 도전이나 결과와 무관하게 완벽한 정보 없이도 행동한다는 뜻이다. 이 태도는 용기를 내어 불가능한 일을 대담하게 시도하는 데 도움이 된다. 하지만 동시에 '겁 없는' 사람으로 비칠 수 있다.

비바람 태도를 지닌 혁신가는 불굴의 노력가다. 선인장은 홍수, 벼락, 폭풍우, 모래 회오리바람, 메뚜기 떼를 이겨내며 회복력을 갖춘다. 뾰족한 가시들로 몸통과 뿌리를 악착같이 보호하고, 손상을 입어도 다시 자라난다. 혁신가도 자기효능감을 키움으로써 남들의 의심과 거절을 견뎌내고, 위험을 감수하면서 목표를 추구한다. 회복력 덕분에 좌절과 역경을 배움의 기회로 삼으면서 본인의 결함과 약점, 실패를 극복한다.

## 8가지 공간 태도

8가지 공간 태도는 자신만의 고유한 독특함을 발견하고 표출하는 것이다. 공간 태도는 개인이 '반항적인 공상가'가 되도록 돕고, 이를 통해 창의적 사고를 할 수 있게 한다.

(1) **감성적 태도**는 본인의 감정을 인식하고, 이해하고, 표현한다는 뜻이다. 이 태도를 통해 자신의 감정을 전할 수 있고, 타인에 대한

공감 능력도 키울 수 있다. 하지만 동시에 '불안정한' 사람으로 비칠 수 있다.

(2) **박애적 태도**란 내적으로 타인과 공감하는 것은 물론, 의미 있는 방식으로 사람들을 도움으로써 그 공감을 외적으로 표현한다는 뜻이다. 이 태도는 타인의 처지를 이해하고, 큰 그림을 보는 데서 출발한다. 또 타인의 경험과 큰 세상에 대해 자기반성을 할 수 있도록 도와준다. 하지만 동시에 '희생적인' 사람으로 비칠 수 있다.

(3) **자기성찰적 태도**란 본인과 타인의 경험이나 관점의 본질을 이해하기 위해 고독을 즐긴다는 뜻이다. 이 태도는 목표에 공을 들이기 위하여 혼자 있는 시간을 꺼리지 않는 데서 시작되고, 자연과 이어지면서 촉진된다. 이 태도는 자신의 감정을 객관적으로 보고, 독자적으로 선택할 수 있도록 도와준다. 하지만 동시에 '내성적'으로 비칠 수 있다.

(4) **주체적 태도**란 목표를 추구할 때 독립적이고 고유하게 동기를 부여받는다는 뜻이다. 이 태도는 자기만의 목표를 세우는 데서 출발하고, 그 목표를 달성하는 과정을 즐기면서 무르익는다. 하지만 동시에 '통제 불능'으로 비칠 수 있다.

(5) 공상하는 태도를 지녔다는 것은 깨어 있는 동안에도 비현실적이 되 목표 지향적인 생각을 계속한다는 뜻이다. 이 태도는 즉흥적으로 떠오른 생각 가운데 기존 규범을 무시하면서 활용 가능한 측면을 포착하는 데 도움이 된다. 하지만 동시에 '망상에 빠진' 사람으로 비칠 수 있다.

(6) 비순응적 태도란 주류인 사고 및 행동 패턴과는 다른 선택을 한다는 뜻이다. 이 태도는 외부자임을 편안하게 느끼는 데서 발달한다. 또 개인이 기존 규범을 초월하여 자신만의 독특함에 이를 수 있도록 도와준다. 하지만 동시에 '거친' 사람으로 비칠 수 있다.

(7) 성 편견이 없는 태도는 성별에 기초한 고정관념을 거부한다는 뜻이다. 이 태도는 다른 성의 관점 및 강점을 활용함으로써 발달한다. 그리고 신체적, 경제적, 직업적, 민족적 편견 전반에 걸친 지적 저항에 문을 열어준다. 하지만 동시에 '성적 지향이 없는' 사람으로 비칠 수 있다.

(8) 독립적 태도란 목표를 추구하기 위해 기존 규범이나 가치, 전통, 위계, 권위를 거부하거나 바꿀 수 있다는 뜻이다. 저항하면서 기존의 제약들을 깨부수고, 이를 통해 남들이 보지 못하는 것을 보고, 남들이 하지 못하는 것을 할 수 있게 된다. 하지만 동시에 '반

체제적인' 사람으로 비칠 수 있다.

공간 태도를 지닌 혁신가는 반항적인 공상가다. 선인장은 다른 식물처럼 화단을 필요로 하지 않는다. 뜨겁고 건조한 사막에 만족한다. 그러면서 선인장은 사막의 오아시스 역할도 마다 않는다. 멀리서 온 곤충들, 작은 짐승들, 목마른 여행자들에게 쉼터와 먹을거리, 몸통에 비축한 물을 내어준다. 혁신가 역시 목표를 추구하기 위해 일반 대중의 뜻을 거스르면서도 남들은 상상조차 할 수 없는 일을 해낸다. 세상을 바꾸겠다는 의지가 세상을 더 이롭게 하고, 미래 세대의 혁신가에게 영감을 준다.

## 3단계: ION 사고력

    4S 태도는 개인의 창의적 사고력을 가능하게 한다. 나는 이를 ION, 틀 안inbox, 틀 밖outbox, 새 틀new box 사고력이라고 부르는데, 이는 사과나무 창의 과정 중에 발휘된다. 틀 안 전문성은 좁고 깊으며, 지식과 기술을 습득하거나 아이디어를 평가한다. 틀 밖 상상력은 빠르고 폭이 넓으며, 다양한 가능성을 상상한다. 새 틀 융합력은 틀 안 전문성과 틀 밖 상상력의 요소들을 결합하여 새로운 창작물, 새로운 틀로 변형한다. 토양 태도와 비바람 태도는 유용한 틀 안 전문성과 새 틀 융합력을 촉진하고, 햇살 태도와 공간 태도는 독특한 틀 밖 상상력과 새 틀 융합력을 촉진한다.

## 틀 안 Inbox 전문성

틀 안 전문성은 과업을 완수하거나 올바른 답을 선택하는 전통적인 방식을 포함한다. 잘 다듬어진 틀 안 전문성은 지식과 기술을 이해하고 적용함으로써 특정 사안에 통달하는 전문성을 키우는 데 필수적이다. 전문성은 지식과 기술을 암기하고, 이해하고, 적용하는 역량이다. 비판적 사고력, 즉 틀 밖 상상력을 통해 도출되는 아이디어를 분석하고 평가하는 능력도 포함한다. 틀 안 전문성은 줌 렌즈처럼 세부 사항을 바싹 당겨서 살피고 평가할 수 있도록 좁은 범위의 지식과 기술을 클로즈업할 수 있게 한다. 이로써 아이디어나 창작물의 유용성이 보장된다.

## 틀 밖 Outbox 상상력

틀 밖 상상력은 확산적 혹은 비순응적인 아이디어를 추구하는, 통상의 틀에서 벗어난 사고다. 틀 밖 상상력은 유창하고(즉각적으로 많이), 유연하고(다른 각도나 종류의), 독창적인(새로운) 아이디어를 낳는다. 틀 밖 상상력은 손쉽게 이용 가능한 전문지식, 기술 저장소에서 아이디어의 원료를 건져올린다. 틀 밖 상상력은 광각 렌즈처럼 폭넓은 시각을 갖고 어떤 문제나 기회에 다가가는 새로운 접근법들을 떠올릴 수 있게 한다. 이로써 아이디어나 창작물의 독특함이 보장된다.

## 새 틀 Newbox 융합력

새 틀 융합력은 틀 안 전문성과 틀 밖 상상력의 요소들을 결합하는 사고다. 줌 렌즈와 광각 렌즈를 모두 사용하여 서로 무관해 보이는 아이디어들을 독특하게 결합 또는 합성해 유용하게 정제하고 변환한다. 이를 통해 창작물의 독특함과 유용성이 보장된다. 마지막으로 새 틀 융합력은 타인 또는 사회가 혁신으로 인식할 수 있게끔 창작물을 홍보한다.

## 4S 풍토 → 4S 태도 → ION 사고력

다음 장의 표와 같이, 4S 풍토는 개인의 4S 태도를 기르고, 혁신을 이루는 데 ION 사고력을 적용할 수 있도록 한다. 다시 말해 혁신은 개인의 창의적 풍토, 태도, 사고력에 좌우되는 결과라 할 수 있다. 이처럼 배우고 훈련할 수 있다는 점에서, 창의력이란 예술가에게 허락된 찰나의 천재성이라는 통념에 반한다.

## 창의적 풍토 · 태도 · 사고력의 관계

| | 풍토:<br>초기 창의력 발달 촉진 | 태도:<br>풍토에 의해 배양 | 사고력:<br>태도에 의해 발휘 가능 |
|---|---|---|---|
| 비옥한 토양 | 다양한 자원과 경험:<br>다양한 사안들과 조우하도록 도움 | 개방적인, 이중문화적인, 멘토를 찾는, 복잡성을 추구하는, 수완 좋은 | 유용한<br>틀 안 전문성 ·<br>새 틀 융합력 |
| 밝은 햇살 | 영감과 격려:<br>특정 사안에 대한 구체적인 뚜렷한 관심사를 찾도록 도움 | 낙관적인, 큰 그림을 생각하는, 호기심 많은, 즉흥적인, 재미있는, 에너지가 넘치는 | 독특한<br>틀 밖 상상력 ·<br>새 틀 융합력 |
| 거센 비바람 | 높은 기대치와 도전:<br>뚜렷한 관심사를 열정으로 탈바꿈시키는 유용한 전문지식과 기술을 발전시키도록 도움 | 독립적인, 자기 수양적인, 근면 성실한, 자기 효능감 있는, 굴하지 않는, 위험을 감수하는, 끈기 있는, 불확실성을 수용하는 | 유용한<br>틀 안 전문성 ·<br>새 틀 융합력 |
| 자유로운 공간 | 홀로 있으며 독특할 자유:<br>전문성을 토대로 독특한 아이디어를 개발하도록 도움 | 감성적인, 박애적인, 자기성찰적인, 주체적인, 공상하는, 비순응적인, 성 편견이 없는, 반항적인 | 독특한<br>틀 밖 상상력 ·<br>새 틀 융합력 |

# 우선 풍토가
# 중요하다

 

4S 풍토 조성하기, 4S 태도 기르기, ION 사고력 적용하기, 이 세 단계 중 가장 가장 중요한 단계는 물론 4S 풍토 조성하기다. 창의적인 아이디어나 상품의 혁신과 실패를 가늠하는 요소가 바로 풍토다.

대학을 졸업한 직후 한국에서 가장 유명한 첨단 기술 기업에 취직한 발명가를 연구한 적이 있다. 그 회사는 혁신적인 제품을 바랐지만, 정작 그 발명가가 독특한 아이디어를 내놓자 혹평을 쏟았다. 터무니없는 아이디어라는 소리가 나왔다. 그런데 미국으로 이주한 뒤에 그는 '터무니없는' 아이디어들 덕분에 취직도 하고 승진도 했다. 나중에는 본인의 아이디어로 특허까지 받았고, 다른 첨단 기술 회사의 부사장까지 올라갔다. 이후에 그 능력을 인정받아 다행이긴 하지만, 한국에서는 반反 창의적 풍토 탓에 손해를 본 사례다.

풍토는 개인의 창의력 발달을 고무하기도, 꺾기도 한다. 다섯 살 때부터 언론의 집중적인 관심을 받았던 영재를 연구한 적이 있다. 그 아이는 아홉 살에 한 대학의 물리학과에 입학했다. 그런데 대학의 커리큘럼은 지식과 기술 학습에만 치우쳐 있었다. 아이는 유용한 지식을 많이 얻을 수 있었지만, 독특한 것은 전혀 창조해내지 못했다. 이 아이는 반 창의적인 풍토를 떠나지 않는 한 혁신가가 되기는 어려울 것으로 보였다.

영재건 아니건 모든 사람은 저마다 창의적인 잠재력을 타고난다. 다만, 창의적 사고는 환경과 풍토에 좌우된다. 개인의 창의력은 제일 먼저 가정의 풍토에, 이어서 학교의 풍토에 영향을 받을 수밖에 없다. 이 두 가지 풍토는 개인의 창의력 발달에 있어서 가장 중요한 풍토다.

대다수 양육자가 선인장의 가시를 거추장스레 여길 때, 혁신가의 양육자는 선인장의 강점과 독특함, 그 안에 품고 있을 꽃과 꽃봉오리에 주목한다. 이들은 창의적인 풍토를 조성하고, 아이들이 내보이는 4S 태도의 긍정적인 측면들을 보며, 아이들이 그 태도를 바탕으로 ION 사고력을 적용하여 혁신을 달성하도록 독려한다. 이 태도가 결국 아이의 미래를 바꾼다.

이 책에서는 알베르트 아인슈타인, 스티브 잡스, 넬슨 만델라, 조지아 오키프라는 혁신가를 키운 부모와 더불어 요스트 빈텔러, 이모진 힐, 세실 해리스 목사, 엘리자베스 윌리스 같은 혁신가의 스승들도 만나보게 될 것이다. 나 역시 나를 가르친 선생님들, 특히 조순현 선생님을 만나지 못했더라면 고향 마을의 여느 아이처럼 열악한 양말공장만을 세상의 전부로 알고 살았을지도 모른다.

  창의력은 훌륭한 것을 더욱 훌륭하게 벼려내는 힘이기도 하다. 역사가 보여주듯, 인류의 진보를 낳는 혁신가의 탄생에는 대단히 많은 것이 필요하지 않다. 부모 혹은 교육자 몇 사람만 있으면 충분하다. 만약에 양육자 대부분이 가정과 학교에서 아이들이 4S 태도를 기를 수 있도록 4S 풍토를 조성해줄 수 있다면, 아이들이 미래에 이룰 혁신은 엄청날 것이다.

한 번도 실수하지 않은 사람은
한 번도 새로운 시도를 해본 적이 없는 사람이다.
- 알베르트 아인슈타인

2부

―

혁신가를 낳는
최소한의 조건

# 3장

## 비옥한 토양에서 단단한 태도가 자란다

토양 풍토는 견고하게 뿌리 내린 가족적, 문화적 정체성도 제공한다. 또 단순히 재원만이 아니라 사물, 사람, 지식, 관점 등 다양한 종류의 자원에 접근할 수 있게 해준다. 더불어 새로운 자원에 접근하고 그것을 개발하는 법도 가르쳐준다. 아이가 토양 태도를 기를 때면 뚜렷한 관심사를 가질 만한 여러 주제와 맞닥뜨리게 된다. 토양 태도는 혁신에 필요한 토대가 되어 원활한 틀 안 전문성과 새 틀 융합력을 발휘하게 한다.

# 혁신가 아인슈타인을 만든 삶

알베르트 아인슈타인은 1879년 3월 14일, 독일 남부의 다뉴브 강에 면한 대도시 울름의 유대인 가정에서 태어났다. 믿기 힘들겠지만, 지능 면에서 아인슈타인은 유달리 총명한 편은 아니었다. 다만, 배움이 존중받는 창의적 풍토에서 성장했다.

어머니 파울리네 코흐 Pauline Koch는 부유한 집안 출신으로, 남편보다 열한 살이나 어렸다. 파울리네는 독립적이고 올곧은 성격에 에너지도 넘쳤다. 자식들에게 공부에 필요한 몰입력과 근면 성실함을 길러줬다. 또 아이들이 야망을 갖게끔 독려했는데, 가족의 식탁보에 "바쁘면 복이 온다"라는 격언을 수놓기도 했다.

## 개방적인 환경에서 열린 태도를 갖추며 자라다

알베르트 아인슈타인의 아버지 헤르만 아인슈타인Hermann Einstein은 파울리네와는 배경도 성격도 무척이나 달랐다. 그는 가난한 집안에서 태어나 어릴 때부터 수학을 사랑했다. 하지만 중등학교를 졸업한 뒤에는 생계를 꾸리기 위해서 상인이 되었다. 그는 개방적이었고, 유대교 전통에 충실하지 않았다. 그의 시각과 불가지론은 아내를 비롯한 타인과 엇갈렸다. 헤르만의 이러한 배경이 알베르트 아인슈타인의 비순응적이고 반항적인 태도를 길러냈다.

헤르만은 독서를 매우 좋아했다. 셰익스피어, 실러, 괴테의 걸작들을 아이들에게 큰소리로 읽어주기도 했다. 이를 통해 알베르트의 호기심과 독서와 배움에 대한 사랑이 키워졌다. 헤르만은 끝도 없는 아들의 질문에 답을 해주었다. 그리고 공상에 잠기는 데 필요한 시간은 물론, 그 시간을 즐길 수 있도록 아들에게 책을 비롯한 다양한 재료들을 제공해 호기심에 더욱 불을 지폈다. 헤르만은 알베르트에게 퍼즐을 풀거나, 카드 집처럼 복잡한 구조물을 만드는 경험도 자주 선사했다. 그리고 언제나 부부가 함께 아들이 과제나 도전을 완수할 때까지 계속 도전하도록, 그럼으로써 자기효능감과 끈기 있는 태도를 키우도록 독려했다.

재능 있는 피아니스트였던 파울리네는 아들 또한 음악을 사랑하기를 바랐다. 남편의 사업 실패로 돈이 궁해졌어도 알베르트에게는 바이올린을 사주고 개인교사를 붙였다. 처음에 알베르트는 바이올린 수업을 싫어했다. 반복 연습이 싫었기 때문이다. 파울리네는 음악의 빠르기를 아들이 좋아하는 수학과 연결지어 설명하며 동기를 부여했다. 직접 피아노로 아들 연습에 반주를 해주기도 했다. 또 알베르트가 사람들 앞에서 연주하도록 용기를 북돋았다. 알베르트는 바이올린을 능숙하게 다루게 되었고, 나중에 가서는 피아노까지 배웠다. 이 덕분에 훗날 우주를 음악적으로, 그리고 수학적으로 연결하는 새 틀 융합력을 발휘할 수 있었다.

파울리네는 일찍부터 알베르트의 독립적인 태도도 북돋웠다. 알베르트가 고작 네 살 때 시내에 아들을 데리고 간 다음, 혼자 집에 오라 하고서는 아이를 길에 두고 사라졌다. 알베르트는 어머니가 뒤에서 따라오는 줄 모르고 홀로 길을 찾았다.

다섯 살 때 알베르트는 병상에 누워 지낸 적이 있었다. 헤르만은 아들이 심심하지 않게 시간을 보내도록 나침반을 하나 주면서 그에 얽힌 재미있는 이야기를 들려주었다. 나이 든 나무꾼의 부인이 깊은 숲속에 살면서 계속 길을 잃어버리는 남편을 위해 나침반을 샀다는 얘기였다. 헤르만이 이야기를 어찌나 잘하는지, 그 이야기를 곁듣던 파울리네는 그날 저녁밥을 거의 태울 뻔했다. 알베르트는 나침반의 자침에 푹 빠졌다. 그리고 이것이 알베르트의 평생을 사로잡은, 우주에 작용하는 보이지 않는 힘에 대한 경외감에 불을 지폈다.

알베르트의 부모는 다양한 활동과 경험을 통해 아들의 정신을 자극하면서 자기성찰적인 태도, 공상하는 태도도 키워주었다. 그들은 아인슈타인이 땅, 하늘, 나무, 꽃, 나비, 새를 관찰하면서 홀로 생각하고, 걷고,

공상하는 시간을 숱하게 보내도록 했다. 가끔은 너무 깊이 생각에 빠진 나머지 집에서 한참 떨어진 곳에서 헤맬 때도 있었다. 어떤 때는 오로지 머릿속에서만 방랑하기도 했다.

알베르트가 여섯 살 때였다. 온 가족이 함께 뮌헨에서 열린 옥토버페스트에 참석했다. 다들 춤을 추고 싶어 했지만, 알베르트는 춤추기보다는 다른 식구들의 풍선을 꼭 쥐고 있고 싶었다. 식구들이 춤을 추는 동안 알베르트는 풍선을 하나씩 하나씩 손에서 놓았다. 놀라움에 차서 그 광경을 지켜보며 그는 풍선들이 어디로 가고 있는지, 어떤 보이지 않는 힘이 풍선들을 아래쪽이나 옆쪽이 아니라 하늘 위로 밀어 올리는지 궁리하면서 공상에 잠겼다.

알베르트가 풍선을 몽땅 날려버렸다는 사실을 알고서도 부모는 화를 내지 않았다. 대신에 무슨 재미있는 공상을 했는지 자신들에게 알려달라고 했다.

## 단단한 태도를 기른 풍부한 경험

같은 해에 알베르트의 부모는 걸어서 통학하는 동안 생각하는 시간을 보낼 수 있게 아들을 인근의 가톨릭 학교에 보냈다. 훨씬 멀리 떨어진 유대인 학교 대신 선택한 곳이었다. 그들은 알베르트가 70명이나 되는 반 아이들 가운데 유일한 유대인이라는 사실을 잘 알면서도, 알베르트를 반

유대주의적 환경에 맞서도록 했다.

　알베르트는 여러가지 이유로 툭하면 괴롭힘을 당했다. 종교 때문에, 운동으로 남성성을 증명하는 데 관심이 없어서, 책만 읽어서…. 그전까지만 해도 아인슈타인은 부모의 불가지론 탓에 유대교를 본인의 정체성을 규정하는 요소로 여기지 않았다. 그런데 되레 반유대주의적 적대심이 유대교에 관한 뚜렷한 관심을 키웠고, 유치한 반유대주의와 부모의 불가지론에 반기를 들게 됐다.

　유대교의 음식 전통인 코셔를 지키기로 마음먹는가 하면, 찬송가까지 작곡했다. 하지만 열두 살 때 종교에 교묘한 측면이 있다는 생각이 들면서 반발심이 든 데다, 새로이 과학과 수학에 대한 뚜렷한 관심이 생기면서 유대교에 대한 관심을 끊었다. 그러나 실제로 유대인으로서의 정체성은 평생 유지했다. 즉 학교에서의 시련을 극복하며 아인슈타인의 독립적인 태도와 자기성찰적인 태도가 길러졌다.

　알베르트는 부모 말고도 어려서부터 지적으로 자극을 준 멘토 두 사람을 만났다. 야코프Jakob 아저씨와 막스 탈마이Max Talmey는 수학, 과학, 철학에 대한 아인슈타인의 뚜렷한 관심사를 알아봤다. 야코프 아저씨는 성공한 엔지니어, 발명가이자 알베르트의 아버지 헤르만의 동업자였다. 수십 년 동안 두 집안은 한집에서 살며 요리와 집안일을 공동으로 했다. 이러한 환경 덕분에 가족끼리 마찰 없이 복합적인 상호작용을 할 수 있었고, 덕분에 알베르트는 복잡성을 추구하는 태도를 기를 수 있었다.

야코프는 전기 계량기, 회로 차단기, 발전기 부품에 대한 특허를 보유하고 있었다. 그의 꿈은 뮌헨의 거리에 놓인 모든 가로등의 구식 가스등을 전기 전구로 교체하는 것이었는데, 이런 목표는 알베르트가 큰 그림 그리는 법을 기를 수 있도록 도와주었다.

야코프는 주변의 사물들, 나무, 구슬, 신체 부위 등을 사용하여 수학적인 개념이나 원리를 보여줌으로써 알베르트에게 수학이 재미있다는 사실을 가르쳐주었다. 그는 알베르트에게 개념과 원리의 유용성을 보여주기도 했다. 예를 들면 주변 사물을 측정하고 비교할 수 있는 기하학 같은 것을 말이다. 무릎, 팔꿈치, 나뭇가지는 어떤 각도를 이루고 있는지, 벌집은 왜 자연적으로 육각형인지, 거미줄은 왜 팔각형인지, 화산은 왜 원뿔형인지를 가르쳐줬다. 또 그는 알베르트에게 대수학을 알려주기도 했다.

야코프가 수학을 '무궁무진한 생각을 가다듬는 재미있는 활동'으로 알려준 덕에 알베르트는 밖에서 노는 것보다 수학 문제 풀기를 더 좋아하게 됐다. 더불어 실수를 하더라도 그 실수에서 해답의 실마리를 찾고, 이 실마리를 새로운 발견의 시작점으로 삼을 수 있다는 사실도 배웠다. 이러한 환경이 수학에 대한 알베르트의 뚜렷한 관심사를 강화하면서 자기효능감과 끈기를 키웠다.

열 살 때 알베르트는 과학에 열정을 지닌, 스물한 살의 가난한 유대인 의대생 막스 탈마이를 만났다. 아인슈타인 가족은 5년 동안 매주 목요일에 탈마이를 저녁 식사 자리에 초대했다. 탈마이는 알베르트에게 따스한 격려와 풍성한 교육적 지식, 또 본인의 가정환경에서 비롯된 색다른 관점들을 제공했다.

그는 자신이 읽은 책, 그리고 최신 과학 동향에 관한 자신의 지식을 알베르트와 공유했다. 그가 소개한 책 중에는 아론 번스타인Aaron Bernstein이 전기, 중력, 그 밖의 과학 정보 및 실험에 관해서 쓴 《자연과학대중서》도 있었다. 알베르트는 탈마이의 책들을 스펀지처럼 흡수했고, 같은 눈높이에서 그와 토론했다.

알베르트는 특히 빛의 속도를 탐구하는 데 매료되었다. 그 결과 앞서 발견한 수학에 대한 뚜렷한 관심이 과학에 대한 뚜렷한 관심과 결합되어 시공간에 대한 전문지식과 기술을 개발하기 시작했다. 탈마이는 알베르트에게 위대한 철학자들의 업적을 소개하기도 했다. 이마누엘 칸트는 열세 살짜리 알베르트가 제일 좋아하는 철학자가 되었고, 그의 관념적인 추론과 큰 그림 사고법을 기르는 밑거름이 되었다.

## 아인슈타인을 도운 선생님들

하지만 학교에서 알베르트는 문제아로 찍혔다. 교사들은 그가 질문을 너무 많다고 여겼다. 무딘 성향이 그를 자주 곤경에 빠트리기도 했다. 한 교사는 반 아이들 앞에서 그가 결코 아무것도 해낼 수 없으리라고 단언했다. 다른 교사들도 그가 다른 학생들에게 나쁜 본보기이며, 남의 시간을 허비하고, 교사의 권위를 손상시킨다고 공공연하게 말했다. 부모와 같은 눈높이에 있었던 집에서와는 달리, 교사들은 엄격하고 권위적이었다. 또 알베르트가 잘하지도, 좋아하지도 않는 기계적인 암기 학습을 강조했다. 다시 말해 집에서는 길잡이 양육 방식이, 학교에서는 통제적 양육 방식이 쓰이며 대립한 것이다. 이렇듯 극단적으로 다른 가정과 학교의 풍토가 알베르트의 비순응적이고 반항적인 태도를 키우는 바람에 그는 교사들에게 낙인찍혔다.

십대 시절 내내 알베르트는 아버지의 경제적 실패로 크게 마음고생을 했다. 가족은 집을 팔고 이탈리아로 이주해야 했는데, 알베르트는 고등학교를 마쳐야 했기에 먼 친척과 함께 살면서 독일에 홀로 남게 되었다. 학교에선 교사와 학우를 가리지 않고 한결같이 그를 싫어했고, 꼬치꼬치 캐묻기 좋아하는 까탈스러운 외부자로 취급했다.

심지어 알베르트가 열다섯 살 때, 결국 교사들이 그를 학교에서 강제로 내보내는 바람에 그는 고등학교 중퇴자가 되고 말았다. 알베르트는 너무 고통스러운 나머지 거의 신경쇠약에 빠질 지경이었다. 하지만 이 경험 덕분에 꺾일 줄 모르는, 굴하지 않는 태도가 길러졌다.

학교를 그만두고 나서 알베르트는 며칠 동안 이탈리아 밀라노에서 제노아까지 홀로 산과 산을 넘으며 도보여행을 했다. 매일 노숙으로 밤을 보냈다. 그러던 어느 날 밤, 알베르트는 별똥별이 가득 쏟아져 내리는 하늘을 보고 영감을 받았다. 이 경험이 우주와 공간에 대한, 뿌리치기 힘든 강렬한 뚜렷한 관심을 다시금 자극했고, 결국에는 대학에서 물리학을 공부할 수 있도록 고등학교를 졸업해야겠다는 결심을 다졌다.

이탈리아에 있는 식구들을 찾아가 일을 돕다가 열여섯 살이 됐을 때, 알베르트는 스위스 취리히 인근 아라우고등학교에 입학했다. 아라우고등학교의 교사들은 알베르트가 전에 만났던 권위적인 독일의 교사들과 달랐다. 학생들이 탐구와 실험을 통해 자신만의 결론을 도출하고 발전시키도록 독려했다. 교사들은 알베르트가 여러 질문을 하도록, 심지어 비판하도록 힘을 실어줬다. 알베르트는 교사들과의 상호 존중을 즐겼고, 반에서도 인기 있는 학생이 되었다.

물리학에 대한 뚜렷한 관심이 독서와 토론을 통해 쑥쑥 자라면서 전문성도 깊어졌다. 알베르트는 어린 시절부터 발달한 공상적 태도를 발휘하여 광선에 올라타면 어떨지 상상했다. 이 상상은 향후 10년은 그의 머릿속을 지배했다.

아라우고등학교 재학 시절 알베르트는 스승이자 멘토인 요스트 빈텔러Jost Winteler의 집에서 하숙을 했는데, 빈텔러 가족과의 인연은 평생토록 이어졌다. 빈텔러와 알베르트는 철학과 산악 도보여행을 무척 좋아한다는 공통점이 있었다. 빈텔러는 알베르트의 낙관성, 호기심, 유머를 한층 키워줬다. 빈텔러의 딸 하나는 알베르트의 첫 여자친구이기도 했다. 그녀는 대학에 들어간 알베르트가 보낸 더러워진 옷을 세탁해주는 등 여러 면에서 그를 뒷바라지했다. 심지어 연인 관계가 끝났을 때도 말이다.

## 온몸으로 역경을 마주하며 이룬 혁신

알베르트는 마침내 취리히 폴리테크닉대학에 들어갔다. 그런데 위계질서를 따지는 교수들의 강의는 알베르트와 맞지 않았다. 물리학 교수인 하인리히 베버의 강의를 2년간 15개나 듣고 나서, 알베르트는 베버 교수가 새로운 발견에 관해서는 아무것도 가르쳐주지 않는다고 불평했다. 어릴 때부터 발달한 비순응적이고 반항적인 태도 탓에 알베르트는 지나치게 솔직했다. 겉보기에 오만한 태도와 툭하면 수업을 빼먹는 행위가 교수들의 심기를 건드리는 바람에 추천서를 써주겠다는 교수가 단 한 명도 없을 정도였다.

그 무렵 알베르트는 어느 유명 연구자의 이론에 대한 비평을 내놓았다. 학계에서 햇병아리의 이런 태도를 좋게 볼 리 없었고, 알베르트는 취직하려고 지원하는 족족 떨어질 수밖에 없었다. 결국 그는 본인 학과 출신 가운데 유일한 백수 졸업자가 되었다. 그런데 이렇게 많은 교사며 교수들과 갈등을 겪었는데, 그는 어떻게 혁신가가 되었을까?

## 아인슈타인의 지적 교류

멘토인 야코프 아저씨, 탈마이, 빈텔러 등이 조성해준 토양 풍토에서 알베르트의 토양 태도가 길러졌다. 이는 훗날 첫 번째 부인 밀레바 마리치Mileva Marić를 비롯해, 미켈레 베소Michele Besso, 마르셀 그로스만 Marcel Grossmann과의 지적 교류를 가능하게 했다.

### 전문가로서 교류한 미켈레 베소

알베르트는 대학에서 이탈리아 출신 유대인 미켈레 베소를 만났다. 두 사람은 스위스 특허청에서 근무했다. 알베르트보다 여섯 살이나 많은 베소는 50년 동안 알베르트에게 또 한명의 가족이 되어줬다. 그는 전문 엔지니어이긴 했으나, 알베르트에 비해 큰 그림 사고, 끈기 있는 태도가 부족했다.

이런 차이점에도 두 사람은 가장 복잡하고 수준 높은 과학적 개념과 시공간 이론에 대해 끝없이 대화를 나누면서 서로의 정신을 풍요롭게 했다. 베소는 늘 알베르트에게 독특한 피드백을 해주었고, 다른 과학자들의 업적을 소개함으로써 알베르트가 자신의 이론을 정립하는 데 도움을 주었다.

### 아인슈타인의 약점을 메워준 마르셀 그로스만

알베르트는 대학에서 헝가리 출신 유대인 수학자 마르셀 그로스만 도 만났다. 두 사람은 평생 친구로 지냈다. 그로스만이 도와주지 않았더라면 알베르트는 대학을 졸업할 수도, 취직을 할 수도, 일반상대성이론에 필수적인 비유클리드기하학을 이해할 수도 없었을 것이다. 그로스만이 수업 필기 노트를 보여준 덕분에 알베르트는 졸업 시험을 통과할 수 있었다. 2년간 취직하려고 발버둥 치던 알베르트에게 특허청 자리를 얻어 준 사람도 그로스만의 부친이었다.

## 혁신을 낳은 아인슈타인의 ION 사고

열 살 때 알베르트는 탈마이를 만나고 나서 시공간에 대한 뚜렷한 관심을 통해 전문성을 키우기 시작했다. 그는 시공간에 대한 탈마이의 전문지식과 기술을 배우는 데 틀 안 전문성을 활용했다. 물론 이전에 토양 태도와 비바람 태도를 갖춘 상태이기에 가능한 일이었다.

열세 살 때 그는 시간과 공간이 그저 인간 정신의 산물에 불과하다는 칸트의 주장에 매혹되었다. 또 수학적 개념과 원리가 시간과 공간을 잇는 방법을 제공할 수 있다는 사실도 알게 되었다. 알베르트는 야코프 아저씨, 탈마이, 빈텔러, 그리고 시간이 흐른 뒤에는 마리치, 베소, 그로스만 등과 함께 수학적, 과학적 아이디어를 논의했다. 이 과정에서 시공간에 대한 전문성이 더해지며 틀 안 전문성이 깊어졌고, 그의 뚜렷한 관심은 평생의 열정으로 거듭날 수 있었다.

알베르트가 자신의 전문지식을 토대로 맨 처음 이론을 바탕으로 상상의 나래를 펼칠 때는, 햇살 태도와 공간 태도 덕분에 가능해진 틀 밖 상상력을 활용했다. 그는 우주를 설명하는 균형 잡힌 수학적 이론을 발전시키기 시작했다.

스위스 특허청에서 함께 근무한 상사 프리드리히 할러는 알베르트가 특유의 꼼꼼함과 비판적 자세를 유지할 수 있게 독려했다. 사사건건 의문을 품으면서 아이디어와 기술을 탐구하고 발전시키도록 말이다. 알베르트가 원래 되고 싶던 대학 교수직에 비해 특허청의 일이 대단한 보수나 명예를 주지는 않았다. 하지만 쓸 수 있는 시간만큼은 교수직보다도 많았다. 이 시간에 알베르트는 독특한 아이디어를 위한 ION 사고를 향상시킬 수 있었다.

알베르트는 새 틀 융합력을 활용했다. 시공간에 대한 전문성과 음악의 화음을 결합했다. 독특하게 합성한 아이디어들을 정제해 하나의 이론으로 융합할 때도 새 틀 융합력을 활용했다. 스물여섯 살 무렵부터 전문성을 키우기 시작한 지 10년 남짓 지나 알베르트는 특수상대성이론을 발표했다. 사회는 특수상대성이론을 혁신으로 받아들였다. 혁신을 달성하려면 어떤 주제나 영역에 10년 동안 몰입해야 한다는 '10년 법칙'이 적용된 셈이었다. 알베르트의 열정은 멈추지 않았다. 서른일곱 살 때 그는 또 다른 연구 결과를 발표했다. 구부러지는 4차원 시공간으로 중력을 설명하는 일반상대성이론이었다.

## 비옥한 토양 풍토 조성하기

 정원을 가꾸려면 우선 단단한 땅에 식물을 심어야 한다. 식물을 지지하고 영양을 공급하는 뿌리에 말 그대로 토대를 제공해야 한다. 이때 비옥한 토양은 필수다. 식물의 생장에 필요한 양분을 주기 때문이다.
 원예의 경우 토질, 투과성, 염도, 양분 함량 같은 토양의 특성들을 고려해야 한다. 창의력 개발도 비슷하다. 토양 풍토는 개인에게 다양한 자원과 경험을 제공함으로써 토양 태도를 키우는 데 직접 영향을 미친다. 토양 풍토는 견고하게 뿌리 내린 가족적, 문화적 정체성도 제공한다. 또 단순히 재원만이 아니라 사물, 사람, 지식, 관점 등 다양한 종류의 자원에 접근할 수 있게 해준다. 더불어 새로운 자원에 접근하고 그것을 개발하는 법도 가르쳐준다.

초반에 토양 태도를 기를 때면 뚜렷한 관심사를 가질 만한 여러 주제와 맞닥뜨리게 된다. 뚜렷한 관심사로 다져진 토양 태도는 혁신에 필요한 토대가 되어 원활한 틀 안 전문성과 새 틀 융합력을 발휘하게 한다.

## 충분한 영양분이 필요하다

필수 성분이 부족하면 열매의 질이 떨어지거나, 열매가 아예 맺히지 않는다. 아이는 굶주린 뿌리와 예민한 잎을 가진 식물과 같아서 본인이 뿌리내린 토양에서 자원을 흡수한다. 친구나 가족과의 상호작용, 교사, 멘토, 책, 도서관, 교육 매체 등을 통한 교육 경험, 종교적, 문화적, 예술적 행사나 전시 등을 비롯한 공연, 그 밖의 다양한 사회적 경험과 기회 모두가 자원에 속한다.

탁월한 양육자는 아이가 새로운 음식 먹기, 처음에는 별 관심이 없었던 책 읽기 등 경험해보지 못한 것을 배우거나 해볼 수 있도록 돕고, 무료로 참석할 수 있는 행사를 스스로 찾아보도록 권장한다.

## 충분한 햇볕을 받을 수 있도록 트인 공간이 필요하다

문화적으로 고립되고 관습에 순응해야 하는 시골에서는 어린 혁신가가 상상력을 기르기 어려울 수 있다. 가능하면 다양한 국적, 민족, 종교, 언어, 문화, 성적 지향에 열려 있는 다문화적인 도시에서 성장하는 게 좋다. 대도시의 물리적 인접성은 다양한 자원과 경험 사이의 직접적인 상호작용, 지적 교류를 촉진한다.

일반적으로 경제적 풍요나 생활의 편리성을 도시의 장점으로 여기는데, 개방성과 다문화성은 이보다도 훨씬 중요한 도시의 장점이다. 다문화적인 도시에서는 다양한 분야의 전문가가 상호작용을 통해서 전문지식과 기술을 교환하고, 결합하고, 확장한다. 이들은 서로 반응을 살피면서 상대방의 아이디어에서 통찰력을 얻고, 서로의 영감, 아이디어, 열정, 에너지를 나누며 성장한다.

## 물이 잘 빠지는 토양이 좋다

물이 고여서 뿌리가 썩지 않도록 토양에 투과성이 있어야 한다. 탁월한 양육자는 아이에게 여러 가지 새롭거나 특이한, 지적으로나 문화적으로 자극을 주는 활동과 경험을 소개하고, 또 타인의 의견을 존중한다. 그리고 낯선 행사, 장소, 영화를 보러 가도록 아이들을 독려해 사람들이 상호작용하는 다양한 방식을 보여준다.

비슷한 집단을 넘어서 다양한 연령 집단, 이웃, 문화, 국가, 종교를 경험할 수 있도록 접촉 그룹을 확장해 관심과 배경이 다른 사람과 친구가 되도록 하고, 타 종교와 무신론에도 접촉하게끔 권장한다. 그래서 아이들이 다양한 관심사에 노출되게끔 촉진한다.

### 단단히 뿌리내릴 만한 배경이 필요하다

혁신가는 자신의 가족과 문화에 단단히 뿌리내린 채로 성장한다. 이는 견고한 정체성을 키우고 훗날의 도전을 이겨내는 데 도움이 된다. 탁월한 양육자는 가족적, 국가적, 문화적 활동에 참여하도록 독려함으로써 아이가 긍정적인 가족적, 국가적, 문화적 경험을 하게 돕는다.

혁신가의 부모는 가족과의 식사 시간을 어떠한 방해물도 없는, 하루 중 가장 중요한 시간으로 여긴다. 또 집안 내력과 가풍을 전해주고, 아이들이 조부모나 나이 지긋한 친척들을 찾아뵙도록 한다. 단, 아이들이 자신의 인종, 문화, 생활방식, 국가, 종교, 음식, 생각 등이 타인의 것보다 더 낫다거나 나쁘다거나 하는 우열 평가는 하지 않게끔 가르친다.

어린 혁신가에게 애정어리고 안정적인 관계를 제공하면 아이의 호기심, 탐구심, 열린 태도가 고양되고, 독단적인 의견이나 고정관념이 고착화되는 성향은 감소한다. 이를 통해 아이는 마음을 열고 다른 이들의 가족적, 문화적 배경을 배우게 된다.

## 토양은 정기적으로 갈아줘야 한다

어린 혁신가는 외국어를 사용하고, 다양한 문화권 출신의 사람들과 알고 지내며, 판이한 두 문화권에서 살거나, 심지어 같은 나라 안에 살면서도 서로 다른 문화적 배경을 가진 부모와 교류하며 이중문화적인 정체성을 키운다.

탁월한 양육자는 아이에게 다양한 사람을 소개해주고, 다문화적인 소통 기술을 통해 다른 문화들을 배우도록 권장함으로써 아이의 이중문화적인 정체성을 뒷받침해준다. 탁월한 양육자는 아이들이 민족적인 문화 행사에 참석하고, 인종차별이나 성차별 등 여러 편견에 이의를 제기할 수 있도록 독려한다. 또 외국인의 특이한 억양이 용기와 지능의 증거라고 가르친다. 외국 땅을 자신의 새 보금자리로 만들 정도로 용감하고, 새로운 언어를 배울 정도로 똑똑하다는 점이 그 근거다.

탁월한 양육자는 아이들과 함께 외국 영화나 뉴스를 본다. 그러고는 아이들이 그런 영화나 뉴스를 보고 나서 생긴 관심을 더욱더 파고들게 만든 다음 함께 토론한다. 그러면서도 아이가 고유한 문화적 정체성을 유지할 수 있게끔 도와준다. 어린 혁신가의 이중문화적인 정체성은 복잡한 사고, 다양한 관점, 외부자로 살아가는 능력을 촉진한다.

## 영양도 과하면 독이 된다

비슷한 의견이나 관점이 과하면 아이의 창의력 발달이 제한된다. 탁월한 양육자는 가능한 한 일찍 멘토 등 타인의 영향력에 아이들을 노출시킨다.

오늘날의 멘토링은 멘토와 멘티가 서로 영감을 주고받는 관계다. 멘토링은 개인적 성장과 직업적 성장 모두에 초점을 맞추는데, 멘토는 동등한 입장에서 멘티의 믿음직한 롤모델이 된다. 멘토는 멘티의 강점과 약점을 가늠하고, 멘티를 뚜렷한 관심사에 걸맞은 진로로 이끌어줌으로써 멘티의 목표 설정을 돕는다.

멘토링은 어린 혁신가가 배우려는 자세를 갖추며 스스로 전문성을 키우는 데 도움이 된다. 탁월한 양육자는 아이의 흥미나 강점, 호불호, 신념, 아이에게 중요한 것, 아이가 즐기는 것, 아이가 존경하는 사람을 알아차림으로써 일찍 아이의 뚜렷한 관심사를 찾아낸 다음, 뚜렷한 관심사에서 뻗쳐나온 갈래갈래의 길들을 함께 탐험해간다. 탁월한 양육자는 믿을 만한 타인에게 조언을 들으라고 아이들을 가르친다. 타인이 가르침을 줄 수 있게 하고 타인의 조언을 귀담아들을 수 있는 열린 사고를 권장한다.

각 시기마다 새로운 멘토를 만나는 것이 좋다. 처음에는 어린 혁신가의 뚜렷한 관심사를 발견하도록 돕는 재미있는 멘토, 그다음에는 가까이 있으면서 전문지식과 기술을 키워주는 뛰어난 멘토, 마지막으로 아이의 독특함을 자극할 수 있는 분야의 달인 멘토가 있으면 좋다. 아인슈타인의 부모는 아들에게 일찍이 재미있는 멘토로 야코프 아저씨를, 뛰어난 멘토로 막스 탈마이를 소개해줬다.

## 복잡한 상호작용이 필요하다

혁신가는 복잡한 생활환경에서 성장한다. 이들은 가족뿐 아니라 다양한 가치와 관점을 지닌 타인들과 함께 산다. 가족끼리의 상호작용은 위계적이기보다는 복잡한, 심지어 혼란스럽고 무질서하기까지 한 양상을 보인다.

가족끼리는 대체로 근본적인 가치에 대해서 합의가 이뤄지지만, 성격이나 태도, 관심, 시각은 서로 다르다. 이들은 대개 서로의 견해 차이를 인정하고, 다양한 관점을 이해하고 배려한다. 이러한 환경이 가족의 사회경제적 지위나 심지어 격려보다도 아이의 창의력 발달을 더욱 촉진한다.

탁월한 양육자는 호기심, 흥미, 가치 같은 비가시적 혹은 내적 자질들을 청결, 예의, 조심성 같은 가시적 혹은 외적 자질보다 더 귀하게 여긴다. 그리고 아이들에게 텔레비전 시청이나 컴퓨터 게임 같은 수동적인 놀이가 아니라, 능동적이고 복잡한 놀이나 퍼즐 풀이를 권장한다. 또 복잡한 논쟁 기술을 가르치고, 문학의 아름다움을 아는 환경을 조성한다.

탁월한 양육자는 '예' 또는 '아니오' 식의 대답을 요구하는 질문 대신 '어떻게' 질문을 하도록, '좋은 놈' 아니면 '나쁜 놈' 식의 시비 가리기보다는 중용을 독려한다. 상황을 지나치게 단순화하지 않고 '항상'이나 '절대로', '모든'이나 '아무것도', '모두'나 '아무도' 식으로 절대적이고 단정적인 생각을 하지 않게끔 유도한다. 또 아이들이 "내가 보기에는……", "……은 이렇게 볼 수도 있어요", "당신의 아이디어를 들어보고 싶네요"라는 식으로 객관적이고 유연한 자세로 의견을 표출하도록 독려하고, 싫어하는 사람 혹은 사이좋게 지낼 수 없을 듯한 사람과 친구가 되어 보라고 응원한다. 어린 혁신가가 멘토나 타 문화와 함께 하는 상호작용 및 경험은 복잡한 사고를 가능하게 한다.

## 지나치게 기름진 토양은 오히려 해로울 수 있다

혁신가는 경제적인 어려움이나 실존적인 도전과 고난을 겪으면서 성장한다. 가족과의 복잡한 상호작용 및 관계가 부모의 재산이나 직업 또는 교육수준, 집의 크기보다 더 중요하다. 아이가 특권을 누리면서 성장하는 경우 창의력 발달에 필요한 수완과 회복력을 기를 기회가 적어진다. 책에서 중점적으로 다루고 있는 혁신가인 알베르트 아인슈타인, 스티브 잡스, 넬슨 만델라, 조지아 오키프, 마리 퀴리는 하나같이 넉넉한 환경에서 자라지 못했다.

탁월한 양육자는 아이에게 돈을 관리하고 절약하는 법, 시간을 현명하게 사용하는 법, 정리정돈을 잘하고 미리 계획을 세워서 자원을 최대한 활용하는 법, 도서관이나 서점에서 정보를 찾는 법, 관계를 유지하고 발전시키는 법을 가르친다. 또 아이들이 새롭고 독특한 방식으로 자료와 아이디어를 발견하고 사용하도록, 그리고 기술을 생산적으로 쓰도록 독려한다.

## 다른 나무와 교류할 때 열매를 더 많이 맺는다

사과가 자라는 데는 적당한 빛, 위치, 가지치기, 물주기, 간격 두기보다도 타가수분이 더 중요하다. 효과적인 타가수분이 이뤄지려면 개화 시기가 비슷한 다른 종류의 사과나무가 가까운 곳에, 그리고 벌, 새, 동물, 바람 같은 수분受粉 도우미들과 인접한 곳에 있어야 한다.

혁신도 이와 같다. 서로의 업적을 이해하는 가운데 각기 다른 전문지식과 배경을 가진 혁신가 사이에서 지적 교류가 일어나야 한다. 지적 교류는 공식적, 비공식적으로 이뤄지는 상호작용을 통해 각종 주제와 분야에 걸쳐 다양한 전문지식을 서로 공유하고, 각색하고, 확장하는 것으로, 개인이 어떤 주제에 대해서 자신만의 전문성을 이미 개발한 경우에 가장 효과적이다.

이런 방식으로 지적 교류가 이뤄질 때 어린 혁신가는 아이디어나 창작물을 어떤 식으로 더하거나 개선해야 할지 깨닫는다. 지적 교류 기술을 향상시키기 위해서 탁월한 양육자는 아이가 뚜렷한 관심사에 대한 전문성을 키우도록, 자신의 약점을 메우기보다는 자신의 강점을 키우도록 독려한다. 또 아이가 혼자 보내는 시간과 타인과 함께 하는 시간 사이에서 균형을 유지하며, 협업이 필요한 상황에 참여토록 한다.

탁월한 양육자는 아이들에게 정중하게 질문하는 기술과 귀 기울여 듣는 기술을 가르친다. 또 상대방의 좋은 점을 찾아내어 솔직하게 칭찬하도록, 상대방에게 동의하지 않을 때도 그 관점이나 가치를 인정하도록 가르친다. 지적 교류를 통해서 아이가 본인과 타인, 또 세상을 대하는 요령을 키우면서 건강하고 든든한 관계를 구축할 때 더 위대한 혁신이 일어난다.

# 5가지 토양 태도 기르기

 다양한 자원과 경험을 제공하는 토양 풍토에서 토양 태도가 길러진다. 토양 태도는 이후 혁신에 필요한 햇살, 비바람, 공간 태도의 토대가 된다. 여기에서는 5가지 토양 태도가 무엇인지, 유용한 틀 안 전문성과 새 틀 융합력이 있는 꽃가루 매개자를 어떻게 길러내는지 설명한다.
 이해를 돕기 위해 나의 토양 태도가 어떤 식으로 고무되거나 꺾였는지, 혹은 내가 우리 아이들의 토양 태도를 어떤 식으로 고무하거나 꺾었는지를 들려주려고 한다. 그리고 나서는 각 태도에 관한 연구 결과와 그것이 유용한 틀 안 전문성 혹은 새 틀 융합력에 기여할 수 있는 방식을 요약한다. 각 태도는 학습과 훈련을 통해 더욱 발달할 수 있다.

## 1. 개방적 태도

우리 딸이 초등학교 1학년 때, 자기네 반에 부모님이 이혼한 여학생이 있다며 내게 얘기했다. 아버지, 조부모와 함께 살던 그 아이는 어머니를 만날 수 없었다고 한다. 우리 딸도 나도 이혼한 집 아이를 경험한 것은 그때가 처음이었다. 당시에는 이혼이 그리 흔하지 않았다.

나는 이혼 때문에 자식이 얼마나 고통받을지 생각하지 않았다면서 그 아이의 부모가 이기적이라고 딸아이에게 설명했다. 내 결혼생활도 끊임없이 덜컹거렸지만, 나 자신의 행복보다는 우리 아이들의 안녕에 마음을 쓰고 싶었기에 나는 이혼을 터부시했다. 모든 부모가 그런 식으로 생각해야 한다고 여겼다. 극도로 편협했던 나는 딸아이에게 그 여학생과 친구로 지내지 말라고까지 했다. 그 아이가 나쁜 영향을 끼치리라고 지레짐작했기 때문이다.

### 개방적 태도에 관한 연구 결과

혁신가의 개방적인 태도는 얼핏 보기에 산만해 보일 수 있다. 하지만 개방적인 태도에는 자신의 관점과 다른 타인의 관점을 존중하는 태도가 포함된다. 열린 마음은 혁신가에게서 가장 일관되게 발견되는 태도 가운데 하나다. 혁신가는 본인과는 근본적으로 다른 타인이나 생각, 관점도 포용한다.

이는 반대 관점을 진실로 받아들인다는 얘기가 아니다. 혁신가는 타인이 자신만의 결론에 도달하는 방식을 인정한다. 이러한 태도는 아이디어 창출과 비판적 사고를 돕는다. 또 뿌리 깊은 믿음에 의문을 제기하고 그것을 바꿈으로써 새로운 해석을 가능하게 하여, 특정 주제에 대한 전문성을 강화한다.

혁신가는 유연한 삶의 방식을 추구하고, 대담하며, 두루 돌아다닌다. 환상과 상상을 포함해 폭넓은 경험과 관심거리에 개방적이다. 미학에 열려 있고 예민하며, 다양한 활동을 통한 예술적 자극을 즐긴다. 스티브 잡스는 유명한 미학 애호가였다. 그는 이렇게 말했다. "최고의 기업은 미학에 주목한다. 그리드나 비율 같은 것들을 적절하게 레이아웃 하는 데 따로 시간을 들인다. 그리고 이것이 좋은 성과를 안기는 것 같다."

독특한 아이디어는 대개 다양한 관점에서 문제를 숙고한 뒤, 쉽게 이용할 수 있는 확실한 아이디어를 검토하고 폐기한 뒤에야 나온다. 혁신가는 세상을 이해하는 데 필요한 정보와 경험을 받아들이고, 새로운 정보를 얻기 위해서 유연한 자세를 견지한다.

유연한 개방성은 산만함을 포용하면서 체계적인 집중을 피한다. 이를 통해 멀리 떨어져 있던 생각들이 떠오를 때가 있는데, 이것이 새 틀 융합력으로 이어진다. 혁신가는 사과나무 창의 과정의 특정 단계에 따라 유연한 개방성에서 체계적인 집중으로, 또는 그 역으로 전환한다.

## 2. 이중문화적 태도

나는 외딴 시골에서 살다가 도시의 고등학교에 들어갔다. 그러고 나서는 한국의 가장 큰 도시에서 영어 교사로 일했고, 마침내 미국으로 이주했다. 그 후에도 나는 아시아인이 많아 내가 튀어 보이지 않았던 캘리포니아에서, 내가 확연한 이방인처럼 보인 플로리다와 조지아로, 또 개방적인 미시간에서 보수적인 버지니아로 옮겨 다녔다. 그리고 지금은 워싱턴 D. C. 근처의 메릴랜드에 살고 있다. 우리 아이들과 나는 미국에서 다른 주로 이사 갈 때마다 마치 또 다른 외국으로 이주하는 것 같았다. 주마다 너무도 천차만별이었다.

### 이중문화적 태도에 관한 연구 결과

혁신가는 이중문화적, 혹은 다문화적 성향이 있어 얼핏 보기에 뿌리가 없는 것처럼도 보인다. 아인슈타인은 서른두 살 무렵에 시민권을 세 개나 보유했고, 평생 다섯 개의 시민권을 갖고 있었다. 그는 자신을 세계 시민으로 여겼고, 평화를 지키기 위한 세계정부 창설을 촉구했다. 아인슈타인은 뿌리가 없는 것처럼 보였을지도 모르겠으나 한 국가가 아니라 세계에 단단한 뿌리를 내렸다.

이중문화적 태도는 자신의 고유한 문화적 정체성을 유지하는 가운데, 여러 새로운 문화를 포용한다는 뜻이다. 혁신가는 로마에 있을 때 로마인들이 무엇을 하고, 그 무엇을 왜 하는지 배운다. 그리하여 그의 문화적 지식과 감성은 유연한 사고와 관점, 행동으로 확장되고, 이는 새 틀 융합력은 물론 정신적 행복과 안녕도 촉진한다. 혁신가는 또 문화 간의 차이를 알아차리고, 그것을 심층적인 수준에서 조화시키기 위해 고심하여 대안이 될 만한 아이디어들을 조합하고, 외견상 양립 불가능한 아이디어들을 결합한다. 이렇게 새 틀 융합력이 발휘된다.

혁신가는 심지어 한 국가에 살면서도 이중문화적인 정체성을 기른다. 다른 문화로부터 깊이 영향을 받기 때문이다. 일례로 남아프리카에 살던 넬슨 만델라의 혁신은 간디와 네루의 인도 해방 운동에서 많은 영향을 받았다. 스티브 잡스와 조지아 오키프는 미국에 살았다. 잡스의 혁신은 동양 철학과 영성, 힌두교와 선불교에 깊은 영향을 받았고, 오키프의 혁신은 일본의 미학을 토대로 한 아서 다우Arthur Dow의 이론에 크게 영향을 받았다.

## 3. 멘토를 찾는 태도

내가 직업적으로 성공한 것은 나를 이끌어준 멘토들 덕분이라고 늘 우리 아이들에게 얘기한다. 나는 이 점을 인생에서 가장 귀한 축복으로 여긴다. 나에게 영어를 가르쳐 주신 조순현 선생님은 나를 고등학교에 보내라고 마을 어른들을 설득해주셨다. 선생님은 여자아이도 교육을 받으면 전문직 종사자가 될 수 있다고 믿었다.

그리고 코피 마포 Kofi Marfo 박사가 있었다. 가나 출신의 사우스플로리다대학교 교수였던 그는 내가 폴 토런스 E. Paul Torrance 박사 밑에서 공부할 수 있도록 추천해줬다. 마포 박사는 내가 조지아대학교로 간 뒤에도 나를 이끌어주었다. 그는 언어적, 문화적 장벽에도 불구하고 내게 대단한 연구자가 될 수 있다는 확신을 심어주었다.

토런스센터에서 다시 박사 과정을 밟을 때 폴 토런스 박사와 보니 크래몬드 Bonnie Cramond 박사가 나의 멘토가 되었다. 나는 크래몬드 박사처럼 개방적이고, 재미있고, 솔직하며 믿음직스러운 사람을 이전에는 만나본 적이 없었다. 크래몬드 박사는 나를 있는 그대로 받아들였다. 나의 실수, 약점, 실패까지도 수용했다. 나는 관심거리, 연구, 관계, 감정, 재정 문제 등 신경 쓰이는 것은 뭐든지 그와 이야기했다.

크래몬드 박사는 내 새로운 어머니였다. 그의 가르침에 따라 나는 처음으로 연구가 나의 실제 삶과 연계될 수 있다는 사실을 깨달았다. 그리고 이 깨달음을 통해 내가 하는 연구가 나에게 유의미하고, 신나고 재미있는 일이 되었다.

### 멘토를 찾는 태도에 관한 연구 결과

혁신가는 멘토의 조언을 너무 따르는 나머지 멘토에게 조종당하는 것으로도 보인다. 스티글리츠는 언론의 관심을 끌기 위해서 오키프의 이미지를 통제했고, 오키프와 비평가들 사이를 중재하거나 조종했다. 하지만 이런 조력이 없었다면 오키프는 당시 여성 진출이 불가능하던 미술계에서 화가로 자리를 잡을 수 없었을 것이다.

　멘토를 찾는 태도는 전문가와 그들의 건설적인 비판을 통해 서로 흥미를 느끼고 가르침을 주고받는 데서 나온다. 전문가 두 사람이 각자의 분야에서 성공했을지라도, 특정 사안에 관한 전문지식과 기술이 더 많은 쪽이 멘토가 될 수 있다. 혁신가는 그 어떤 인플루언서보다도 멘토를 필요로 한다. 이들은 배우려는 자세를 갖추고 스스로를 부단히 평가하기 위해서 멘토를 구한다.

　멘토는 실제 성과와 목표를 비교하는 피드백을 제공해 구체적이고 명확하며 높은 목표에 집중하게끔 도와준다. 멘토는 수평적 관계 안에서 멘티를 건설적으로 비판하고, 인정하고, 지원한다. 그리고 멘티가 전문성과 비판적 사고력을 키우고 발전할 수 있게 돕는다.

　혁신가는 자신의 성공을 멘토의 공으로 돌린다. 하지만 멘토 역시 멘티로부터 본인의 창의력에 신선한 활력을 불어넣는 새로운 관점과 자극을 얻는 혜택을 누린다. 멘토와 멘티 서로가 질문으로 자극하고, 서로의 에너지와 아이디어를 흡수하면서 성장한다. 이들의 토론과 논쟁은 관습적인 생각에 이의를 제기하고, 지식을 진전시키는 원동력이 된다. 이를 통해 틀 안 전문성과 새 틀 융합력이 더욱더 촉진된다.

## 4. 복잡성을 추구하는 태도

내 아이들은 할머니를 마음 깊이 사랑한다. 비록 그분이 10년 동안 나를 종 부리듯 시집살이를 시켰어도 말이다. 고된 시집살이를 하면서 나는 자존감에 큰 상처를 입었다. 하지만 오로지 나의 관점에서만 시어머니 때문에 겪었던 고통스러운 경험을 우리 아이들에게 들려주지는 않는다.

나는 아이들이 어떤 사건이나 경험도 오직 하나의 관점으로만 보기를 원치 않는다. 아이들이 자신들이 살았던 문화의 복잡성을 이해하기를 바란다. 나는 시어머니가 나를 시집살이시키기 훨씬 전에 자신의 시어머니로부터 먼저 시집살이를 겪었다는 식으로 시어머니의 입장을 설명했다.

나는 미국에서 교수로 첫발을 내디딘 날 이후로 검정색과 흰색 사이에 복잡한 회색 영역이 있다는 사실도 알게 되었다. 그날 나는 혁신가의 창의적인 태도에 관한 연구를 소개하고 있었다. 위험을 감수하는 태도를 보여주는 사례로 나는 스물세 살 때 목숨을 걸고 서방으로 이주한 루돌프 누레예프를 들었다. 소련 출신 현대 무용가였던 그는 남성 발레 무용수의 새로운 역할을 창출해낸 인물이었다. 그전까지만 해도 발레라는 것은 여자들에게만 허락된 분야였다.

누레예프는 양성애자이기도 했다. 게다가 쉰네 살이라는 나이에 후천성면역결핍증으로 인한 심장 합병증으로 세상을 떠나고 말았다. 당시에 성性을 단순한 이분법으로 생각했던 나는 이런 농담을 던졌다. "누레예프는 자유를 찾아 러시아에서 도망쳤습니다. 하지만 너무 자유로웠던 나머지 에이즈에 걸리고 말았죠." 이튿날 캐서린 보베 Katherine Beuvais 박사는 내 농담이 너무 질 나빴다고 말해줬다. 문화적 배경 탓에 내가 단순한 이분법 개념을 가질 수밖에 없었다는 점을 내게 이해시키려고 한 보베 박사가 없었다면 나는 출근 첫날에 잘렸을지도 모른다.

### 복잡성을 추구하는 태도에 관한 연구 결과

혁신가는 지나치게 복잡한 사람으로 비치기도 한다. 넬슨 만델라가 단순한 삶을 선호했더라면 첫 번째 부인이 떠나지 않았을지도 모르고, 두 번째 부인이 불륜을 저지르지 않았을 수도 있었으며, 따라서 세 번째 부인을 찾을 필요도 없었을 것이다. 넬슨은 지나치게 복잡한 사람으로 보일 수 있다.

복잡성을 추구하는 태도란 애매모호하고 상충하는 시각을 포용하는 것이다. 창의력은 유연성뿐만 아니라, 복잡성에도 좌우된다. 혁신가는 문제의 해법을 찾기 위해 다차원적으로 생각하고, 복합적인 구조를 활용한다. 규칙의 모순이나 예외에 강한 흥미를 느끼고, 갈등과 복잡함을 피하기보다는 그것을 극복하기를 즐긴다.

혁신가의 복잡성은 정보의 수많은 요소를 더 깊이 탐구하고, 그 요소들 사이에 내재된 유사점과 차이점, 양상 및 관계를 인식하면서 새 틀 융합력을 촉진한다.

혁신가는 복합적이고 모순적이다. 사과나무 창의 과정 가운데 어떤 단계인지에 따라서 편협할 정도로 집중하거나 폭넓게 개방적이기도 하고, 체계적으로 끈질기게 매달리거나 유연하고 즉흥적이기도 하며, 근면 성실하거나 재미있기도 하고, 굴하지 않거나 예민하기도 하고, 매우 호기심이 많거나 느긋하기도 하고, 겸손하거나 자기효능감이 뛰어나기도 하고, 자기 수양적이거나 반항적이기도 하고, 현실적으로 평가하거나 상상력을 발휘하여 공상에 빠지기도 하고, 사회적으로 고립된 자기 성찰적인 내향적인 사람 혹은 지적 교류를 하는 정력적인 외향적인 사람이 되기도 한다.

## 5. 수완 좋은 태도

나는 어린 시절부터 여러 요령을 배웠다. 가령 나는 음식을 그냥 버리지 않는다. 과일이나 채소가 오래되면 얼려뒀다가 나중에 스무디를 만든다. 갖고 있는 모든 것에서 독특하고 유용한 쓰임새를 찾아낸다. 닳아서 못쓰게 된 젓가락은 정원 표지가 된다. 비닐봉지와 빨대는 씻어서 말린 다음 재사용한다. 다 쓴 듯한 치약통도 반으로 잘라서 안에 남아 있는 것까지 알뜰하게 사용한다. 우리 아이들이나 우리 집에 온 손님들은 페이퍼타월을 더 오래 쓸 수 있게 혹은 냅킨으로 사용하려고 반으로 찢는다.

### 수완 좋은 태도에 관한 연구 결과

　수완 좋은 혁신가는 기회주의적인 사람으로도 비칠 수 있다. 아인슈타인은 대학 시절에 헤어진 여자친구에게 계속해서 자신의 빨랫감을 보냈다. 또 그로스만의 수업 필기 노트로 시험에 통과했고, 그로스만의 아버지 덕분에 취직했다. 아인슈타인은 기회주의적인 사람으로 보일 수 있다.

　수완 좋은 태도는 목표를 달성하기 위해서 자원과 기회를 효과적으로, 그리고 효율적으로 찾아내고 사용한다는 뜻이다. 이는 창의력 발달에 있어서 처음에 가지고 있는 자원만큼이나 중요하다. 창의력을 근육이라고 한다면, 좋은 수완은 근력의 한계치를 훈련시키고 향상시키는 운동이다.

　처음에는 구조나 한계, 제약이 혁신에 필요한 수완을 키우는 틀을 제공한다. 다음에는 한계와 제약을 넘어 자원을 찾아내고 키우는 과정에서 수완이 능력으로 무르익는다. 이는 자기가 가진 자원과 경험을 양분으로 삼아 자신이 일궈낼 수 있는 수준을 뛰어넘는 유용한 아이디어나 해법을 낳는 결과에 이를 수 있다.

　혁신가는 도움 청하기를 두려워하지 않는다. 자신의 시간과 에너지가 한정되어 있다는 점을 충분히 인지하고 있다. 그래서 자신의 자원을 최대한 활용하기 위해서 이미 훌륭한 전문지식과 기술을 갖춘 전문가를 찾아 교류해야 한다는 것을 알고 있다. 또 자신도 도움을 줄 수 있도록 자기 분야의 전문성을 갖춘다. 이들은 주도적으로 자신의 열정을 따르면서 열정에 수반되는 방대한 자원, 가능성, 기회를 알아차린다. 스티브 잡스는 혁신가는 전문가들과 지적 교류를 한다는 사실을 발견함으로써 혁신가가 '외톨이 늑대'라는 오해를 일축했다.

성공적인 지적 교류는 수완 좋은 태도와 멘토를 찾는 태도에서 출발한다. 지적 교류를 통해서 혁신가는 서로의 전문지식과 기술을 발전시키고, 본인의 강점과 타인의 강점을 키운다. 협업과 지적 교류는 동의어가 아니다. 협업은 지적 교류의 세부 항목 중 하나다. 공동 목표를 향한 목적의식 있는 계획이 협업에 속한다. 그에 비해 지적 교류는 자연스럽게 발생하고, 보다 즉흥적이며, 약한 수준의 집단 경쟁에서도 배움을 얻게 돕는다.

경쟁자나 외부자를 선뜻 포용하는 광범위하고 다양한 네트워크는 훨씬 더 많은 자원과 경험, 전문지식과 기술을 타인이 이용할 수 있게끔 해준다. 가장 독특한 아이디어는 가장 폭넓은 관점을 지닌 가장 광범위한 다종다양한 사람들 사이에서 지적 교류가 이뤄질 때 나온다. 지적 교류는 타인의 전문지식과 기술, 그리고 경험을 토대로 한 노하우에 접근할 수 있는 가능성을 높이고, 그 결과 새로운 통찰력에 따라 지식이나 기술의 유용한 통합이 이뤄지면서 꽃가루 매개자의 전문성과 새 틀 융합력을 촉진한다.

그런데 혁신은 대체로 자원을 순서와 차례에 맞게 배열하는 문제다. 사과나무 창의 과정에 다가가는 가장 좋은 접근법은 복잡하거나 어렵지 않다. 처음에 독특한 개인적인 생각을 심도 있게 한 이후에 지적 교류를 통해 유용한 집단적 사고를 결합하는 것이다. 그래서 혁신가는 지적 교류 전에 먼저 스스로 고립되어 방해 요소 없이 홀로 독특한 아이디어를 연구하고 만들어내기를 즐긴다.

# 4장

# 따뜻한 햇살이 싹을 틔운다

식물이 비옥한 토양에 뿌리를 내린 이후에는 밝은 햇살이 필요하다. 태양은 식물이 자라도록 온기와 빛을 제공한다. 비옥한 토양에 자리한 아이에게, 밝은 햇살이 창의력에 필요한 영감을 주고 힘을 북돋워준다. 햇살 풍토가 햇살 태도를 길러주면서 아이는 특정 주제나 사안에서 뚜렷한 관심사를 찾게 된다. 햇살 태도는 호기심 많은 낙관주의자가 되도록 도와주고, 이는 독특한 틀 밖 상상력과 새 틀 융합력을 촉진한다.

# 혁신가 스티브 잡스를
# 만든 삶

스티브 잡스는 1955년 2월 24일에 태어났다. 어머니 조앤 캐럴 시블 Joanne Carole Schieble은 스위스계 미국인으로, 위스콘신대학교에서 언어병리학 학위 과정을 밟고 있었다. 아버지 압둘파타 존 잔달리 Abdulfattah John Jandali는 시리아 이주민으로, 위스콘신대학교에서 박사학위를 받고 정치학 교수가 되었다가 나중에는 식당을 운영했다.

두 사람이 위스콘신대학교 대학원생 시절에 사귀던 중 조앤이 임신하게 되었다. 두 젊은이는 결혼하고 싶어 했지만 조앤의 아버지가 반대했다. 그 후 조앤은 샌프란시스코로 이주했는데, 스티브는 그곳에서 태어난 지 일주일 만에 다른 가족에게 입양되었다.

아기를 입양한 폴 잡스 Paul Jobs와 클래라 잡스 Clara Jobs 부부는 아이를 가질 수 없었던 고등학교 중퇴자들이었다. 당초 대학 교육을 받았던 조앤은 대학을 졸업한 부모에게 입양 보낼 것을 스티브의 입양 조건으로 내걸었다. 그런데 아이를 위해 대학 학자금 저축 예금에 돈을 붓겠다는 서약서에 잡스 부부가 서명하자, 조앤도 자신의 요구 조건에서 한발 물러서며 입양을 허락했다.

## 끊임 없는 지적 자극

스티브는 친부모에게 교육의 중요성을 배웠다. 덕분에 교육과 학습에 필요한 근면 성실한 태도를 기를 수 있었다. 다만 스티브는 예닐곱 살 때부터 평생 친부모한테서 버림받았다는 생각에 괴로워했고, 늘 친부모를 궁금해했다.

그 결과 스티브는 다른 아이들과는 다르게 성장했다. 어린 시절부터 홀로 자신의 정체성을 확립해가면서 독립적인 태도, 자기성찰적인 태도, 반항적인 태도를 키웠다. 스티브의 끝없는 호기심과 반항심 탓에 그를 키우는 일이 그리 호락호락하지 않았다. 순하고 조용한 사람인 폴은 차분하지만 단호하게 아들을 훈육했다. 성질을 부리거나 체벌하지않고, 명확한 기대치를 세웠다.

스티브의 부모는 스티브가 학교에 다니기 훨씬 전부터 읽는 법을 가르쳤고, 탐구하고 질문하도록 독려했다. 어린 시절 스티브는 두 가지 일만 하고 싶어 했다. 바로 책을 읽고, 나비를 쫓아다니는 일이었다. 부모는 스티브에게 이 두 가지 일을 할 수 있는 시간과 생각할 시간을 숱하게 주었고, 그 결과 독서와 배움에 대한 애정이 길러졌다.

스티브의 부모는 개방적이었다. 다양한 주제로 토론하면서 아들에게 복잡성을 추구하는 태도를 키워줬다. 아들이 뚜렷한 관심사를 발견하도록 다양한 자극을 제공하는 활동이나 경험에 노출시켰다.

넉넉하지 않은 잡스 부부는 새 물건을 사거나 휴가를 갈 형편이 안 되었다. 스티브는 자신을 위해서 희생하는 부모님의 모습을 두 눈으로 직접 보며 자랐다. 스티브는 매일 신문 배달을 하고, 여름방학이나 주말에는 다른 아르바이트를 했다.

폴은 스티브의 롤모델이었다. 그는 손 재주가 있는 연안경비대 출신으로, 레이저 제조회사에서 기계 기술자로 근무했다. 그는 돈이 모자라기도 했지만 재미있다는 이유로 고물차를 구입하여 수리한 다음에 팔았다. 폴은 아들에게 여러 물건과 기계를 분해한 뒤에 다시 맞추는 법을 가르쳤다.

기계를 좋아하게 된 스티브는 아버지의 물건들을 분해하고 조립했다. 폴은 아들이 쓸 수 있게끔 차고에 있던 작업대 일부를 치워두었고, 어린아이의 손에 맞게 일반적인 것보다 크기가 작게 만들어진 도구를 그에게 선물했다. 스티브는 아버지와 함께 프로젝트에 공을 들일 때면, 아버지가 디자인과 디테일에 관심 쏟는 모습을 유심히 지켜봤다.

폴은 모든 부분에서 탁월한 솜씨를 강조했다. 심지어 눈에 보이지 않는 곳에 있는 부분들까지도. 이 덕에 스티브의 자기 수양적인 태도와 근면 성실한 태도를 길렀다. 그는 사는 내내 이 중요한 교훈들을 가슴에 새기고 있었다.

스티브는 아버지만큼 자동차 일을 좋아하지는 않았다. 하지만 그 일에서 귀중한 미래의 교훈, 수완 좋은 태도와 판매를 위한 홍보 기술을 익힐 수 있었다. 스티브는 이렇게 말한다. "주말마다 폐품 처리장 순례를 하곤 했다. 우리는 발전기, 기화기, 온갖 종류의 부품들을 찾아다녔다. 아버지는 훌륭한 협상가였다. 부품의 표준원가가 어느 정도인지 계산대에 앉은 사내들보다 더 잘 알았으니까."

학교에서 전자공학 동아리 활동을 하는 동안 스티브는 전자제품 매장에서 일했다. 그는 폐품을 회수한 뒤에 값비싼 컴퓨터 칩이나 부품들을 전자제품 중고시장에 내다 팔았는데, 그곳에서 가격 협상을 하고 수익을 올리고 절약하는 법을 배웠다.

스티브에게도 역시 멘토들이 있었다. 특히 이웃이었던 래리 랭Larry Lang은 HP(휴렛팩커드)에서 일하는 엔지니어였다. 스티브가 예닐곱 살 때였다. 랭은 스티브를 홀리는 부품들을 보여주고 설명해주었다. 이를테면 탄소마이크로폰이 증폭기 없이도 어떻게 소리를 만들어내는지를 상세히 알려줬다.

랭은 스티브를 자주 저녁 식사 자리에 초대하여 전자공학에 관해 이야기를 나눴고, 이는 스티브가 전자공학에서 뚜렷한 관심을 갖도록 했다. 스티브는 "내가 보기에 그는 HP 엔지니어의 전형이었다. 그러니까 그는 대단한 아마추어 무선사이자 전자제품 '너드'였다. 그는 내가 가지고 놀 만한 것을 줬다"라고 말했다.

랭은 스티브에게 아마추어 무선에 쓰이는 '햄 라디오' 회로판 조립세트 등을 선물했다. 스티브는 이것들을 만지작거리면서 가지고 놀고 분해하면서 완제품의 내부가 어떤 모습인지, 그것이 어떤 식으로 작동하는지 이해하게 되었다. 이는 스티브에게 흥미를 더하고 자기효능감을 키우는 태도로 자리 잡았다.

## 두려움 없는 마음에 주어진 보상

스티브가 열 살 때였다. 랭은 아동용 전자공학 캠프인 HP의 '탐험가 클럽'에 참여해보라고 권했다. 어떤 프로젝트를 진행하던 중에 HP에서 만든 부품이 필요했던 스티브는 전화번호부를 뒤져 대담하게도 HP의 CEO 데이비드 팩커드에게 전화를 걸었다. 스티브의 전화를 받은 팩커드는 소년이 원하는 부품을 보내줬을 뿐 아니라 나중에 여름 아르바이트 자리까지 제공했다.

데이비드 팩커드 역시 어린 스티브에게 영감을 준 롤모델이었다. 또 스티브는 HP에서 개발 중이었던 세계 최초의 데스크톱, 9100A를 보자마자 사랑에 빠졌다. 이런 경험들은 스티브의 큰 그림을 생각하는 태도와 에너지 넘치는 태도를 키웠고, 전자공학, 더 나아가 특히 컴퓨터에 대한 관심을 강화했다.

하지만 학교에서 위기가 닥쳤다. 스티브는 처음으로 통제적 양육 방식을 토대로 한 권위적인 교육에 직면했다. 스티브가 받아온 길잡이 양육 방식, 호기심과 다양성에 기초한 학습 환경과는 매우 달랐던 것이다. 게다가 스티브는 학교에 다니기 전에 많은 걸 학습해 수업의 수준도 맞지 않았다.

스티브는 3학년 때까지 친구와 함께 학교에서 온갖 장난과 일탈을 저질렀다. '반려동물의 날'이라고 알리는 포스터를 만들어서 학교에 개와 고양이, 뱀을 풀어놓는가 하면, 다른 아이들의 자전거 자물쇠 비밀번호를 바꿔놓고, 선생님의 의자 밑에 폭약을 터뜨리기도 했다. 한마디로 사고뭉치였다.

스티브는 툭하면 귀가조치를 당했지만, 잡스 부부는 아들을 탓하지 않았다. 되레 학교가 도전의식을 북돋고 자극을 주는 대신 아들의 호기심을 앗아갔다고 탓했다.

4학년 때 선생님인 이모진 힐Imogene Hill이 이를 알아보고 스티브의 반항적인 에너지를 배움으로 이끌었다. 스티브는 어떤 사실들을 잘 암기하지는 못했지만, 읽기는 아주 좋아했다. 힐은 단기 목표에 효과적인 포상, 사탕과 용돈을 쥐여주었다. 오래지 않아 스티브는 힐을 존경하게 되었고 그의 학습법을 존중하게 되었다. 또 이로써 스티브의 배움에 대한 열망이 촉발되었다. 힐은 스티브에게 렌즈를 갈아서 카메라를 만드는 취미용 조립세트를 선물했다. 스티브에게는 자신감을 쌓는 또 다른 훈련이었다.

힐이 진행하는 고급반 수업을 들으면서 독서와 배움에 대한 스티브의 열정에 다시금 불이 붙었다. 스티브는 한 해가 끝날 무렵까지 많은 학습을 했고, 교사들은 5학년을 건너뛰고 곧장 중학교로 진학할 것을 권했다. 그 과정이 순조롭지는 않았다지만, 스티브는 월반에 성공했다.

새로 들어간 학교에서 다른 학생들보다 어렸던 스티브는 괴롭힘을 당했다. 그러나 스티브는 의기소침해지지 않고 돌파구를 찾아냈다. 고작 열한 살이었던 그는 부모님에게 로스앨토스의 다른 학구로 이사를 가자고 했다. 그곳은 훗날 실리콘밸리의 심장부가 되는 곳이었다.

새 학교에서도 스티브는 여전히 꼬치꼬치 캐묻기 좋아하는 외부자가 되고 말았다. 그런데 이 덕분에 굴하지 않는 태도가 길러졌다. 고등학생 시절 즈음에는 무리와 어울리려는 시도도 하지 않았고, 자신이 남들과 다른 괴짜라는 점을 자랑스럽게 여겼다. 이 과정에서 비순응적인 태도와 반항적인 태도가 강화되었다.

## 혁신가는 물이 들어올 때 노를 젓는다

스티브가 컴퓨터와 마케팅 전문성을 개발하는 동안 미국은 샌프란시스코만 지역을 중심으로 급격한 사회적, 기술적 변화를 겪고 있었다. 샌프란시스코만 지역은 1950년대에 미국의 순응주의, 물질주의, 군국주의를 거부한 반문화적인 히피들이 출현한 진원지였다. 그런 동시에 빠른 속도로 기술적 뿌리를 내리고 있었다. 스탠퍼드대학교 인근에 있던 HP, 제록스 파크, 쇼클리 반도체, 벨 전화회사 같은 기업들이 선두에 있었다.

토양 풍토는 스티브의 준비된 마음에 단단한 토대가 되어 창의적 사고를 꽃피울 수 있게끔 했다. 그는 부모님의 차고에서 애플을 설립했고, 애플의 장기적인 성공에 핵심 인물이 되었다. 혁명적인 매킨토시 컴퓨터, 디지털 음악 재생기 아이팟, 태블릿 컴퓨터 아이패드, 스마트폰 아이폰의 개발, 생산, 홍보에 그가 중심적인 역할을 했다. 오늘날 그는 미국 역사상 가장 창의적이고 성공한 사람 가운데 한 명으로 꼽힌다.

하지만 스티브의 커리어는 직선처럼 곧은 성공의 연속은 아니었다. 애플을 공동 설립한 지 9년이 된 해에 그는 회사에서 쫓겨났다. 다행히 그는 굴하지 않는 태도, 끈질긴 태도, 큰 그림을 생각하는 태도가 잘 발달된 덕에 흔들림 없이 확고하게 목표를 유지했다. 자기가 만든 회사에서 해고당한 스티브는 이를 기회 삼아 다시 개방성을 훈련하고, 훨씬 더 독특하고 유망한 회사를 새로 시작할 수 있었다.

## 스티브 잡스의 지적 교류

랭과 힐을 포함한 토양 풍토에서 스티브의 토양 태도가 길러졌다. 이는 훗날 스티브 워즈니악 Steve Wozniak, 마이크 마쿨라 Mike Markkula, 조너선 아이브Jonathan Ive와의 지적 교류를 가능하게 만들었다.

### 스티브와 덤앤더머로 활약한 스티브 워즈니악

열여섯 살 때 스티브는 스티브 워즈니악을 만났다. 잡스보다 다섯 살 정도 위인 워즈니악은 이미 컴퓨터와 소프트웨어에 관한 전문성을 갖추고 있었고, 잡스가 그동안 만나본 어떤 엔지니어보다도 나은 사람이었다. 다만 스티브에 비해 워즈니악은 큰 그림을 생각하는 태도와 수완 좋은 태도가 부족했다.

두 사람은 재미있는 태도와 에너지가 넘치는 태도, 전자공학과 컴퓨터, 음악에 대한 열정을 공통적으로 갖고 있었다. 대학을 중간에 관두고 나서 잡스가 아타리Atari에서 근무할 당시 직장 동료들은 오만해 보이는 그의 태도를 싫어했다. 하지만 그 덕에 스티브는 회사에서 밤에 홀로 일할 수 있었고, 그러다 보니 워즈니악이 밤에 찾아와 어려운 과제를 도울 수 있었다.

이 시기에 두 사람은 전화를 해킹하는 기계 '블루박스'를 발명해 팔기도 했다. 물론 불법이긴 했지만 이런 반항적인 모험은 그들이 애플을 설립하는 토대가 되었다.

### 비전을 공유한 협업가, 마이클 마쿨라와 조너선 아이브

마이크 마쿨라는 최초로 애플에 투자한 벤처투자가로, 가격 전략, 유통망, 마케팅, 재무에 뛰어났다. 그는 소비자에게 강력한 영향을 미치며

제품을 홍보하는 법을 스티브에게 가르쳐주었다. 마쿨라는 자신들의 주목적이 돈을 버는 게 아니라, 믿을 수 있고 영속적인 무언가를 만드는 것이라고 생각하는 스티브와 뜻을 같이했다.

애플의 디자인 수장이었던 조너선 아이브는 애플이 컴퓨터, 전화기, 음악을 독특하고 유용한 제품으로 탈바꿈시키도록 도왔다. 그는 아이팟, 아이팟터치, 아이폰, 아이패드, 아이패드 미니, 아이맥, 맥북 등을 만든 휴먼 인터페이스 소프트웨어 팀 및 디자인팀을 이끌었다.

스티브는 치열하고 정력적인 반면, 아이브는 온화하고 둥글둥글했다. 하지만 두 사람 모두 호기심이 많고, 감성적이며, 박애적인 태도를 지니고 있었다. 또 애플의 기기들을 외관만큼이나 내부도 훌륭하게 만들어낸 자기 수양적인 태도와 근면 성실한 태도도 공통분모였다.

## 혁신을 낳은 스티브 잡스의 ION 사고

열 살 때 스티브는 랭을 만나면서 전자공학, 또 컴퓨터에 대한 관심과 전문성을 키우기 시작했다. 그는 토양 태도와 비바람 태도 덕분에 가능해진 틀 안 전문성을 활용했다. 스티브의 뚜렷한 관심은 특히 최초의 데스크톱을 봤을 때 강화되었다.

스티브는 랭의 지도와 HP의 탐험가 클럽, 홈스테드고등학교의 전자공학 동아리, 실리콘밸리의 컴퓨터 취미 동호회 '홈브루 컴퓨터 클럽'에서 항상 새로운 기술을 익혔고, 그러면서 전문성을 강화했다.

아타리에서 일할 때 상사였던 앨 앨콘Al Alcorn은 더 많은 아이디어와 기술을 탐구하고 개발하도록 스티브를 독려했다. 이 과정에서 스티브는 새로이 설계한 게임을 검토하고 여러 가지 기능을 시험하면서 틀 밖 상상력을 향상시켰다.

제일 처음 전문지식과 기술을 토대로 당시에는 존재하지 않던 개인용 컴퓨터를 상상할 때, 스티브는 햇살 태도와 공간 태도를 바탕으로 진전된 틀 밖 상상력을 활용했다. 컴퓨터란 사무실에 있는 거대한 기기여야 한다고 모두가 생각할 때 그는 소형 전자제품을 상상했다. 이 비전의 실현을 위해 스티브는 먼저 기초적인 수준이지만 독특한 인간 중심 인터페이스를 궁리했다. 그리고 이에 따라 컴퓨터를 개발하고 분석하고 평가하며 발전시켜 더욱 유용하게 개선했다.

스물한 살의 스티브는 이미 컴퓨터에 대한 전문지식과 기술을 익힌지 10년도 더 지난 상태였다. 그는 애플을 공동 설립해 자신의 창작물을 홍보했고, 사회는 이를 혁신으로 받아들였다. 이는 아인슈타인과 마찬가지로 '10년 법칙'을 확인해준다.

스티브의 열정은 식는 법이 없었다. 쉰한 살 때 그는 당대의 첨단 기술인 MP3 플레이어, GPS 내비게이션, 카메라, 터치스크린을 모두 하나의 기기, 아이폰에 담아냈다. 스티브는 수많은 복잡한 기술과 기능을 독특하게 합성해 유용하고 단순한 혁신적 기기로 탈바꿈시켰다.

애플의 전 제품에서 단순함을 추구하는 스티브의 성향은 선불교에서 비롯되었다. 어릴 적 친부모에게 버림받은 고통을 받아들이기 위해 정체성을 탐구하다가 스티브는 인도 문화와 일본 문화, 선불교 등 동양의 영성에 심취했고, 이는 평생토록 이어졌다. 이를 통해 이중문화적 태도와 복잡성을 추구하는 태도가 길러졌다.

여담으로 스티브는 나중에 결국 친어머니와 여동생을 만났다. 하지만 아버지 잔달리가 여동생도 버렸다는 사실을 알고서 아버지는 만나기를 거부했다. 그런데 공교롭게도 이미 몇 해 전 잔달리가 실리콘밸리에서 식당을 운영할 때 두 사람은 우연히 만난 적이 있었다. 서로 누군지도 모른 채 스티브의 친아버지인 잔달리는 자신이 스티브 잡스를 만난 적이 있다며 "팁 인심이 대단히 후한 사람"이었다고 주변에 칭찬했다.

이밖에도 스티브 잡스의 성장 과정과 혁신가로서의 성공에 담긴 사연은 많지만, 지금부터는 햇살 풍토가 무엇인지, 개인의 창의력 발달에는 어떤 영향을 미치는지를 심도 있게 살펴본다.

# 밝은 햇살 풍토 조성하기

식물이 비옥한 토양에 뿌리를 내린 이후에는 밝은 햇살이 필요하다. 태양은 식물이 자라도록 온기와 빛을 제공한다. 일단 아이가 비옥한 토양에 있으면, 밝은 햇살이 창의력에 필요한 영감을 주고 힘을 북돋워준다. 햇살 풍토에서 햇살 태도가 싹트면 아이는 특정 주제나 사안에서 뚜렷한 관심사를 발견하게 된다. 이때 햇살 태도는 호기심 많은 낙관주의자가 되도록 돕고, 독특한 틀 밖 상상력과 새 틀 융합력을 촉진한다. 미래의 혁신을 가늠할 수 있는 가장 중요한 예측 변수는 초기의 뚜렷한 관심사에 대한 어린 혁신가의 에너지와 열정이다.

## 식물은 밤중에도 별 방향으로 머리를 둔다

  혁신가는 최상의 결과를 기대하고 그것에 공을 들이면서 낙관적으로 성장한다. 세상을 밝은 곳으로 보는, 낙관적인 세계관은 대체로 어린 시절 타인과의 긍정적인 애착에서 출발한다. 이는 겁을 먹거나 수줍어하는 대신 새로운 사람이나 상황과 긍정적으로 상호작용하고 적응하는 자세로 이어진다. 더 나아가 탁월한 영육자는 긍정성을 늘리고 부정성을 줄이는 활동과 경험을 제공한다.

  예를 들면 본인 혹은 타인의 행위에서 발견하는 친절함의 단면들을 짚음으로써 선해야 할 이유를 찾아내게끔 돕는다. 이들은 아이들이 감사할 일에 말과 글과 행동으로 고마움을 표현하고 타인에게 관대하도록, 감사의 인사를 전하도록 가르친다. 아이들이 자신을 웃게 만드는 사람들과 함께 시간을 보내도록, 웃을 거리를 찾도록 독려한다. 또 이들은 아이들이 험담이나 빈정대기, 부정적인 뉴스, 매체 등 냉소적이거나 비관적인 오락 활동에 거리를 두도록 이끈다. 부정성의 증폭을 경계하는 것이다.

  탁월한 양육자는 아이들이 후회스럽거나 본인의 힘으로 어찌할 수 없는 일에 대해서는 자기 자신을 용서하도록 지도한다. 언짢은 표정을 짓거나 팔짱을 끼고, 발을 구르고, 눈알을 이리저리 굴리고, 거들먹거리면서 히죽대고, 한숨을 쉬는 행동은 피하면서 어떤 상황에서든 활짝 웃는다. 낙관주의는 사람을 끌어당기는 힘이 있고 그 영향력이 주변으로 확산되기 때문이다.

탁월한 양육자는 실수와 실패에서도 무언가를 배울 수 있다는 점을 들어 아이들이 긍정적인 결과를 믿고 유연한 사고를 하게끔 한다. 어린 혁신가는 머리를 높이 들고 밝은 미래를 상상한다. 잘못되었을 때조차도 긍정적인 자세를 계속 유지하면서 그 잘못을 바로잡고 개선한다.

## 식물은 태양을 향해 자란다

혁신가는 자신의 뚜렷한 관심사를 토대로 성장하거나, 본인의 롤모델처럼 되기를 열망한다. 대체로 최초의 영감은 훌륭한 공연 또는 행사 참석이나, 혁신가의 일대기를 접하면서 움튼다. 탁월한 양육자는 롤모델이라는 개념을 소개하고, 아이들이 롤모델을 찾도록 돕는다.

대개 탁월한 양육자는 아이들의 뚜렷한 관심에 대한 초기 롤모델이 된다. 이들은 본인의 경험과 활동, 재료들을 아이들과 공유한다. 어린 혁신가는 롤모델의 도전, 실패, 승리에 관해 알아가면서 영감과 동기와 힘을 얻는다. 아인슈타인은 아이작 뉴턴에게서, 뉴턴은 갈릴레오 갈릴레이에게서 영감을 얻었다. 기묘하게도 뉴턴은 갈릴레이가 별세한 해에 태어났다. 잡스 또한 아인슈타인에게서 영감을 얻었는데, 잡스 역시 아인슈타인이 별세한 해에 태어났다. 어쩌면 머지 않아 등장할 위대한 혁신가는 잡스가 별세한 2011년에 태어났을지도 모를 일이다.

## 태양은 세상의 외딴 구석까지도 환하게 비춘다

혁신가는 낙관적으로 스스로 영감을 불어넣고, 자신의 뚜렷한 관심사와 열정을 통해 세상을 더 낫게 만든다. 탁월한 양육자는 아이가 특정 직업을 추구하도록 압박하지 않으면서도 야망을 품게 한다. 이들은 아이들이 구체적인 사고방식보다는 관념적인 사고방식으로 생각하도록 독려한다. 이는 아이들이 즉각적인 보상이나 편협한 목표, 가족의 이익을 초월하여 더 큰 가치나 임무, 비전을 생각하고 추구하게끔 한다.

탁월한 양육자는 본인의 전문지식과 기술을 타인에게 베풀어 자신이 속한 분야에서 혁신가로서 존경받는 사람이 되라고도 가르친다. 즉, 그저 성공하려고 애쓰기보다는 가치 있는 삶의 의미를 잊지 말라는 얘기다. 탁월한 양육자는 큰 그림 사고, 다시 말해 크게, 멀리, 미래를 내다보며 창의적으로 생각하기를 권장한다. 이로써 관념적 추론, 틀 밖 상상력, 새 틀 융합력이 촉진된다.

혁신가는 어린 시절 키워낸 영감을 훗날 세상에 전해준다. 탁월한 양육자는 아이들이 영감을 받고 존경할 만한 롤모델, 우상, 영웅을 찾도록 도와준다. 탁월한 양육자는 노벨상 수상자들을 비롯한 혁신가의 어린 시절 이야기를 단순히 실제 혁신에만 초점을 맞추지 않고 책, 영상, 영화를 통해 아이의 수준에 맞게 들려준다. 아이들이 역사와 세계사의 위대한 인물들에 대해 배우도록, 영감을 자극하는 인물들을 다룬 행사에 참석해서 인용문, 격언, 그들이 극복한 난관에서 영감을 얻게끔 한다.

### 싹을 틔우려면 온기가 필요하다

햇빛은 가장 추운 날에도 온기를 전한다. 탁월한 양육자의 따스함과 격려는 아이의 관심사에 싹이 트게 돕는다. 아이의 낙관적인 세계관과 영감은 관점의 폭을 넓히는 동시에 호기심의 원천이 되기도 한다. 세상이 안전하고 신나는 곳이라 느낄 때, 아이들은 새로운 정보를 찾아내고 탐험하고 배우기를 두려워하지 않는다.

탁월한 양육자의 따뜻함은 아이들이 적극적으로 질문하고, 때론 위험을 무릅쓰면서 미지의 것을 탐험하도록 독려한다. 탁월한 양육자는 아이들이 자연, 음악, 예술, 인간에 대해 배우도록, 그리하여 세계가 자신이 아직 미지로 가득한 경이로운 수수께끼라는 사실을 발견하고, 초심을 간직함으로써 작은 궁금증에도 설레도록 힘을 북돋운다.

탁월한 양육자는 아이들의 관심사가 배움의 속도와 방향을 이끌게끔 한다. 실험을 통한 배움, 허황되다고 생각할 수 있는 논쟁과 토론을 권장한다. 결론이 도출되지 않은 상태에서 아이들이 탐구하게 하고, 체계적이지 않은 학습에서 배울 기회를 제공한다. 아이들의 질문을 끌어내고, 알아야 할 모든 것을 알고 있다고 생각할 때도 질문하도록 한다. 매일 자기 자신과 남들에게 '왜 그런가? 그러면 어떻게 되는가? 왜 그렇지 않은가?'와 관련된 새로운 질문을 제기하도록 독려한다.

탁월한 양육자는 아이들의 질문에 성심성의껏 답해준다. 그저 한 가지 답만 주기보다는 후속 질문을 촉발하고, 답을 찾는 방법을 알려주고자 문제를 심도 있게 살핀다. 이와 반대로, 시험 위주 풍토는 아이들이 질문에 답만 하도록 만든다. 아이들은 정답을 암기하고 기억해내는 훈련을 받는다. 독특한 질문은 비웃음을 산다.

어린 시절 뚜렷한 관심사는 한결같은 호기심, 부단한 독서와 배움을 통해 평생 지속되는 열정으로 발전한다. 전문가가 되고 난 뒤에도 혁신가는 초심자의 호기심을 가지는데, 바로 이러한 태도가 사과나무 창의 과정을 흥미진진하고 신나게 만든다. 아인슈타인은 자신에게 특별한 재능이 있다고 여기지 않았다. 자신이 그저 열정적이고 호기심이 충만한 사람일 뿐이라고 여겼다.

## 작은 성장이 큰 성장을 촉진한다

호기심은 더 많은 호기심을 낳는다. 독서는 어린 혁신가가 호기심을 충족하는 중심 활동이자, 혁신가의 부모가 대개 좋아하는 여가 활동이기도 하다. 혁신가의 부모는 본인들이 독서하는 모습을 아이가 보게 하고, 아이들이 혼자서 책을 읽을 수 있게 되어도 큰 소리로 책을 읽어준다.

이들은 아이들에게 책에서 얻은 흥미로운 이야기, 오락거리, 상상, 환상을 들려준다. 고도의 교육 수준을 달성하는 데 필요한 학습 및 장기 교육 계획을 아이들과 함께 상의한다. 단순히 교육을 장려하기보다는 배움 자체의 중요성과 애정을 강조한다. 학습을 일상생활과 연관 짓는 활동이나 전략을 제공하고, 함께 뭔가를 심층적으로 탐구하는 환경을 조성한다.

위대한 혁신가는 대개 제도권 교육에서 높은 성취를 이루지 못한다. 대부분 독서를 통해서 전문지식과 기술을 배우고 발전시킨다. 알렉산더 그레이엄 벨은 주로 아버지에게서 교육을 받았고, 토머스 에디슨은 제도권 교육을 고작 석 달 받고서는 다시 어머니에게 교육을 받았다. 에이브러햄 링컨은 제도권 교육을 1년도 채 안 받았고, 벤저민 프랭클린은 열 살 때까지만 제도권 교육을 받았다.

모든 혁신가는 공통적으로 독서와 배움에 대한 애정이 크고, 자신의 열정과 목표를 추구하는 과정에서 독학하거나 자기훈련에 깊이 열중한다.

## 밝은 햇살 속에서 식물은 즉흥적으로 반응한다

산들바람도 꽃잎, 꽃 향, 씨를 퍼뜨리는 데 도움이 된다. 마찬가지로 낙관적이고 영감을 자극하는 풍토에서는 어린 혁신가가 호기심에 따라 즉흥적으로 자연스럽게 움직인다. 이 움직임은 독특한 아이디어 창출에 도움이 된다.

탁월한 양육자는 아이의 인생 계획을 무리하게 짜지 않는다. 아이들의 한계를 설정하고, 신체적, 정서적 안전을 보장하며, 아이의 자제력 혹은 자기 책임을 설정하는 전반적인 틀만 제공한다.

탁월한 양육자는 아이들의 즉흥성을 존중한다. 아이들이 아이디어에 따라 하는 행동들, 예를 들어 슈퍼히어로나 유명 인사 따라하기, 순간의 감정을 그림으로 표현하기, 관목을 새로운 모양으로 다듬기, 성대모사, 악기 만들기나 연주하기를 시도하도록 권장한다.

탁월한 양육자는 아이들이 즉흥성을 규칙적인 일상과 버무릴 수 있도록 돕는다. 가끔은 즉시 계획을 세우고, 말로 하는 대신 그냥 가서 해버린다. 그리고 특히 반복적인 행동이 새로운 경험을 해보려는 아이들의 신념이나 자발성을 제한하는 경우, 아이들이 규칙적인 습관이나 기존의 패턴을 바꾸도록 이끈다.

탁월한 양육자는 본인은 물론이고 아이들도 작은 것부터 조금씩, 천천히 흥미진진한 이야기를 제공하는 일을 해나가도록, 뭔가 남들이 깜짝 놀랄 만한 결과를 내놓는 과정에서 새로운 방식으로 계속 실험하도록 돕는다.

## 벌, 나비, 새 등의 수분 도우미들과 함께 공생한다

혁신가는 독서와 배움에 대한 애정을 바탕으로 따분하지 않게 호기심을 충족하며 성장한다. 혁신가는 멘토나 어른들이 호기심을 촉발시키는 주제를 재미있고 즐겁게 만드는 재미난 환경에서 가장 잘 배우고 활동한다.

뚜렷한 관심사는 대체로 주제에 대한 '재미있는' 소개에서 출발한다. 아인슈타인이 다섯 살 때 아버지 헤르만이 나침반을 재미있게 소개했고, 스티브 잡스가 예닐곱 살 때 이웃집 엔지니어 랭이 탄소마이크로폰을 재미있게 소개했다.

애석하게도 나 역시 자식들이 피아노나 미술에서 보이는 기술의 숙련도에 지나치게 집중했다. 레슨을 처음 시작할 당시 재미에는 제대로 관심을 기울이지 못했다. 탁월한 양육자는 아이들이 무언가를 배우거나 창조할 때 즐거움과 재미가 중요한 요인이 되는 걸 안다. 이는 인생 전반을 위한 좋은 가르침이기도 하다. 또 창의적인 표현은 불완전한 결과에서 출발한다고 가르친다.

탁월한 양육자는 일과 놀이의 이분법을 따르지 않는다. 안타깝게도 시험 위주 풍토는 재미와 거리가 멀고, 쉬는 시간을 줄여 틀 밖 상상력과 새 틀 융합력을 억누른다.

탁월한 양육자는 단기 목표에 효과적인 보상 대신, 아이들에게 자신의 과업을 즐기면서 쫓는 방식으로 장기 목표를 추구하게 한다. 코미디와 유머 역시 사과나무 창의 과정을 보다 재미있게 만들기 위한 수단일 수 있다. 따라서 탁월한 양육자는 아이들에게 재미있는 사람들 혹은 즉석 공연 같은 활동도 알려준다. 아이들에게 재미있는 책, 영화, 스탠드업 코미디 등을 권장한다.

또 아이들에게 나이에 걸맞은 농담을 던지고, 본인이 생각하기에 웃긴 것을 보고 웃는다. 자기 자신은 물론이고 아이들도 매일 최소한 한 번은 웃게끔 만든다. 또 의견이 담기거나 목적이 있는 농담을 쓰고 말하도록, 허를 찌르는 타이밍을 연습하도록, 말이나 몸으로 웃기는 코미디로 익살을 부리도록 권장한다.

## 공기, 물, 햇빛 등 외부요소를 결합해 자양분을 생성한다

어린 혁신가는 영감을 자극하는 외부의 인물이나 행사, 뚜렷한 관심사를 불러일으키는 재미있는 소개를 결합해 내부 에너지를 생성한다. 혁신가는 신체적 에너지, 흥분, 지적·인간적 강렬함, 집중력으로 유명하다. 개중에는 신체적 한계에 부딪힌 이도 있기는 하지만. 혁신가의 에너지는 처음에는 뚜렷한 관심사에 집중하는 마음, 그다음에는 뚜렷한 관심사를 파고들고자 하는 근면 성실하고 끈질긴 노력, 마지막으로는 평생에 걸친 열정에 따라 내부에서 생성되는데, 이 과정에서 즉각적인 즐거움은 희생되기 일쑤다.

이러한 에너지가 미래의 혁신을 가늠할 수 있는 가장 중요한 예측 변수다. 탁월한 양육자는 아이들에게 되고 싶은 부류의 사람을 묘사하는 단어를 세 개 고르게 함으로써 본인의 뚜렷한 관심사를 발견하게끔 한다. 그리고 남은 평생 딱 한 가지만 할 수 있다면 뭘 할 것인지 혹은 돈이나 지위, 능력의 한계, 실현 가능성과는 무관하게 꿈꾸는 일이 무엇인지 목록을 작성해보도록 독려한다.

탁월한 양육자는 에너지가 넘친다. 건강한 활동 및 생활방식을 비롯하여 육체적으로 적극적이고 활발한 삶을 이끌어 아이들의 열정과 에너지를 키워준다. 멀티태스킹 또는 많은 과제들 틈에서 분산되는 일을 피하라고 가르치면서 아이들이 자신의 에너지를 효과적으로 사용하게끔 돕는다.

찬찬히 집중하는 자세로 한 가지 계획이나 도전에 주력하는 시간을 가진 다음에는, 간단하고 쉬운 일을 하면서 조금은 느슨하게 그 계획이나 도전에 관해 생각한다. 탁월한 양육자는 자기 내면의 힘을 최고로 발휘할 수 있는 사람, 혹은 그런 힘을 끌어낼 수 있는 사람과 함께 시간을 보내라고 독려하기도 한다. 그리고 모욕과 불평, 시시한 뒷담화를 하지 않고, 서로 동기를 부여하고 자극을 주고받을 수 있도록 정기적으로 연락을 계속 유지하게 한다.

어린 혁신가는 건강한 활동을 추구하기 위해서 롤모델이나 영감의 원천을 부단히 찾기도 한다. 혁신가는 사는 동안 내내 영감을 자극하는 인물이나 사건을 발견한다. 더불어 탁월한 양육자는 작은 창의적 성취에 따른 기쁨을 나누고, 타인의 업적에 열렬한 반응을 보이며, 자신의 향후 진로 계획을 확장함으로써 아이들이 본인의 높은 에너지를 활용하도록 권한다.

반면 시험 위주 풍토는 아이들의 높은 에너지를 활용하기는커녕 그 불씨를 꺼뜨린다. 또 교사들이 에너지가 넘치는 아이를 미래의 혁신가가 아니라 사고뭉치로 여기도록 만든다.

몇몇 창의적 태도는 ADHD의 일부 특성과 다르지 않다. 즉흥적이거나 충동적이고, 에너지가 넘치거나 과도하고, 위험을 무릅쓰거나 무모하고, 감성적이거나 불안정하다. 최근 미국에서는 ADHD 과잉진단 및 약물의 과잉처방이 일어나고 있다. 아이의 태도를 통제하려는 약물이라는 그릇된 방식을 시도하고 있다.

약물을 투여하면 아이들의 창의적인 태도가 억제되는 것은 물론이고, 비극적이게도 아이들 스스로 뚜렷한 관심사나 열정을 추구하기 위해서 자신의 고유한 에너지를 활용하는 것 자체가 허용되지도, 가능하지도 않다고 믿게 된다.

# 6가지 햇살 태도
# 기르기

햇살 태도의 특성은 끊임없는 에너지와 낙관주의, 호기심이라고 할 수 있다. 햇살 태도는 혁신가가 호기심 많은 낙관주의자가 되도록 돕고, 이를 통해 독특한 틀 밖 상상력과 새 틀 융합력을 촉진한다.

여기에서는 6가지 햇살 태도가 무엇인지, 그 태도가 어떻게 틀 밖 상상력과 새 틀 융합력을 적용하는, 호기심 많은 낙관주의자를 길러내는지 설명한다. 나의 햇살 태도가 어떤 식으로 길러졌거나 꺾였는지, 혹은 내가 우리 아이들에게 내재된 햇살 태도를 어떤 식으로 길러주거나 꺾었는지 보여주는 짧은 일화에서 출발한다. 그리고 나서는 각 태도에 관한 연구 결과 및 틀 밖 상상력과 새 틀 융합력을 촉진하는 방식을 요약한다.

## 1. 낙관적 태도

나에게도 시험 불안이 있었다. 고등학생 시절에 나는 학력고사를 준비했다. 한 해에 한 번은 도전할 수 있는 수능과 달리, 당시 대입 시험은 평생 딱 한 번만 볼 수 있었다. 전국 모든 학생의 미래가 단 하나의 시험 결과에 달린 탓에 온 나라가 집단 히스테리 상태에 빠졌다.

시험 당일, 수학 시험 때였다. 시험 감독관이 2분밖에 남지 않았다고 안내할 때 나는 최악의 불안 속에서 답안지를 검토하고 있었다. 정신을 바짝 차리고 엄지로 시험지 귀퉁이를 재빨리 넘겼다. 그러다가 갑자기 가슴이 철렁 내려앉았다. 미처 보지 못한 시험지면이 있는 게 아닌가! 몇 년 동안 쳤던 모의고사에서는 수학 문제지가 항상 딱 한 장뿐이었다. 그러니 진짜 시험에서 두 번째 장이 있을지 생각도 못했었다. 내 인생은 끝장이었다. 낮이고 밤이고 공부한 것이 도로아미타불이 되고 말았다. 내가 꿈꾸던 대학에는 들어가지 못할 터였다.

내 눈에는 오로지 부정적인 결과들만 보였다. 하지만 어머니는 내가 다른 과목들에서 충분한 점수를 받은 덕분에 최고의 지방 국립대학교에 전액 장학금을 받고 들어갈 정도는 된다는 사실을 감사하게 여기셨다. 처음에는 어머니를 이해하기가 힘들었지만, 시간이 흐르며 나도 차츰 어머니의 관점을 이해하게 되었다.

실제로 나의 어머니는 내가 아는 가장 낙관적인 사람이었다. 어머니는 여전히 인생에서 많은 것을 고마워하고 매일 감사하면서 다시 일어섰다. 나 역시 이런 낙관적인 자세를 배웠고, 내 인생도 '실패'에서 빠져나오게 되었다. 이제 나는 약점이나 결과를 걱정하는 대신, 어머니처럼 나의 적극성과 강점을 강조하려고 최선을 다한다.

### 낙관적 태도에 관한 연구 결과

혁신가의 낙관성은 비현실적으로 보일 수 있다. 27년 동안 감옥에 있으면서도 민주주의를 추구한 만델라가 대표적인 예다.

낙관적인 태도가 있다면 현재 상황이 어떻든지 긍정적인 결과를 기대할 수 있다. 혁신가는 기회에 올라타고, 새로운 사람들을 만나고, 대담한 아이디어나 경험을 탐구하고, 불확실하고 '위험한' 시도를 감행하며, 고난에서 기회의 문을 발견한다.

이들은 보장되지 않은 목표를 추구할 때, 도전을 피하지 않는다. 긍정적인 결과를 믿기 때문이다. 해법을 찾을 수 없을 때는 문제를 재정의하여 접근 가능성을 키운다. 잘되어 가는 것에 초점을 맞추고, 스트레스를 줄여 정신적 안녕과 행복을 추구한다.

또 좌절과 실패에도 끈질기게 계속해 나가도록, 도전에서 기회를 창출하도록, 유연한 관점과 이에 따른 틀 밖 상상력과 새 틀 융합력을 촉진하도록, 그리하여 독특한 아이디어나 해법을 도출하도록 독려한다.

## 2. 큰 그림을 생각하는 태도

나에게 영감을 주는 내 여동생은 고결한 사람의 표본이라 할 만하다. 한국 최고의 대학에 들어간 동생은 이타적인 삶을 추구했다. 다른 대학생들이 시험 지옥에서 탈출하고서 자유를 만끽할 때, 내 동생은 가족이 없는 장애인들의 기저귀를 갈아줬다.

대학을 졸업하고서는 일과 석사학위를 병행했다. 대학원을 졸업하고서는 민간 기부만으로 꾸려나가는 다문화 도서관을 설립하기 위해 힘을 쏟았다. 한국으로 이주해온 빈국 출신 이민자가 많지만, 한국에는 이들의 언어로 된 책이 거의 없다. 기껏해야 중국어, 일본어, 영어로 된 책 정도가 대부분인 한국에 다문화 도서관은 꼭 필요한 장소였다.

내 동생은 혁신가다. 필요한 것을 알아차리고, 큰 그림을 보고, 자신의 뚜렷한 관심사를 열정으로 바꿨으며, 기존 공공기관과는 다른 새로운 형태의 공공기관을 만들어냈고, 그것이 성공하는 데 필요한 것을 제공했다.

동생의 대의를 위해 많은 사람이 시간과 돈을 기부했지만, 사람들 대부분은 동생이 왜 그런 일을 하는지 이해하지 못한다. 우리 고향 사람들이 하는 말에 따르면, 동생의 인생은 실패작이다. 가난한 데다 결혼도 안 했기 때문이다. 마을 사람들은 동생에게 툭하면 "왜 그래?" 혹은 심지어 "무슨 문제라도 있어?"라고 묻는다. 순응을 미덕으로 삼고, 물질적인 부유함을 성공의 척도로 삼는 사회에서 동생의 인생은 실패 그 자체다. 하지만 미국 사람이 다 된 나의 두 아이가 말하길, 내 동생은 존경스러운 어른이라고 한다.

## 큰 그림을 생각하는 태도에 관한 연구 결과

혁신가가 그리는 큰 그림은 백일몽처럼 보일 수 있다. 시간과 공간을 통합하겠다는 아인슈타인의 바람 역시 구체화되기 전에는 망상으로 여겨졌을 것이다.

큰 그림을 생각하는 태도는 타인의 말, 행동, 가치에서 영감을 얻고, 제약 너머의 큰 그림을 보는 데서 나온다. 혁신가는 미래지향적으로 멀리 생각한다. 나와 타인과 일을 떠나서, 여기와 문제에서 떨어져서, 지금과 미래 계획을 떠나서, 현실을 떠나서 상상에 따라 생각한다.

혁신가의 큰 그림 사고는 구체적인 제약과 한계를 초월한다. 이를 통해 틀 밖 상상력이 촉진되어 어떤 맥락이나 체계의 다양한 부분들 사이에서 나타나는 패턴 또는 관계를 인식할 수 있고, 이는 서로 무관한 것들 사이의 독특한 연결로 이어지는데, 이 과정에서 새 틀 융합력이 촉진된다.

가령 혁신가가 깊은 사랑에 빠지면 장기적인 관점, 다시 말해 '영원한 사랑'이 촉발되면서 틀 밖 상상력과 새 틀 융합력이 촉진되고, 그 결과 위대한 미술작품이나 소설, 노래, 연극, 건축 같은 혁신이 가능해진다.

혁신가는 큰 그림 목표에 따라 자신이 사랑하는 것을 하게끔 영감을 받는다. 영감은 평생 밝게 빛나는 에너지를 촉발시킨다. 큰 그림 목표는 시간의 흐름에 따라 세부적인 것들은 달라질지언정, 자신의 창작물이 세상을 어떤 식으로 이롭게 할지에 관한 낙관적인 시각을 갖게 해준다.

혁신가는 큰 그림 목표를 위해 더 큰 위험을 감수하고, 더 창의적인 사람이 되고, 그 결과 더 큰 영향력을 미치게 된다. 알베르트 아인슈타인, 스티브 잡스, 벤저민 프랭클린은 하나같이 세상을 바꾸겠다는 본인의 큰 그림 목표에서 영감을 얻었다.

### 3. 호기심 많은 태도

어머니는 내가 입을 열어 처음 한 질문이 "난 왜 오빠처럼 고추가 없어?"였다고 말해주었다. 어머니는 토끼가 내 고추를 가져갔다고 답했다. 그 뒤로 이어진 나의 질문은 "왜 내 것만 가져갔어?"와 "어떻게 하면 도로 가져올 수 있어?"였다.

나는 한국인의 삶을 이루는 기본 구조 가운데 일부인 성 불평등을 예견한 셈이다. 즉, 남근이 내게 허락되지 않은 무수한 기회의 원천임을 알고 있었다. 이 문제는 한국에서 보낸 학창 시절 내내 나를 괴롭혔다. 나는 늘 질문을 많이 했는데, 언제나 유교적인 대답이 돌아왔다.

한국 사회에서 유교는 마치 물고기가 헤엄치는 물과도 같다. 의식하지 못하더라도 구석구석에 스며있다. 물고기에게 "물은 어때?"라고 물어보면 "물이 뭔데?"라고 반문하리라. 나로서는 유교 없는 삶이란 게 어떨지 상상이 안 되면서도 동시에 크게 궁금했다. 그로 인한 호기심과 좌절이 결국에는 내가 논문 주제로 유교를 선택하도록 만들었다.

### 호기심 많은 태도에 관한 연구 결과

혁신가의 과도한 호기심은 성가시게 보일 수 있다. 조지아 오키프는 초등학교 시절에 질문을 너무 많이 해서 교사들이 이따금 답을 할 수 없을 정도였다. 교사들에게는 오키프가 성가셨을 수 있다.

호기심 많은 태도의 특징은 어린아이처럼 생각하고, 끊임없이 정보를 찾아다니는 것이다. 혁신가는 상황과 문제에 경직된 사고방식 대신 어린아이 같은 초심자의 마음으로 접근한다. 창의력이 호기심에서 시작되듯이 이들은 '정신 나간' 질문을 많이 한다.

독서와 배움에 대한 애정을 키우고, 자신의 뚜렷한 관심에 따라 성실하게 배우는 과정에서 전문성이 발달한다. 호기심과 더불어 뚜렷한 관심사와 사전 지식은 남들이 놓친 세부적인 것들을 짚어주고, 이는 다시 호기심을 자극하는 많은 질문으로 이어진다.

혁신가는 쉬이 포기하지 않는다. 호기심은 막다른 길에서도 새로운 선택지들을 제시한다. 꾸준히 보상을 받고 새로 거듭나는 호기심은 뚜렷한 관심사를 평생의 열정으로 바꿔준다.

혁신가는 성인이 되어서도 여전히 자신의 내면 아이와 긴밀하게 마주한다. 이는 사회적 제약이나 관습을 무시하거나, 적어도 그 영향력을 줄이는 데 도움이 된다. 어린아이 같은 초심자의 호기심은 고인 물 같은 사고를 피해 더 많은 가능성을 향해 문을 열어주고, 틀 밖 상상력과 새 틀 융합력을 촉진한다.

## 4. 즉흥적 태도

　미국에 온 지 두 달째 됐을 때, 나는 캘리포니아에서 열린 학령전 아동을 위한 가정교육, 히피HIPPY 프로그램 회의에 참석했다. 히피는 가난한 집안이 낮은 교육 수준과 빈곤의 고리를 끊게끔 돕고자 만들어졌다. 한국에 있을 때 내 박사 논문 주제이기도 했다. 나는 우리 부모님처럼 가난하고 못 배운 부모들을 돕고 싶었다.

　거기에서 나는 히피의 이사를 만났는데, 나는 즉흥적으로 미국에 와서 처음 맞는 크리스마스이니, 플로리다주 탬파에 있는 그의 자택에 초대해달라고 청했다. 그는 흔쾌히 내 청을 받아들였고, 나는 아이들을 데리고 그곳으로 날아갔다. 캘리포니아로 돌아온 뒤에 나는 그 프로그램을 더 배우고 연구를 수행할 수 있도록 탬파로 이사해야겠다고 마음먹었다.

　즉흥적인 결정이었다. 가구는 이삿짐 운송회사를 불러다가 실어 날랐고, 나는 내 차에 아이들과 먹을거리를 싣고서 우리 가족을 서부 해안에서 동부 해안으로 데려다줄 주간 고속도로에 올랐다. 애리조나의 사막, 텍사스의 산, 미시시피의 큰 강은 하나같이 끝이 보이지 않았다. 우리는 수도 없이 길을 잃었다.

처음 길을 잃은 것은 밤늦은 시각 텍사스에서였다. 차에 기름을 넣은 뒤에 나는 주유소 편의점으로 들어갔다. 남자 셋이 계산원과 농담을 하고 있었다. 그들은 나에게 방향을 알려주는 대신 능글맞게 웃으며 이렇게 말했다. "아시아 영계들은 나를 흥분시킨다니까."

그때도 지금도 나는 미국 속어를 잘 모른다. 하지만 그들이 나를 도와줄 마음이 없다는 사실은 잘 알 수 있었다. 이 일이 있고 나서 나는 길을 잃어도 누구에게도 길을 알려달라고 도움을 청하지 않았다.

미시시피강을 건널 때는 무서웠다. 다리가 무척 길고, 가파르고, 좁았다. 내가 다리 위에서 하도 천천히 운전하자 경찰이 한쪽에 차를 세우도록 했다. 그런데 경찰은 떨고 있는 우리 아이들과 담요며 베개, 음식 같은 것을 보고서는 딱지를 떼지 않고 그냥 가게 해주었다. 한국에 살 때는 가장 길게 운전한 것이 4시간이었다. 캘리포니아에서 플로리다까지는 64시간이 걸렸다.

### 즉흥적 태도에 관한 연구 결과

혁신가의 즉흥성은 충동적으로 비칠 수 있다. 스물세 살 때 만델라는 자신의 후견인인 달린뎨보가 중매결혼 계획을 세우고 있다는 사실을 알고서 무작정 요하네스버그로 도망쳤다. 이 때문에 만델라는 한동안 먹고 잘 데가 없어서 고생했다. 이 같은 행동은 충동적으로 비칠 수 있다.

즉흥적인 태도는 새로운 아이디어나 기회를 즉각 행동으로 옮기게 한다. 사람들은 대체로 생각이 너무 많아서 즉흥적이지 못하다. 분석 마비, 다시 말해 지나친 분석에 따른 기능 저하 혹은 무능력이 발생한다.

혁신가는 경로를 설정할 때 유연하고 즉흥적인 방식을 선호한다. 기회가 올 때면 기꺼이 "예!"라고 말하고 어느 때건 정든 안정적인 삶을 뒤로한다. 즉각적인 열망을 실현하기 위해 성미 급하게 뛰어드는 것은 어린애 같은 행동이기에, 대부분의 성인에게 쉽지 않은 방식이다. 하지만 이러한 태도야말로 혁신가가 남의 시선을 덜 의식하도록 만든다. 이는 보다 즉흥적, 무의식적으로 틀 밖 상상력과 새 틀 융합력을 촉진하는 아이디어를 내놓는 원동력이기도 하다.

혁신가는 아이디어를 창출하고 평가하는 기술로서 즉흥성과 지속성 사이의 균형을 맞춘다. 이들의 즉흥적인 사고는 체계적이고 경직되어 있기보다는, 유연하고 무질서하기까지 하다. 혁신가는 사과나무 창의 과정의 아이디어 창출 단계에서 현실성은 그다지 고려하지 않고, 무작위적이고 무의식적인 사고의 흐름에 따라 즉흥적으로 아이디어를 낳는다. 그리고 난 이후에, 휴식을 취한 다음 사과나무 창의 과정의 아이디어 평가 단계에서 그 아이디어들의 장점과 유용성을 비판적으로 집요하게 살핀다.

## 5. 재미있는 태도

한국에서는 재미있는 어른이 경박하다는 평가를 받곤 한다. 나는 미국 토런스센터에서 사람들을 만나고 나서야 나의 재미있는 면모를 발견했다. 남들이 뭐라고 말할지 생각하지 않고, 평가당한다는 느낌 없이 상황을 봐도 괜찮았다. 토런스센터 사람들은 내가 나로 있을 수 있게끔 해주었다. 나는 그곳에서 다시 태어났다.

유머는 문화와 관련되어 있다. 내가 강의할 때 나는 학생들의 농담을 이해하지 못하는 경우가 종종 있다. 그때 학생들이 농담을 풀어서 설명하면 그 농담은 재미를 잃는다. 역으로 내가 던진 농담에 학생들이 반응하지 않는 경우도 자주 있다. 뭔가에 진지한 내 모습을 보고 학생들이 웃을 때도 있다. 한 번은 나도 모르게 "presidential election(대통령 선거)"을 "presidential erection(대통령의 발기)"으로 발음한 적이 있었다. 한 학생이 이렇게 물었다. "빌 클린턴 말씀이시죠?" 물론 내 대답은 "아뇨"였다. 그러자 학생들이 전부 배를 잡고 웃어댔다. 나는 그 말이 왜 그렇게 웃기는지, 아직도 잘 이해가 안 된다.

아시아 사람들은 재미있는 것 또는 유머를 창의적이라고 생각하지 않는다. 심지어 격식을 중시하는 유교적 가치에 반한다고 여긴다. 유교에서는 재미나 유머가 경솔하거나 건방진 것으로 간주된다. 한국에서 유머러스한 정치 후보자는 절대로 당선되지 않는다. 내가 아는 바로는 관료, 그리고 대통령은 확실히 사람들 앞에서 농담을 할 수 없다. 대통령뿐만 아니라 고용주와 직원도 항상 진지해야 한다. 사회 통념상 당연히 존경받을 만한 점잖은 사람이어야 하기 때문이다.

### 재미있는 태도에 관한 연구 결과

혁신가의 유머는 지나치게 장난스럽게 비칠 수도 있다. 어린 시절 스티브 잡스가 가짜 '반려동물의 날' 포스터를 만들어서 다른 아이들이 반려동물을 학교에 데려오게 했을 때, 다른 학생들의 자전거 자물쇠 비밀번호를 바꿔놓았을 때, 그는 말썽쟁이 취급을 당했다.

재미있고 유머러스한 것은 창의적이다. 탐험하듯이 상황에 접근하고, 도전의 밝은 면을 보는 것이 재미있는 태도에 속한다. 혁신가는 재미있고 유머러스하다. 유머를 비롯하여 힘을 뺀 유연한 사고를 통해 자신의 열정과 목표에 집중한다.

혁신가는 자신을 너무 심각하게 받아들이지 않는다. 창의적으로 난관을 극복하고, 비판을 수용하며, 성공 가도를 달리면서도 에고를 억제하는 데 도움이 되는 훌륭한 유머 감각을 유지한다. 즉, 재미와 유머는 혁신가의 정신 건강과 대응능력에 이바지한다.

유머와 재미는 일과 놀이의 이분법에 제한되는 틀 밖 상상력을 키우고, 논리나 상식을 따르지 않는 독특한 아이디어와 해법을 제공하는 무기가 되고는 한다. 분석적인 하향식 접근법 대신 사용하는 도발적인 접근법은 새 틀 융합력을 촉진하고, 깜짝 놀랄 만한 관련성 혹은 기회를 드러내기도 한다.

집단의 유머는 노력의 통합 unity of effort을 강화한다. 학교와 직장을 비롯한 조직에서 필요한 순간 발휘되는 유머는 상황을 신선한 관점에서 재구성하도록 돕는다. 유머의 즉흥성, 실험성, 재미는 틀 밖 상상력을 촉발한다. 유머는 집단 안에서 건강한 사회적 상호작용을 고취하는 공동체 의식과 친밀함을 조성하기도 한다.

## 6. 에너지가 넘치는 태도

어릴 때 나는 스포츠나 예술 분야를 제대로 접하거나, 관련된 조언이라도 얻을 기회가 전혀 없었다. 그러다가 여섯 살 때 마을 아이들과 함께 놀면서 처음으로 수영하는 법을 배웠다. 나는 강의 얕은 곳에서만 수영하라는 얘기를 들었다. 하지만 나도 모르는 새에 깊은 곳까지 발을 들이밀었고, 거의 익사할 지경에 이르렀다. 도와달라고 소리를 지르려 했지만, 그럴수록 물만 더 많이 먹고 결국 의식을 잃었다.

삼촌이 내 배를 누르고 인공호흡을 해서 몸 안에 있던 물을 빼내려고 할 때 나는 깨어났다. 나중에서야 5학년짜리 언니가 나를 구했다는 말을 들었다. 나는 지금도 그 언니의 이름을 기억하고 있지만, 한 번도 고마움을 전할 기회가 없었다.

이듬해에 봄이 오자 나는 다른 남자아이들과 함께 산에 핀 들꽃을 꺾으러 갔다. 강렬한 색깔의 진달래 때문에 온 산이 불타오르는 것처럼 보였다. 다들 진달래 꽃잎을 먹고 입술이 분홍색으로 물들었다.

배가 찬 나는 벼랑에 특이한 꽃이 피어있다는 사실을 알아차렸다. 친구들이 말렸지만 나는 절벽을 기어 올라갔고, 마침내 그 꽃의 줄기로 손을 뻗었다. 그런데 꽃에 손이 닿자마자 절벽에서 떨어졌고, 내 몸은 절벽 아래 바닥끝까지 곤두박질치고 말았다.

정신을 차리고 보니 나는 덤불 속에 있었다. 지난 세월 켜켜이 쌓인 나뭇잎들 덕분에 낙하 충격이 완화되었다. 혼비백산한 아이들이 울음을 터뜨렸다. 내가 죽은 줄 알았던 것이다. 먼지와 분홍색 진달래 꽃물로 온통 뒤범벅된 얼굴 위에 긴 눈물 자국이 생겼다.

나의 자연 탐험은 할머니와 함께 살지 않았기 때문에 가능했다. 당시에 할머니는 오빠를 데리고 대구에서 살고 계셨다. 만약 할머니가 집에 계셨더라면 내가 남자아이처럼 자연 탐험을 다니도록 절대로 허락하지 않으셨을 것이다. 하지만 어머니는 내가 밖에서 남자아이들과 함께 놀게 놔두셨다. 말리기에는 내가 지나치게 호기심이 많고 에너지가 넘친다는 사실을 잘 아셨기 때문이다.

어릴 때부터 늘 에너지가 넘쳤던 터라 내가 만약 미국에서 컸다면 ADHD 진단을 받고 약물 치료를 받았으리라. 지금도 학생들은 내게 에너지가 너무 넘친다고 말하곤 한다.

### 에너지가 넘치는 태도에 관한 연구 결과

혁신가의 넘치는 에너지는 도가 지나치게 보일 수 있다. 조지아 오키프가 앞을 잘 볼 수 없을 때는 그림에, 거의 볼 수 없게 된 뒤에는 목탄화에, 여든네 살 때 거의 눈이 멀게 된 다음에는 조각에 쏟아부은 에너지는 도가 지나치게 보일 수 있다. 하지만 양육자는 골칫거리로 보이는 아이의 행동에서 반드시 장기적으로 긍정적인 측면들을 볼 수 있어야 한다. 그리하여 아이를 사고뭉치로 보는 대신, 그 밑의 햇살 태도를 키워 줄 수 있도록 말이다.

에너지가 넘치는 태도는 외부 환경과 무관한 내부 동기, 구체적으로는 강렬한 호기심, 자기 영감 등에 기인한다. 혁신가는 에너지가 넘친다. 호기심이 생기거나 영감이 떠오르면 그것을 더욱 심도 있게 검토하는 힘이 여기서 나온다. 이를 '호기심 긴장'이라고 한다.

이들의 에너지는 혁신을 위한 여정을 거치며 무르익는다. 에너지는 혁신가가 뚜렷한 관심사를 발견하면서 처음 생겨나고, 전문성을 개발할 때 가속화된다. 뚜렷한 관심사나 제대로 된 열정에 불을 붙이면, 혁신가는 자신의 명확한 목표를 달성하는 데 헌신적이고 집요하게 에너지를 쏟아붓는다.

혁신가는 에너지를 열정과 목표에 쏟는 법을 배운다. 가끔은 잠을 거의 안 잘 때도 있다. 하지만 수면 부족은 창의력에 대단히 중요한 단기 기억을 손상시킨다. 그래서 이따금 온종일 자거나 집중력 회복을 위한 낮잠을 자곤 한다.

혁신가는 사과나무 창의 과정을 위해 자연 속에서 규칙적으로 산책하면서 건강을 유지한다. 건강한 몸이 뇌에 좋은 영양분과 많은 산소를 공급한다. 일이 얼마나 고되건 창의적 사고력을 키우는 데는 건강한 몸과 기운찬 정신의 힘만 한 게 없다.

나이를 먹는다고 해서 창의력이 줄어들지 않는다. 혁신가의 생산성은 생물학적인 나이보다 어떤 분야에 적극적으로 몸담은 기간에 좌우된다. 진로의 변화는 창의적인 에너지를 회복시킨다. 또 생산성은 건강한 식단과 운동, 사회적 활동 및 네트워크, 지적 업무 등 정신적 에너지를 유지하는 요인들에 의해 촉진되고, 정신적 쇠퇴를 지연시킨다.

5장

# 비바람 속에서
# 더욱 단단해진다

비바람은 그 자체로 고난이지만, 숲에 수분을 제공하고, 상한 가지를 솎아내며, 식물이 더 깊게 뿌리내릴 수 있게 한다. 비바람 풍토는 아이에게 높은 기대치와 도전을 설정하면서 비바람 태도를 키우는 데 직접 영향을 미친다. 비바람 풍토가 비바람 태도를 기르면 관심을 열정으로 탈바꿈시키는 전문성을 키우게 된다. 일단 진실로 뭔가를 잘하게 되면 열정이 커진다. 비바람 태도 덕분에 불굴의 노력가가 되고, 틀 안 전문성과 새 틀 융합력을 발휘할 수 있다.

## 혁신가 넬슨 만델라를
## 만든 삶

　남아프리카는 유럽 식민지 침탈의 피해를 받은 대표적인 지역이었다. 1910년 케이프 식민지가 또 다른 영국 식민지 세 곳과 통합되면서 남아프리카연방이 탄생했고, 3년 뒤 새 정부는 원주민토지법을 통과시켰다. 이 법은 흑인이나 흑인 혼혈인 사람들의 토지 소유를 불법으로 만들었다. 이에 따라 수십만의 사람들이 자신의 땅을 몰수당했다.

　넬슨 만델라는 1918년 7월 18일 케이프주에 있는 음베조 마을에서 태어났다. 그의 본명인 롤리랄라Rolihlahla는 '사고뭉치'라는 뜻이다. 기독교계 학교에 들어간 첫날, 선생님이 그에게 넬슨이라는 이름을 지어주었다. 당시에는 영국인 주민들이 아프리카 사람들을 부르기 수월하도록 아이들에게 영어식 이름을 새로 지어주는 일이 흔했다.

## 올곧은 아버지와 함께

넬슨은 템부족에 속한 족장 집안에서 태어났다. 그는 집안의 기대를 한 몸에 받았다. 족장이었던 아버지 헨드리 만델라Hendry Mandela는 템부족 섭정왕의 수석 고문이었다. 그런데 불행히도 그 지역을 통치하는 영국 식민지 치안판사와 불화가 생겼다. 헨드리는 치안판사에게 맞서다가 불복종으로 기소되었고 수석 고문 자리에서 쫓겨났다. 넬슨은 이 사태를 보며 아버지의 자랑스러운 저항과 굳센 정의감을 알아보았고, 이를 통해 비순응적이고 반항적인 태도가 자랐다.

그 후 넬슨의 가족은 형편이 어려워져 쿠누라는 마을에 있던 넬슨의 어머니 노세케니 파니Nosekeni Fanny의 집으로 옮겨가 살게 되었다. 노세케니의 집은 따로 지어진 둥근 오두막 세 채로 이뤄져 있었다. 한 채는 요리를 하는 곳, 한 채는 음식을 보관하는 곳, 나머지 한 채는 잠을 자는 곳이었다. 노세케니는 점토로 찍어낸 벽돌과 밧줄로 풀을 엮어 만든 지붕으로 집을 지었다. 온 식구가 베개도 없이 흙바닥 위에 깔개를 깔고서 잤다.

넬슨은 목동 일을 배웠고, 밖에서 다른 남자아이들과 함께 놀면서 많은 시간을 보냈다. 그는 헤엄치는 법, 소젖 짜는 법, 새총 쓰는 법, 꿀이나 과일, 뿌리채소를 찾아서 모으는 법, 철사 조각으로 물고기를 낚는 법을 배우면서 성장했다. 점토나 나뭇가지 등 주변의 것들을 이용해 장난감을 만들었고, 막대기를 가지고 재미있게 싸움놀이를 했다.

자연과 함께 성장한 그는 체력은 물론이고 자기효능감 있는 태도와 위험을 감수하는 태도를 키웠다. 넬슨은 하루에 90분씩 러닝, 축구, 권투를 하면서 평생 체력을 유지했다. 이를 통해 자기 수양적인 태도가 길러졌다. 평화롭고도 단순한 시골의 환경은 낙관적인 태도와 재미있는 태도도 키웠다. 스물세 살 때 넬슨은 변화한 도시인 요하네스버그로 갔지만, 스스로를 시골 소년이라고 여겼다.

넬슨의 집안은 대가족이었다. 전통적인 코사족 계율에 따라 헨드리는 네 명의 부인을 두었다. 부인들은 서로 멀찍이 떨어진 곳에서 살았고, 그가 정기적으로 부인들을 한 명씩 방문했다. 헨드리는 부인들과의 사이에서 열세 명의 자식을 두었다. 아들이 넷, 딸이 아홉이었다.

넬슨은 네 아들 중 막내로, 아버지의 부인들과 한 사람씩 같이 살면서 시간을 보냈다. 넬슨은 모두를 자기 어머니로 여겼고, 공손하게 그들을 대했다. 네 명의 부인도 저마다 하나같이 넬슨을 사랑하고 지원해줬다. 네 명의 어머니가 가진 시각과 조언을 받아들이면서 복잡성을 추구하는 태도와 성 편견 없는 태도가 길러졌다.

또 코사족 전통에 따라 넬슨은 사촌들도 형제자매로 여겼다. 이러한 전통은 넬슨이 주변의 사람들에게 영향을 미치는 긍정적인 방식을 형성했고, 이를 통해 멘토를 찾는 태도와 수완 좋은 태도를 길렀다.

넬슨은 아버지와 친척들에게 백인들이 쳐들어온 이야기, 그들의 군대에 맞서 싸운 자랑스러운 선조들의 이야기를 들으면서 자랐다. 그는 집에서 자연스럽게 아프리카 문화와 역사 이야기를 들으며 문화적 정체성을 키웠고, 인간의 형제애와 자비를 뜻하는 아프리카인의 관념인 '우분투'도 배웠다.

## 서구 문명을 접하고, 새로운 가족에 녹아들다

노세케니는 독실한 기독교 신자가 되었다. 넬슨은 일곱 살 때 감리교회에서 세례를 받았고, 기독교계 학교를 다니게 되었다. 그는 가족 중에서 처음으로 학교에 들어간 사람이었다. 넬슨의 부모는 문맹이었다. 넬슨은 제도권 교육을 유럽 선교 기관에서 받았다. 하지만 아프리카식 가정교육도 받으며 이를 지혜의 원천으로 삼았다.

유럽과 아프리카 전통 모두에 대한 호기심이 넬슨의 독서와 배움에 대한 애정을 키웠고, 그 결과 넬슨은 아프로-유럽인으로 성장하게 되었다. 이는 이중문화적인 정체성을 기르는 데 도움이 됐으나, 그 때문에 내적으로 심한 갈등을 겪기도 했다. 본인 같은 남아프리카 사람들을 억압하는 자들에 대해 알게 되는 것은 도움이 되었지만, 억압받는 자들이 너무 안타까웠기 때문이다.

열두 살 때 아버지가 폐병으로 세상을 뜨면서 넬슨의 세계는 급변했다. 노세케니는 남편의 뜻을 받들어, 아들이 존경할 만한 아버지 같은 존재가 있는 다른 가족과 같이 살게 하기로 결정했다. 아들에게 더 나은 환경과 기회를 주기 위해서였다.

넬슨은 갑작스럽게 자신의 세상 전부와도 같은 아버지의 죽음에 슬퍼했다. 하지만 자신이 더 큰 세상으로 나갈 수 있도록 교육받고 준비하기를 아버지가 바랐다는 사실도 잘 알았다. 아버지의 꿈에서 힘을 발견했기에 넬슨은 새 가족의 집에 도착했을 때 눈물을 흘리지 않고 어머니를 보내드릴 수 있었다. 이를 통해 큰 그림을 생각하는 태도와 독립적인 태도를 길렀다.

템부족의 섭정왕 종인타바 달린데보 Jongintaba Dalindyebo는 넬슨을 자기 집에 받아들이고 그를 친아들처럼 대했다. 달린데보는 넬슨의 후원자이자 멘토가 되었다. 하지만 넬슨은 자신이 외부자 같다는 생각을 지울 수가 없었다. 새로운 가족과 세계가 이전과 너무나도 달랐기 때문이다. 그래도 달린데보가 한결같이 넬슨을 친자식들과 똑같이 대하자, 넬슨도 새로운 가족의 세계에 녹아들 수 있었다.

달린데보 부부는 엄격했으나 공정했다. 넬슨은 결코 그들의 애정을 의심하지 않았다. 그는 집안일을 많이 했는데, 특히 달린데보의 양복 다림질을 가장 즐거운 마음으로 했다. 정성 들여 바지 주름을 만드는 데 대단한 자부심을 느끼면서 맡은 일을 해나갔다. 이를 통해 그의 근면 성실한 태도를 길렀다.

달린데보는 넬슨의 행동거지에 대해 한마디도 보태지 않았다. 하지만 넬슨은 달린데보를 자신의 롤모델로 삼았다. 십대 시절 넬슨은 궁정 및 정기 부족회의에서 민주주의 절차를 배우는 데 주력했다. 또 그는 달린데보가 이 회의에서 발휘하는 리더십에 빠져들었다. 달린데보는 대립하는 관점들에서 합의를 끌어내기 전까지 사람들의 말을 잠자코 경청했다. 넬슨은 달린데보의 리더십을 모방하려고 노력했고, 이는 넬슨의 큰 그림을 생각하는 태도와 자기성찰적인 태도를 키웠다.

다양한 관점에 대한 달린데보의 개방성은 넬슨의 개방적인 태도와 복잡성을 추구하는 태도를 길러줬다. 이는 훗날 그가 공산당, 인도의 비폭력 저항운동, 심지어 교도관과 노동자들의 다양한 시각과 이념까지도 열린 자세로 받아들이는 사람이 되도록 했다. 또 결국 합의를 이뤄내는 넬슨만의 고유한 리더십 스타일 형성에도 영향을 끼쳤다.

넬슨은 일찍이 타인의 장점을 알아보는 법을 배웠고, 할 수 있는 한 최선을 다해서 그 장점들을 모방하려고 애썼다. 그는 달린데보의 아들 저스티스Justice를 모든 면에서 우러러보았다. 넬슨은 네 살 위인 저스티스가 대단히 똑똑하다고 생각했다. 그래서 그에게 뒤지지 않으려고 부지런히 공부했다. 저스티스는 넬슨의 새로운 멘토이기도 했다. 아버지인 달린데보의 뒤를 이어서 템부족 섭정왕이 될 저스티스와는 달리, 넬슨은 자신의 불확실한 미래를 받아들였다.

넬슨은 선교 기관들의 제국주의는 비판했지만, 선교의 전통과 그 선한 목적 자체는 긍정했다. 그리고 선교의 원래 의미를 견지하고 제국주의적 관료들에 반기를 들었던 백인 교사들은 존경했다. 이를 통해 그의 반항적인 태도가 강화되었다.

넬슨은 실제로 감옥에 있을 때 옛 은사들에게 고마움을 전하는 편지를 종종 쓰곤 했다. 넬슨과 저스티스가 다닌 클라크버리 중등학교의 이 사이자 교사인 세실 해리스Cecil Harris 목사는 넬슨의 첫 번째 백인 롤모델이기도 했다. 그는 넬슨에게 인종 화합의 태도와, 정원 가꾸기에 대한 애정의 씨앗을 심어주었다.

## 뜻을 세우고 묵묵히 그 길을 걷다

스물한 살 때 넬슨은 저스티스가 먼저 입학한 포트헤어대학교에 들어갔고, 스물세 살 때 학생대표위원회로 선출되었다. 학생들이 형편없는 음식과 학생대표위원회의 부족한 권한을 이유로 보이콧을 진행하자, 그는 학생대표위원회에서 물러나 학생들 편에 섰다. 그런데 대학 측은 넬슨을 퇴학시키며 그가 학생대표위원회로 복귀하는 경우에만 복학할 수 있다는 조건을 내걸었다. 영국 치안판사에게 맞섰던 아버지처럼 넬슨도 자신의 신념을 꺾지 않았다. 결국 그는 대학 중퇴자가 되고 말았다.

집으로 돌아간 넬슨은 달린데보가 부족의 관습에 따라 자신의 중매결혼을 준비 중이라는 걸 알게 되었다. 넬슨은 관습을 거스르기로 마음먹고, 황소 두 마리를 훔쳐 돈을 마련해 요하네스버그로 도망쳤다. 한 몸을 건사하기에 충분한 금액이 아니었기에 결국 몇 달 동안 먹을 것과 돈이 없어서 고생하게 되었다.

그런 넬슨에게 사촌이 장차 아프리카민족회의 지도자가 될 월터 시술루Walter Sisulu를 소개해주었다. 시술루는 남아프리카를 바꾸고자 하는 열망이 가득한 청년이었다. 그는 넬슨이 라자르 시델스키Lazar Sidelsky가 운영하는 유대인 법률사무소에 서기로 취직하게끔 도움을 주었다.

  백인이 흑인에게 일자리를 주는 것은 극히 드문 일이었다. 시델스키는 아프리카인의 교육에 관심을 가지고 아프리카 학교들에 돈과 열정을 쏟는 인물이었다. 넬슨의 새로운 멘토가 된 시델스키는 넬슨에게 정치인이 아니라 성공한 변호사가 되어 아프리카 사람들의 롤모델이 되라고 거듭 조언했다.

  시델스키의 조언에도 불구하고 넬슨은 스물여섯 살 때 아프리카민족회의에 들어갔고, 아파르트헤이트에 맞서는 운동에 적극적으로 참여했다. 아파르트헤이트는 1948년부터 1994년까지 남아프리카 흑인의 인권을 제한한 극단적인 인종차별정책이었다. 넬슨은 시술루, 올리버 탐보Oliver Tambo와 함께 아프리카민족회의청년동맹ANCYL을 출범했다. 그리고 서른세 살 때 이 조직의 회장이 되었다.

  경찰이 비무장 상태인 남아프리카 흑인 69명을 학살하고 이에 따른 후속 조치로 아프리카민족회의를 금지하자, 넬슨은 비폭력 저항 노선을 버리고 사보타주와 게릴라 전술을 펼쳤다. 그리고 이 때문에 27년 동안 감옥살이를 하게 되었다.

  수감 생활은 넬슨의 저항정신을 억누르지 못했다. 대신 생각하고 성찰할 시간과 공간이 되어줬다. 그는 도전과 고난을 극복하고서 위대함에 이른 지도자들의 전기를 주로 읽었다. 독서는 그에게 영감과 깨달음을 줬다. 넬슨은 심지어 일부 교도관과 노동자들에게 아버지 같은 존재가 되었다.

수십 년이 흐른 뒤, 그는 감옥살이를 하지 않았더라면 아파르트헤이트를 종식시킨 리더십을 지니지 못했으리라고 회고했다. 결과적으로 그는 세계에서 가장 위대한 영웅들 가운데서도 돋보이는 존재로 도약했다.

## 넬슨 만델라의 지적 교류

멘토인 달린데보와 저스티스를 비롯한 토양 풍토에서 넬슨의 토양 태도가 길러졌다. 이는 훗날 월터 시술루, 올리버 탐보와의 지적 교류를 가능하게 만들었다.

### 더 나은 미래를 꿈꾸며 의기투합한 월터 시술루

여섯 살 위인 월터 시술루와의 우정을 통해 넬슨은 단순히 자신의 부족이나 지역뿐만 아니라 아프리카인 전체에 대한 의무를 인식하기 시작했다. 그는 시술루의 집에 들어가서 살았다. 시술루는 넬슨의 롤모델이자 멘토, 평생의 친구가 되었다. 넬슨의 첫 번째 부인은 시술루의 사촌이기도 했다.

### 오래도록 힘이 되어준 올리버 탐보

넬슨은 포트헤어대학교에서 올리버 탐보를 만났다. 두 사람은 함께 남아프리카 최초의 흑인 법률사무소를 열었다. 탐보는 넬슨이 마흔네 살 때부터 일흔한 살 때까지 긴 수감 생활을 하는 동안 그를 뒷바라지했다. 넬슨이 예순한 살 때 탐보는 넬슨의 석방을 위해 캠페인을 벌였고, 이는 아파르트헤이트에 반대하는 국제 사회의 격렬한 항의에 불을 지폈다. 탐보의 캠페인은 넬슨의 수감에 대중의 시선과 국제적인 관심을 불러일으켰다. 점점 더 많은 사람이 아파르트헤이트를 규탄했고, 이런 여론은 그의 석방에도 도움이 됐다.

## 혁신을 낳은 넬슨 만델라의 ION 사고

열두 살 때 달린데보를 만난 넬슨은 리더십 전문성을 키우기 시작했고, 토양 태도와 비바람 태도로 가능해진 틀 안 전문성을 활용했다. 달린데보의 리더십을 관찰하면서 넬슨은 민주주의란 모든 사람의 목소리를 들어야 하고, 의사결정에는 반드시 모든 사람의 의견이 포함되어야 함을 배웠다.

넬슨은 멘토인 시술루의 조언에 따라 아프리카부족회의와 이 단체의 아파르트헤이트 저항 활동에 참여하면서 리더십 전문성을 발전시켰다. 시술루, 탐보와 함께 아프리카민족회의청년동맹을 결성하고 나중에는 지도자 자리에까지 오르면서 그 전문성이 만개했다.

넬슨은 자신의 전문지식과 기술을 토대로 남아프리카의 미래를 맨 처음 상상할 때, 햇살 태도와 공간 태도 덕분에 가능해진 틀 밖 상상력을 활용했다. 국가는 그에 속한 사람 모두의 것이라는 관점에서 공동체를 제시했다. 이 이념은 '우리 대 그들'이라는 대립적 사고방식에서 급진적인 도약을 이룬 결과였다.

그 당시 정치인은 집단 간의 차이를 강조함으로써 힘을 얻어냈고, 오로지 본인에게 투표한 집단만 대표했다. 하지만 넬슨은 기존보다 폭넓은 공동체의 개념을 제시했다. 기독교계 학교의 훌륭한 교사들과 첫 직장의 고용주인 시델스키와의 교류로, 그는 흑인과 백인 사이에 차이점보다는 공통점을 훨씬 더 많다는 사실을 알게 되었다. 이는 흑백 이분법을 강화하는 대신 틀 밖 상상력을 향상시켰다.

넬슨은 4S 태도 덕분에 가능해진 새 틀 융합력을 활용하여 아프리카와 유럽의 문화적 경험에서 나온 반대되는 시각과 상황을 합쳤다. 그는 (1) 우분투를 비롯한 아프리카의 문화와 역사, (2) 유럽 선교사들의 온정, (3) 제국주의자의 시각, 역사, 문학, (4) 인도의 평화적 저항에 관한 철학, (5) 공산당의 철학, (6) 본인의 수감 생활 경험을 결합했다.

독특하게 합성된 아이디어들을 자신만의 민주주의로 탈바꿈시킬 때 넬슨은 새 틀 융합력을 사용했다. 일흔두 살 때, 역시 '10년 법칙'에 따라 전문성을 개발하기 시작한 지 10년도 훨씬 더 지났을 때 그는 아파르트헤이트를 종식시키기 위한 프레데리크 빌렘 데 클레르크 Frederik Willem de Klerk 대통령과의 협상에서 자신의 민주주의 구상을 전했다.

넬슨은 불가피해 보였던 인종 간 전쟁을 막아내고 평화혁명을 이끌어, 남아프리카에서 인종차별 없는 민주주의를 이룩했다. 1993년, 일흔네 살의 넬슨은 데 클레르크와 함께 노벨평화상을 공동 수상했다. 그리고 마침내 일흔다섯 살 때 남아프리카 최초로 민주적 절차에 따라 대통령으로 선출되었다. 데 클레르크는 부통령 자리에 올랐다.

　이밖에도 넬슨 만델라가 혁신가로서 결실을 맺은 사례는 많지만, 지금부터는 비바람 풍토가 무엇인지, 이것이 개인의 창의력 발달에 어떤 영향을 미치는지 더 깊게 살펴본다.

## 거센 비바람 풍토 조성하기

비바람이 들이닥치기 전에 반드시 온전한 햇살 풍토를 갖춰야 한다. 비바람 풍토는 온전한 햇살 풍토 아래에서만 제대로 기능한다. 식물이 비옥한 토양에서 밝은 볕을 쬐어 제대로 뿌리를 내린 뒤에야 비바람이 몰아쳐도 굳건히 버틸 수 있다. 혁신가도 이와 같다.

이런 동시에 태양 풍토가 온전히 갖춰진 다음에는 꼭 비바람 풍토가 필요하기도 하다. 비바람 없이 볕만 쬐면 식물의 싹, 꽃, 어린 열매가 해를 입는다. 마찬가지로 사람에게도 햇살 풍토 이후 비바람 풍토가 없으면 한낱 몽상가에 그치고 말 수 있다.

숲에 들이닥치는 비바람은 그 자체로 고난이지만, 숲에 수분을 제공하고, 상한 가지를 솎아내며, 튼튼한 식물들이 더 깊게 뿌리내릴 수 있게

해 큰 고난과 역경에도 살아남게끔 돕는다.

비바람 풍토는 개인에게 높은 기대치와 도전을 설정한다. 이는 비바람 태도를 키우는 데 직접 영향을 미친다. 비바람 풍토가 비바람 태도를 기르면 뚜렷한 관심을 열정으로 탈바꿈시키는 전문성을 키우게 된다. 일단 진실로 뭔가를 잘하게 되면 열정이 커진다. 비바람 태도 덕분에 불굴의 노력가가 되고, 틀 안 전문성과 새 틀 융합력을 발휘할 수 있다.

## 열매를 맺으려면 추위도 필요하다

혁신가의 부모는 배움과 고생을 귀하게 여긴다. 그리고 남들보다 늦게 결혼한다. 보통은 30대가 될 때까지 기다렸다가 첫 아이를 갖는다. 정서적으로 성숙하고, 육아에 더 힘을 쏟을 수 있을 때 말이다.

정원사는 밖에서 자라는 나무들을 겨울 비바람으로부터 보호하고 몸통 보호대로 지지해주기는 하지만, 그러면서도 줄기가 제약 없이 뻗으며 자랄 수 있게끔 해주기도 한다.

이와 유사하게 혁신가의 부모는 초기에 긍정적인 애착을 제공하면서도 아이가 집을 떠나기 전에 사회의 풍파에 대비할 수 있도록 준비시킨다. 아이들의 정서적 자원, 도전을 극복하는 낙관주의, 부모에게 매달리기보다는 본인만의 고유한 정체성을 키우는 독립성을 길러준다.

혁신가의 부모는 적절한 시기에 가족 구성원으로의 역할보다 독립성을 강조하고, 아이들은 가족을 떠나서 독립적인 경험을 쌓게 된다. 탁월한 양육자는 아이에게 작은 것부터 혼자 힘으로 해낼 수 있도록, 매사를 누군가와 함께해야 하는 것은 아님을 가르친다. 또 길을 찾을 때 타인이나 GPS에 의지하지 않도록 기본 경로를 알아두도록 가르치기도 한다.

탁월한 양육자는 아이가 어른들의 행동을 보고 배우게, 설명서 또는 안내 책자를 잘 읽게 돕는다. 또 요리, 청소, 가계부 쓰기 등 기본적인 집안일을 함께 하기도 한다. 어린 혁신가는 독립의 과정을 거치며 자신을 단련하고, 자기효능감을 키우고, 애매모호한 세상에서 불확실성을 자연스레 받아들이게 된다.

### 일찍 가지치기해야 나무가 곧게 자란다

너무 과하지도, 덜 하지도 않은 가지치기는 꽃을 피우고 열매를 맺는 쪽으로 나무의 영양소가 흐르게 한다. 마찬가지로 적절한 훈육은 아이의 에너지를 창의력 발달 쪽으로 흐르게 한다.

훈육을 너무 안 하면 아이의 잠재력이 묻히고, 훈육을 과하게 하면 아이의 독립성, 자기 수양, 위험 감수 능력을 제한하여 창의력 발달을 저해한다. 아이의 훈육에는 4가지 주요 양육 방식이 있다. 통제적 양육, 길잡이 양육, 자유방임적 양육, 방치적 양육이다.

통제적 양육자는 따뜻함을 감추고 아이에게 행동 방식을 명령한다. 길잡이 양육자는 따뜻함을 보이며 높은 행동 기대치를 설정한다. 자유방임적 양육자는 따뜻함을 보이면서 아이의 행동에 통제력을 거의 행사하지 않는다. 방치적 양육자는 요구하는 것도 거의 없고 아이에게 무심하다. 길잡이 양육 방식이 아이들의 창의력 발달에 가장 좋다.

길잡이 양육으로 아이의 한계와 행동의 틀을 설정함으로써 아이는 자기 수양 능력을 키우게 된다. 탁월한 양육자는 처벌이나 비판으로 아이에게 경계를 가르치고, 아이는 이 경계가 어떤 식으로 자신을 안전하게 지켜주는지를 배우게 된다. 자기 수양이 안 되면 브레이크 없는 차처럼 어디로 치달을지 모르게 될 수 있다.

탁월한 양육자는 아이에게 쇼핑, 게임 등 단기적인 즐거움보다 윤리, 원리, 가치 등 장기적인 목표에 집중하도록 한다. 그리고 현실적으로 마주할 수 있는 문제, 예컨대 술, 담배, 약물, 성생활, 10대 임신 등이 발생하기 전에 아이들과 정확한 통계적 사실들을 공유하면서 그 문제들에 관하여 논리적으로 토론해본다.

또 직업적 성취처럼 장기 목표에 동기를 부여하는 희망, 자부심 등의 정서는 늘리고, 여가나 즉각적인 만족감처럼 단기 목표에 동기를 부여하는 감각적 자극에 과하게 이끌리지 않게 돕는다.

일찍부터 길러진 어린 혁신가의 독립성은 술, 담배, 약물 등에서 거리를 두게 하고, 스스로 단련하고 목표에 집중하는 힘을 준다. 술과 담배는 때때로 창의력의 원천처럼 여겨지기도 하지만, 진정한 혁신에는 세부 사항에 집중하고 끝까지 마무리하는 과정이 필요하다. 두 물질은 사고를 둔화시켜 이 과정을 저해하고, 뇌의 여러 영역을 변형시킬 수도 있다.

탁월한 양육자는 오랜 시간에 걸쳐 단련해낸 전문성이 아름답고 강력한 무기임을 아이들에게 가르친다. 또 장기적인 결과에 노력을 쏟으면 본인의 '운'을 직접 만들 수도 있다고 가르친다. 이때 탁월한 양육자는 조너스 소크Jonas Salk와 알렉산더 플레밍Alexander Fleming의 사례를 활용할 수 있다.

조너스 소크는 유치원에 다닐 때부터 의대생 시절까지 내내 바이러스를 연구했다. 바이러스가 호기심에 불을 붙였기 때문이다. 그러고는 대학 연구소에서 10년을 더 일하면서 바이러스 전문가가 되었다. 그는 철저히 준비해온 혁신가였기에 소아마비 백신을 발견할 수 있었다. 소아마비 백신은 우연히 발견한 것이 아니다. 알렉산더 플레밍은 수년간 철저히 연구에 몰두하며 박테리아를 죽이는 방법을 연구했다. 그래서 더러운 접시에 있던 페니실린을 우연히 발견하고서 그 진가를 바로 알아볼 수 있었다.

한결같이 끈질기게 버틴 사과나무가 더 질 좋은 열매를 맺는다. 탁월한 양육자는 꾸준히 집요하게 작은 노력을 실천함으로써 최상의 결과를 얻는다. 한 달에 한 번 5시간씩 거창하고 장황하게 토론하기보다는, 매일 10분씩 훈육하고 지도한다.

대다수 어른은 아이의 사회적 성장이나 긍정적인 행동보다는 학업이나 부정적인 행동에 관심을 기울이는데, 이것이 되레 아이의 부정성을 키운다. 탁월한 양육자는 긍정적인 행동과 부정적인 행동, 학업과 사회적 성장에 모두 관심을 기울인다. 경직된 규칙에 기대는 대신 사려 깊은 유연성을 발휘하면서 아이들을 지도한다.

탁월한 양육자는 아이들이 선택권이나 토론, 질문 없이 규칙에 복종하기를 기대하지 않는다. 결정 방식이나 규칙에 대해서 설명해주고, 아이 역시 결정을 내리고 규칙을 설정하는 과정에 참여하도록 독려한다. 이를 통해 아이는 유연한 사고와 자기 수양 능력을 키운다.

탁월한 양육자는 아이들이 양육자의 의견에 동의하지 않아도 되게끔 함으로써, 또 아이들의 주장을 귀담아듣고 양육자가 그렇게 생각하는 이유를 이해시킴으로써 아이들에게 두려움 대신 영감을 준다.

탁월한 양육자는 명확한 기대치와 명분을 가지고 즉각적이고 균형 잡힌 태도로 훈육한다. 개방적이고, 솔직하며, 논리적인 양방향 소통을 활용한다. 강압적일 정도로 엄격하지도 않고, 체벌을 가하지도 않는다. 아이가 기대에 부응하지 못할 때 탁월한 양육자는 기대치를 더욱 명확하게 제시하고, 아이의 자유의지를 존중하면서 그 기대치를 충실히 지킬 것을 요구한다.

탁월한 양육자는 통제하거나 구속하기보다는 아이가 탐구적인 활동을 통해서 본인의 실수를 바로잡기 쉽게 돕는다. 그리고 아이를 끈질기게 관찰하여 반드시 올바른 교훈을 배우고, 그 교훈을 견지하면서 자기 수양 능력과 근면 성실함을 키울 수 있게 한다.

## 씨를 뿌리기 전부터 꽃과 열매를 기대한다

 탁월한 양육자는 아이에 대해 일찍부터 높은 기대치를 설정한다. 아이의 기대는 일찍이 부모의 기대에 따라 취학 전 혹은 유치원 때 형성되는데, 이는 유년기뿐 아니라 아이가 다 크고 난 다음의 성취에도 영향을 미친다.

 탁월한 양육자는 본인은 물론이고 아이들에게도 높은 기대와 근면 성실함을 불어넣고, 일찍부터 큰 책임을 부여한다. 탁월한 양육자는 아이와 함께 매주 따르고 완수해야 하는 과업을 표로 만든다. 조직적인 환경을 조성하여 아이가 정리하고 집중하도록 독려한다.

 탁월한 양육자는 아이에게 정리 기술, 시간 관리 및 우선순위를 정하는 기술도 가르친다. 물건마다 놓여 있을 공간을 정하고, 일별, 주별, 월별 과제를 보드나 달력 등에 시각화해 일정을 정리하게 돕는다. 최선을 다하라고 아이들을 다그치기보다는 구체적인 목표를 설정하게끔 돕는다.

 탁월한 양육자는 자유와 재미를 중시하면서 아이의 고유한 잠재력을 일깨워준다. 대단한 노력 없이도 우수한 결과를 도출해낸 아이들은 진정으로 뛰어난 게 아니다. 되레 본인의 잠재력을 낭비한 것에 가깝다. 흥미로운 과제나 활동을 제공하고, 반복적인 과제나 활동은 피하면서 지식이나 기술의 습득 또는 숙달 정도의 기대치를 구체적으로 얘기해준다. 또 아이의 준비 정도를 가늠한 뒤 그에 맞춘 적절한 도전거리를 던져준다.

 탁월한 양육자는 아이들이 목표 도달에 필요한 기술과 방법을 가르쳐

주고, 어디에 집중해야 하는지 알게끔 도와주며, 적절한 동기를 부여한다. 탁월한 양육자는 아이들이 일지나 달력에 표시해둔 목표의 진척 상황을 스스로 점검할 수 있도록 시간표를 활용하고, 해낸 것과 아직 해내지 못한 것을 기록하고, 아이가 목표를 남들과 공유해 의무감을 갖게 한다. 그리고 목표의 진척 상황에 관하여 피드백을 제공하고, 큰 목표를 향해 가는 과정에서 아이가 중대한 이정표를 세우거나 작은 목표를 달성할 때면 영화, 연극, 온천, 여행 등의 보상을 주거나, 아이 스스로 자신에게 보상을 해주게끔 한다.

어린 혁신가는 더 높은 목표를 추구하고 달성하면서 성실하게 성장한다. 이들의 높은 성취에는 큰 내적 만족감과 현실적인 외적 보상이 따라온다. 이는 더 높은 목표 설정으로 이어진다. 어린 혁신가는 이런 선순환 구조에서 본인의 잠재력을 최대한 발휘할 수 있게 된다.

## 거센 비바람이 깊은 뿌리와 튼튼한 줄기를 만든다

어린 혁신가는 자기 수양과 근면 성실함으로 도전을 극복함으로써 구체적인 과업을 수행하는 데 필요한 자기효능감을 키운다. 자기효능감은 자부심이나 자신감과는 다르다. 오직 자기효능감만이 회복력과 끈기, 자신이 가진 관심사의 전문성을 향상시킨다. 올바른 자기효능감은 진로를 결정하는 데도 유용하다.

그런데 오늘날에는 아이의 자부심이나 자신감이 과잉되는 경향이 있다. 보통 수준의 성취를 이룬 아이에게 트로피를 주는 것은 사실 모두에게 해가 된다. 끊임없고 과장된 긍정 피드백은 아이들이 목표를 달성하는 데 정말 필요한 것을 빼앗는다. 해롭거나 비윤리적인 행동, 게으르거나 모자란 성과에는 비판이 필요하다. 부풀려진 자부심은 반사회적 성향을 키울 수 있다.

탁월한 양육자는 목표 추구와 그 달성에서 행복이 온다고 가르치고, 아이에게 목표를 이루는 데 필요한 정보와 영감을 제공한다. 어린 혁신가는 스마트폰과 텔레비전을 보면서 좋은 일이 생기기를 바라기보다는 자신의 목표 달성에 유익한 독서나 사회적 활동에 참여한다.

탁월한 양육자는 과거의 성공 경험을 통해서 아이가 과업에 대한 정확한 자기효능감을 키워 목표를 달성하도록 도와준다. 그리고 아이의 긍정적인 행동에 대해서는 진심으로, 구체적으로, 즉각적으로 칭찬해주면서 기대하는 바를 명확하게 한다.

단, 아이들이 스스로 더 잘할 수 있었다고 느끼는 경우에는 "대단해!"라는 말을 하지 않는다. 탁월한 양육자는 두루뭉술한 칭찬, 타고난 것에 대한 칭찬, 단순한 결과에 대한 칭찬을 하지 않는다. 실력 향상을 위해 보인 끈기, 전략, 방법, 자체 수정, 골똘한 집중 등 그 과정에서 무엇이 좋았고, 왜 좋았는지 등 아이가 들인 노력을 칭찬한다. 더불어 아이들이 칭찬을 반박하거나 부인하기보다는 정중하게 받아들이도록 가르친다.

탁월한 양육자는 긍정적인 피드백과 부정적인 피드백을 함께 제공하면서 아이들에게 내재된 힘을 구체적으로 발견하고 키운다. 어린 혁신가는 본인의 강점과 약점을 구체적으로 알게 되면서 내면의 통제력을 키우고, 성공과 실패는 자신의 통제력 밖에 있는 것이 아니라, 자기 자신에 의해서 좌우된다는 사실을 알게 된다.

이들은 과업을 지나치게 어려운 것으로 인지하지 않는다. 성공을 내다보면서 과업을 이룰 수 있는 신중한 접근법을 취한다. 노력을 기울이고 오랜 시간 집요하게 매달리면서 높은 목표에 헌신한다.

## 나무의 회복력은 거센 강풍을 견디고 무거운 열매를 맺게 한다

어린 혁신가의 회복력은 순탄치 않은 창의력 개발 과정에 닥칠 수 있는 긴장과 고립에 대비할 수 있게끔 해준다. 탁월한 양육자는 아이를 애지중지하기보다는 도전의식을 북돋고, 훈육하고, 아이의 정신을 다듬는 데 시간을 더 많이 할애한다. 그리고 아이가 본인의 강점을 강화하고, 전문성을 키우며 뿌듯해하도록 도우며 회복력을 길러준다.

탁월한 양육자는 아이가 전념하고 있는 것에 대해 확신이 없는 경우에 긍정적인 피드백을 준다. 그러다가 아이가 전문지식과 기술을 더 많이 습득하고 전념하며, 목표를 향해 가는 과정에서 부족함을 보이면 부정적인 피드백을 제공한다. 아이에게 비평의 수용 및 대응 방법을 가르쳐주고 솔직하면서도 건설적인 피드백을 제공한다. 즉, 아이와 충분히 친밀한 관계를 구축하고 난 다음에야 부정적인 피드백을 한다.

탁월한 양육자는 부정적 피드백 전에 충분히 의견을 나눌 시간과 공간을 확보한다. 신중하게 시간을 잡고, 타인이 없는 중립적이고 편안한 장소를 선택한다. 따뜻한 분위기를 조성하고 눈을 맞추면서 물리적으로 가까운 거리를 유지한다.

탁월한 양육자는 말하기 전에 먼저 듣는다. 미소와 긍정적인 제스처를 보이며 객관적이고 우호적인 자세를 취한다. 미래의 성공을 위한 현실적인 목표와 기대하는 바를 알려주는데, 향상의 여지가 있는 구체적이고 성취 가능한 목표에만 집중한다.

탁월한 양육자는 사람 자체보다는 과업 중심 특성에 초점을 맞추고 자신이 보기에 필요하고 실행 가능한 방식으로 부정적인 피드백을 준다. 진심에서 우러나온 칭찬부터 한 다음, 아이가 압도당하지 않을 정도로만 부정적인 피드백을 제공한다. 사소한 것부터 시작해 몇 가지만 비판하고, 나머지는 다음번에 논의한다. 미래의 목표에 집중하고, 과거사는 꼭 필요할 때만 되짚는다.

탁월한 양육자는 목표나 목적을 명확히 하기 위해 부정적인 피드백을 진행한다. 그리고 실력 향상을 위한 자기만의 아이디어를 생각해내라고 독려함으로써 아이들이 부정적인 피드백을 토대로 스스로 목표를 설정하게끔 돕는다. 다음번에는 먼저 아이들의 노력과 진척 상황에 대해서 이야기를 나누고 칭찬한 다음 부정적인 피드백을 진행한다.

탁월한 양육자는 아이를 과잉보호하는 대신 아이가 성공과 실패를 경험하도록 노출시킨다. 이들은 아이들에게 넘어지거나 실패하는 것을 두려워하지 말라고 가르친다. 밖에서 놀면서 탐험하고, 발을 헛디디고, 더러워지고, 넘어지고, 다치고, 멍들고, 심지어 울고 난 다음에도 툭툭 털고 일어서게 한다.

또 일찍부터 자주 계획이 흔들리거나 실패하는 것을 경험토록 한다. 실수에서 배우고, 혼자 힘으로 일어나서 다시 해보게 한다. 마이클 조던이 한 말 그대로다. "나는 선수생활을 하면서 9,000개가 넘는 슛을 놓쳤다. 거의 300회에 달하는 경기에서 패배했다. 승패를 가를 수 있는 슛 기회에서 26번이나 실패했다. 나는 사는 내내 계속해서 실패하고 또 실패했다. 이게 바로 내가 성공한 이유다."

탁월한 양육자는 실패를 두려워하지 말고 그것을 긍정적인 동기이자 요인으로 삼으라고 가르친다. 아이들을 지원하고 이끌어주는 과정에서 남을 돕는 법도 보여준다. 이런 실패를 하나씩 극복함으로써 어린 혁신가는 내면의 회복력을 키울 수 있다.


### 온실 밖의 나무가 열매를 더 잘 맺는다

탁월한 양육자는 아이가 그냥 앉아서 배운 것만 받아들이기보다는 적극적이고 능동적으로 실험하고, 탐구하고, 위험을 무릅쓰고, 자신의 환경을 바꾸도록 독려한다. 자기효능감과 회복력 덕분에 어린 혁신가는 현실 세계에서 위험을 감수하는 데 겁을 먹지 않는다.

 탁월한 양육자는 아이의 완벽주의를 타파한다. 완벽주의는 실수나 실패를 받아들이지 못하도록, 그래서 위험을 감수하지 못하도록 막기 때문이다. 그보다는 아이가 물리적, 지적 위험을 받아들이도록 독려한다.

 탁월한 양육자는 결과물에 대한 즉각적인 평가를 주는 대신 재미있는 분위기에서 아이들이 뚜렷한 관심사를 발견하고 표현하도록 돕는다. 그리고 어른들과 함께 정기적으로 요리하고, 새로운 요리법을 만들어내고, 어지른다. 맛이 끔찍하더라도 그 음식을 즐긴다.

 더 나아가 탁월한 양육자는 아이들이 실패 가능성을 마주하도록 권한다. 실패를 완화할 방법을 그려보고, 일의 우선순위를 정하며, 걱정 대신 믿음을 갖고 새로운 아이디어를 적용할 수 있도록 말이다. 탁월한 양육자는 아이의 모험성을 책임 있는 위험 감수 행동으로 전환시킨다.

 탁월한 양육자는 아이에게 불평과 불만 대신 선행을 독려하고, 문제에 대해 불평하거나 문제를 피하는 대신 해결법을 가르친다. 그리고 목소리를 내기 힘든 사람들을 위해서 대신 나서라고 가르친다. 그러면서 마하트마 간디, 루트비히 판 베토벤, 조너스 소크 등 용감하게 위험을 마주하고, 타인의 어려움을 귀 기울여 들은 사람들의 이야기를 들려준다.

 간디는 폭력을 당하면서도 비폭력만이 갈등을 종식시킬 수 있다는 사실을 세상 사람들에게 부단히 상기시켰다. 베토벤은 귀가 먹은 후에도 위대한 음악을 창작했다. 소아마비 백신 발명자 소크는 대중에게 공개하기 전에 백신을 자신과 가족에게 주입할 정도로 용감했다.

## 결국 끈기가 열매를 맺게 한다

결국 혁신가는 재능이 아니라 끈기 덕분에 혁신을 이뤄낸다. 어린 영재의 이른 성공은 대체로 너무 쉽게 찾아온다. 그 결과 사과나무 창의 과정이 진행되는 동안 도전과 좌절에 맞서 인내하며 나가는 데 필요한 회복력과 끈기를 키우지 못한다. 혹은 부모가 과잉보호 혹은 타인과의 상호작용을 제한하는 바람에 독립적인 사고나 지적 교류가 이뤄질 여지가 거의 없어진다.

탁월한 양육자는 아이가 목표에 도달하게끔 독려하기 위해서 처음에는 쉬운 과업 혹은 낮은 위험이 내포된 과업을 제공하고, 점차 도전의식을 북돋우는 과업으로 나아감으로써 일찍부터 끈기를 키워준다. 또 아이가 한꺼번에 전체를 가지고 씨름하기보다는 문제 가운데 일부분을 해결하는 전략을 개발하여 뭔가를 이루거나 문제를 해결하도록 돕는다. 다시 말해 과업을 더 작고 쉬운 조각들로 쪼개어, 각각의 조각을 완수하는 데 따른 성취감을 즐기게끔 과업의 기간과 강도를 점차 늘려간다.

탁월한 양육자는 아이가 도중에 관둔다거나 인터넷 서핑 혹은 채팅으로 정신이 산만해지기보다는 두 가지 과제 사이를 오가도록 가르친다. 똑같은 방식을 반복하면서 다른 결과를 기대하는 대신, 실패로 이어진 원인을 검토하고 다른 방식을 시도해보라고 가르친다. 과업을 달성하거나 문제를 해결함으로써 아이는 애초에 할 수 없으리라고 여겼던 것을 할 수 있는 능력이 자신에게 있었음을 알게 된다. 이를 통해 끈기는 더욱 증진된다.

　탁월한 양육자는 아이에게 상황에서 뒤로 물러나 오류나 실수를 객관적으로 봄으로써 약점을 강점으로 돌리는 법을 가르친다. 그러면서 윌리엄 퍼킨, 스펜서 실버, 존 펨버튼의 사례를 들려주고, 다른 목적과 더 나은 결과를 위해서 실수나 실패를 긍정적으로 해석하는 법을 가르친다.

　퍼킨은 말라리아를 치료 실험에 실패했다. 하지만 좌절하는 대신 실패 결과를 활용해 색이 선명하고 물 빠짐이 없는 최초의 합성염료를 개발했다. 실버는 강력 접착제 발명에 실패했으나 그 결과로 포스트잇을 개발할 수 있었다. 펨버튼은 두통약은 못만들었지만, 대신 코카콜라를 개발해냈다.


## 나무는 뿌리를 더 깊이 내려 가뭄을 이겨낸다

　어린 혁신가는 고난을 마주할 때 그 의미와 목적을 발견함으로써 의심과 불확실성을 극복한다. 읽기, 쓰기, 배우기, 그리기, 만들기 등의 표현 활동으로 정서적 보상, 자기보상 혹은 고통스러운 감정으로부터의 피난처를 찾은 경우, 어린 혁신가의 의심과 불확실성은 사과나무 창의 과정의 촉매제가 된다.

　탁월한 양육자는 아이에게 새로운 상황과 경험에 적응하면서 불확실성을 두려워하지 말라고 가르친다. 아이가 시도해본 적이 없던 것을 해

보도록, 모르는 사람 천지인 행사나 파티에 참석하고, 자기가 사는 마을이나 도시와는 전혀 딴판인 장소를 여행하면서 예측 불가능성과 불확실성을 경험하도록 독려한다.

탁월한 양육자는 안전한 한계선을 넘어 불확실성에 대처하고, 다시금 위험을 감수하는 데 필요한 유연한 사고를 키워주는 여러 사례와 교훈을 제공한다. 가령 월트 디즈니, 커널 샌더스, 헨리 포드 등 불확실성과 미지의 것들을 받아들여 신사업을 발명해낸 혁신가의 이야기를 들려준다. 디즈니는 창의적이지 않다는 이유로 신문사에서 해고당했지만, 본인의 창의력을 믿고서 새로운 애니메이션 영화 산업을 만들어냈다. 그 과정에서 수차례 파산을 겪기도 했지만 결국 세계적으로 유명한 영화 제작자가 되었다. 샌더스는 프랜차이즈 제안을 1,000번 넘게 거절당했지만 꿈을 꺾지 않았다. 그리고 예순다섯 살 때 사회보장 연금으로 받은 수표를 KFC에 투자했고, 마침내 자신과 함께 일할 식당을 찾아냈다. 포드는 자신의 꿈을 향해 가는 동안 세 번의 부도를 맞았지만 계속 자동차를 제조해나갔고, 마침내 '모델 T'를 탄생시켰다.

탁월한 양육자는 규칙에 예외가 있을 수 있고, 어떤 규칙은 다른 시간이나 상황에서만 유효하다는 점도 아이에게 가르친다. 규칙은 존중하되 정중하게 의문을 제기해야 한다고도 가르친다. 그러면서 모호한 과제, 명확한 답이 없는 질문, 개방형 문제 혹은 답이 여럿이거나 또렷한 해법이 없는 현실 세계의 질문들을 던진다. 그리고 다른 아이디어나 사고방식을 반기면서 불완전하거나 불충분한 것을 포함한 모든 답을 고려하도록 독려한다.

  어린 혁신가는 자기효능감과 끈기로써 뚜렷한 관심을 추구하며 얻는 기쁨과 자부심을 바탕으로 불확실성을 수용하는 법을 배운다. 이들은 결국 전문성을 달성함으로써 자신의 뚜렷한 관심을 열정으로 탈바꿈시킨다. 그리고 독특함을 추구할 때 불확실성을 끌어들여 사과나무 창의 과정의 후속 단계에 대비한다.

# 8가지 비바람 태도 기르기

 높은 기대치를 설정하고 도전거리를 제공해 비바람 태도를 기르는 법을 알아봤다. 비바람 태도는 혁신가가 높은 목표를 좇는 동안 여러 도전을 극복하도록 돕는다. 이제 8가지 비바람 태도가 무엇인지, 틀 안 전문성과 새 틀 융합력을 발휘하는 불굴의 노력가를 어떻게 길러내는지 설명한다.

 나의 비바람 태도가 어떤 식으로 길러졌거나 꺾였는지, 혹은 내가 우리 아이들에게 내재된 비바람 태도를 어떤 식으로 길러주거나 꺾었는지를 담은 짧은 일화에서 시작해, 각 태도에 관한 연구 결과 및 틀 안 전문성과 새 틀 융합력에 기여하는 방식을 이야기하려고 한다.

## 1. 독립적 태도

한국에서 받은 장학금은 성적 장학금뿐이었다. 대학과 대학원에 다닐 때 나는 대부분 학기에 장학금을 받았다. 한국에서는 대개 고등학생이 상위권 대학에 들어가기 위해 공부에 매진하다가 대학에 들어가면 공부보다는 사교 활동이나 데이트를 즐긴다. 하지만 나는 매일 과외를 해야 했기에 그럴 시간이 없었다. 그래도 덕분에 어린 나이에 경제적으로 독립할 수 있었다.

나는 남동생의 죽음을 겪으면서 종교적으로도 독립적인 인간이 되었다. 간절한 기도에도 불구하고 동생은 세상을 떠났다. 교회를 못마땅하게 여기기도 했다. 아버지가 가족보다도 교회에 더 많은 시간을 할애했으니까. 나는 교회가 우리 가족에게서 아버지를 뺏어갔다고 생각했다. 더욱이 어머니가 집안일에 더해 아버지의 역할까지 떠맡는 바람에, 3시간 정도밖에 잘 시간이 없다는 사실도 너무 싫었다.

종교는 줄곧 내 눈엣가시였다. 시집 식구들은 불교 신자였다. 하지만 나는 개종을 거부했다. 그들이 조상들을 모신 사당에 절할 때 나는 동참하지 않았다. 시어머니는 한국의 모든 기독교인이 자기 조상 대신 아무런 관계도 없는 백인, 즉 예수를 숭배하는 사악한 종교라며 욕했고, 또 거듭 나를 비난했다.

### 독립적 태도에 관한 연구 결과

혁신가는 대개 너무 독립적이어서 냉담해 보일 수 있다. 잡스는 어린 시절 자신이 입양됐다는 사실을 알고서 정서적으로 독립했다. 그는 친부모의 유전자가 장차 자신에게 어떤 영향을 미칠지 궁금해했다. 시간이 흐르면서 잡스는 가족과 더욱더 멀어졌고, 그 때문에 외톨이가 되었다고 믿었다. 잡스의 이런 모습은 냉담해 보일 수 있다.

독립적인 태도는 타인의 영향력, 도움, 통제로부터 자유롭게 생각하고 행동하는 것이다. 혁신가는 육체적, 정서적, 정신적, 재정적, 지적으로 독립하려고 분투한다. 멘토로부터 무언가를 배우는 동시에 무엇을 할지 선택할 자유는 여전히 갖고 있다.

사회에서는 신문, 텔레비전, 대중매체를 통해 새로운 정보가 생산되고, 많은 이들이 별다른 비판 없이 그러한 정보를 받아들인다. 하지만 혁신가는 주어진 사실들을 그냥 받아들이는 대신 증거를 찾고, 개인적인 관찰과 경험을 토대로 세상을 이해한다.

혁신가는 부정적인 사회적 영향력이나 타인의 통제에서 벗어나 자기만의 뚜렷한 관심사의 전문성을 키우는 데 에너지와 시간을 쏟아붓는다. 비판적 사고력을 포함한 혁신가의 독특한 틀 안 전문성은 독립적인 사고와 행동을 통해서 발달한다.

## 2. 자기 수양적 태도

아버지는 내가 아는 한 가장 자기 수양적이고 근면 성실한 사람이었다. 항상 조용하고, 정돈되고, 깔끔하고, 부지런했다. 아버지는 마을에서 가장 친절하고 예의 바른 남자이기도 했다. 특히 손윗사람들에게 잘했다. 매일 아침 아버지는 할머니 방에 들어가서 큰절을 올리며 문안 인사를 드린 뒤 이부자리를 정리했다.

아버지는 매일 반복적으로 하는 일이 너무나도 많았는데, 그런 일을 한 치의 오차도 없이 똑같은 순서와 방식으로 했다. 농장에서 일하고 교회 일도 거들었다. 추운 겨울에 다른 농부들이 화투를 치고, 술을 마시고, 담배를 피우며 한 해의 노동에서 벗어나 쉬는 시간을 보낼 때, 아버지는 성경을 읽고 교회와 그곳 노인들을 위해 봉사했다.

다행이면서도 불행하게도 아버지는 육아가 오로지 어머니의 책임이라고 여겼다. 덕분에 나는 아버지에게 종교적 간섭을 받지 않을 수 있었다. 나는 아버지를 보면서 나 자신을 단련하는 법을 배웠다. 수년간 내가 만든 창의력 개발법 모형을 완벽하게 만드는 데만 오롯이 집중했다. 나는 먹을 때도, 꿈을 꿀 때도, 어쩌면 이번 생이 끝날 때까지도 그 생각만 할지도 모른다.

### 자기 수양적 태도에 관한 연구 결과

혁신가는 대개 자기 수양이 지나쳐서 강박적으로 보인다. 잡스는 명상을 공부하고, 채식주의자가 되면서 극단적인 식단을 따랐다. 그는 선불교 공부와 명상이 정신적 안녕과 행복을 이루는 데 도움이 된다고 여겼다. 이런 잡스는 강박적으로 보일 수 있다.

자기 수양적인 태도는 목표를 달성하기 위해서 스스로 동기를 부여하고, 자기 자신을 통제하며 관리한다는 뜻이다. 혁신가는 본인의 전문성을 향상하고 목표를 이루는 데 전념한다. 이들은 높은 목표를 설정함으로써 노력의 방향을 목표 쪽으로 겨눈다. 방해요인과 중독적인 행동을 피하면서 정리와 시간 관리 기술을 배운다. 자기 수양적 태도는 좌절과 실패를 마주할 때 더욱 큰 근면 성실함과 끈기가 필요하다는 사실을 일깨워준다.

비바람 풍토에서 혁신가의 자기 수양적인 태도는 보다 많이 배우고 이해할 수 있게 돕는다. 또 해당 분야의 기존 규칙과 제약에 동의하지 않더라도, 그를 따르고 순응함으로써 전문성을 향상할 수 있게 한다. 규칙과 제약은 대체로 혁신가의 유용한 해법과 아이디어를 도출하는 데 도움이 되고, 이를 통해 전문성이 다시 강화된다.

그러고 나면 혁신가의 반항적 태도가 규칙과 제약에 도전하거나, 그것을 깰 수 있도록 해준다. 그런 동시에 여전히 체제나 전통 안에서, 또 자신의 내부에서 변화를 만들어낼 수 있게 한다.

## 3. 근면 성실한 태도

나는 조지아대학교에서 박사학위를 받고 일자리를 얻기 위해 지원서를 49곳이나 넣었다. 몇몇 대학에서는 면접까지 봤는데, 한 곳에도 붙지 못했다.

내가 뭘 놓치고 있는지 알기 위해서 크래몬드 박사, 에베르 박사와 함께 모의 면접을 진행했다. 두 사람은 "당신의 강점과 약점은 무엇입니까?" 같은 내가 실제 면접에서 받았던 것과 똑같은 질문을 했다. 나는 유교적 겸손함과 직업의식을 바탕으로 정해진 대답을 했다.

"저는 강점은 없지만, 열심히 일합니다." 그러고는 자랑스레 이렇게 덧붙였다. "사람들은 저를 워커홀릭이라고 부른답니다." 두 사람은 큰 소리로 웃더니 내 강점 목록을 사실에 기반해 새롭게 정리해줬다. 나는 이 목록을 익히고 본 다음 면접에 합격하여 이스턴미시간대학교에 채용되었다. 만약 내가 유교적 가치들을 계속해서 늘어놓았더라면 지금까지도 일자리를 구할 수 없었을 것이다.

### 근면 성실한 태도에 관한 연구 결과

혁신가는 대개 워커홀릭이라고 불린다. 잡스는 열정을 찾기 전에 뭔가를 정말로 잘할 때까지 근면 성실하게 일해야 한다고 했다. 그는 애플 직원들에게도 얼마나 시간이 오래 걸리건 자기만큼 근면 성실할 것을 요구했다.

그의 직업의식을 좋아하는 사람들도 있었지만, 반대로 증오하는 사람들도 있었다. 잡스는 냉철한 피드백으로 직원들을 밀어붙였고, 직원들을 위해서 일을 더 쉽게 만드는 게 아니라 직원들의 전문성을 높여서 그들이 더 나아지게 만드는 것이 본인의 의무라고 믿었다. 잡스는 워커홀릭처럼 보일 수 있다.

근면 성실한 태도의 특징은 목표 달성에 필요한 능력을 기르는 데 꾸준하게 관심을 기울인다는 점이다. 전문성에서 이어지는 혁신에 별다른 비결이나 지름길은 없다. 한 분야에서 전문성을 키우기 위해선 적어도 10년은 몰입해야 한다. 혁신가는 전문가로, 혁신가로 부상하기 전의 단련 기간에 단조롭고 힘든 일을 지겹게 경험한다. 이들은 성장을 위해서 현재의 행복을 기꺼이 희생한다. 그리고 적재적소에 자신이 쓰일 수 있도록 운을 직접 만들어나간다.

## 4. 자기효능감 있는 태도

아시아인은 자부심이나 자신감을 직접 표출하지 않는 편이다. 서양에서는 타고난 재능이나 외모가 자신감의 원천이 되지만, 고생을 중요한 덕목으로 여기는 유교권에서는 확실히 덜 그렇다. 나만 해도 보통 자신감이 없다. 특별히 창의력에 관한 전문성 부분에는 자기효능감이 있지만, 운전 같은 일상적인 능력에서는 앞으로도 자기효능감이 생기지 않을 것이 분명하다.

내 운전 실력이 얼마나 엉망진창인지 학생들에게 밝히기 전까지만 해도, 미국에서 아시아인이 형편없는 운전자라는 고정관념이 있는 줄은 몰랐다. 그 고정관념이 진실인지 확신할 수는 없으나, 나만큼은 그 고정관념에서 벗어날 수 없단 것을 잘 안다. 다시 말해 나는 끔찍한 운전자다.

### 자기효능감 있는 태도에 관한 연구 결과

혁신가는 대개 자기효능감이 너무 넘쳐서 오만하게 보인다. 대학 시절 아인슈타인을 가르친 교수들은 그가 오만하다고 평했다. 아타리에서 잡스와 함께 일한 동료들도 그가 오만한 사람이라고 여겼다.

자기효능감 있는 태도에는 과거의 성공 경험들을 토대로 특정 과업을 잘해낼 수 있다는 자신감이 따라온다. 혁신가라고 해서 으레 자신감이 넘치는 건 아니지만, 자기효능감은 있다. 자기효능감은 혁신의 가장 중요한 예측 변수들 가운데 하나다. 자기 수양을 바탕으로 오랜 시간에 걸쳐 다져진 근면 성실함은 특정 지식이나 기술의 통달로, 그다음에는 자기효능감으로 이어진다.

혁신가는 본인의 구체적인 강점과 약점, 특정 과업을 어떻게 하면 잘 실행할 수 있는지 잘 알고 있다. 따라서 집요하게 계속해나갈 동기를 부여받고, 전문성을 높인다. 자기효능감과 그에 뒤따르는 전문성을 바탕으로 혁신가의 뚜렷한 관심사는 마침내 평생 가는 열정의 지향점이 된다.

혁신가는 낙관적인 자기효능감을 갖고 있기도 하다. 최악의 것을 다루는 법을 배우면서 최상의 결과를 기대한다. 다양한 영역에 걸친 혁신가의 자기효능감은 회복력, 위험 감수, 끈기의 토대가 된다. 이들은 기회를 받아들이고, 고난을 도전으로 여기며, 사과나무 창의 과정이 진행되는 동안 자신의 열정과 목표를 구현하기 위해 분투한다. 이는 혁신가의 전반적인 안녕과 행복을 촉진한다.

혁신가는 심도 있는 지적 성취를 통해 겸손함을 유지한 상태에서 높은 자기효능감을 유지한다. 본인의 혁신으로 세상을 바꾸는 데 기여한 뒤에도 겸손함을 유지한다. 자신이 달성한 혁신이 거인들의 어깨를 딛고서 가능했던 것임을 잘 알기 때문이다. 혁신가는 자신이 저지른 실수와 실패를 인식하고 있다. 실제로 혁신가는 남들보다 실수와 실패를 더 많이 하는데, 더 많이 시도하는 만큼 더 많이 실패하기 때문이다.

## 5. 굴하지 않는 태도

내가 자란 농촌에서는 다들 배를 주렸다. 내가 초등학생이던 시절, 한국 정부는 미국에서 지원받은 밀로 빵을 만들어 아이들에게 주었다. 매일 아침 선생님이 빵을 나눠주시면, 나를 제외한 다른 아이들은 재빨리 빵을 집어삼켰다. 네 살짜리 남동생은 내가 받은 빵을 얻어먹으려고 학교까지 걸어왔다. 동생이 올 수 없는 날에는 내가 직접 방과 후에 빵을 가져다주었다.

반 친구들은 온종일 내 책상 위에 올려둔 빵을 쳐다봤다. 친구들은 40년이 지난 지금까지도 이 일을 기억하고 있다. 하지만 내가 그 빵을 먹는 일은 한 번도 없었다. 남동생이 빵을 너무나도 잘 먹었으니까.

그런데 내가 열 살 때, 동생은 병에 걸려서 여러 차례 수술과 치료를 받다가 2년 만에 죽고 말았다. 고작 일곱 살이었다. 이 일이 내 인생을 바꿔놓았다. 동생의 죽음이 내 유년기를 앗아가 버리는 바람에 나는 열 살에 어른이 되었다.

동생이 세상을 뜨고 나서 어머니는 더 제정신이 아니게 되었다. 석 달 동안 입원해 있으면서 아들을 따라 죽기만을 바랐다. 하지만 어머니는 두 살짜리 나의 여동생을 돌봐야 했다. 2년 뒤 다행히도 부모님은 또 아들을 낳았다. 새 아들은 태어날 때부터 병약했던 탓에 어머니는 그에게 어마어마한 에너지를 쏟아부어야 했다. 그 힘듦까지도 어머니에게 좋은 일이었다. 덕분에 상실로 인한 어머니의 고통이 누그러졌으니까.

나는 어머니가 다시 슬퍼하지 않도록, 새로 태어난 동생이 죽지 않도록 내가 할 수 있는 건 뭐든지 했다. 나는 아기인 남동생과 여동생의 양육을 도왔다. 동생들을 입히고 씻겼다. 동생들의 옷을 빨아야 하는데, 실내에 수도가 없었던 탓에 겨울에는 꽁꽁 언 추운 강에서 얼음을 깨고 더 참을 수 없을 때까지 고사리 같은 손으로 옷을 비벼 빨았다.

다 커서는 동생들의 고등학교, 대학교 학비를 댔다. 여태껏 우리 남매는 내가 왜 그 둘을 위해서 이런 일을 했는지 대화를 나눠본 적이 없다. 동생들은 내가 그저 돈이 너무 많아서 그랬다고 여긴다. 하지만 사실 동생들의 학비를 대느라 버스비도 모자란 경우가 비일비재했다.

가끔은 친구들의 부모님께 돈을 빌리거나 내 물건을 팔기도 했다. 동생들을 위해서라면 뭐든 했을 것이다. 나는 어머니를 사랑했으니까.

### 굴하지 않는 태도에 관한 연구 결과

혁신가는 너무 꿋꿋해서 호전적으로 보인다. 조지아 오키프와 그의 남편 앨프리드 스티글리츠의 관계는 불륜에서 시작되었다. 유부남이었던 스티글리츠는 아내와 이혼하고 오키프와 결혼했다. 그는 오키프와 결혼생활을 하면서 젊은 시인 도로시 노먼과 또 다시 불륜을 저질렀다.

처음에는 이 사건이 오키프를 호전적으로 만들었다. 하지만 나중에는 이 고통을 남편으로부터의 독립으로 흘려낸 덕분에 결국에는 회복력을 키울 수 있었고, 이는 예술을 향한 더 강한 헌신으로 이어졌다. 고통 덕분에 작품들이 탄생한 것이다. 작품 세계의 극적인 전환이 일어났다. 이런 오키프를 호전적이라고 여길 수도 있다.

굴하지 않는 태도란 도전이나 실패를 겪고 나서도 회복하고 꺾이지 않는 것이다. 극심한 트라우마가 꼭 장애를 야기하지는 않는다. 가령, 홀로코스트 생존자들은 스트레스와 관련된 증상을 보이는 동시에 놀라운 회복력, 심지어 정신적 성장을 보이기도 한다. 부분적으로는 이들이 무언가 혹은 누군가에게 전념한 덕분이고, 통제력 또는 자기효능감 덕분이기도 하며, 고난과 역경을 도전으로 해석한 덕분이었다.

도전과 고난이 있더라도 혁신가는 뚜렷한 목표를 설정하고 자기효능감을 유지함으로써 회복력을 키운다. 이를 위해서 첫째, 안 좋은 것을 곱씹는 대신 목표에 전념하면서 행동을 취하고, 둘째, 문제를 일시적이고 통제 가능한 것으로 간주하고, 셋째, 광범위하고 유연한 대응 전략을 사용하고, 넷째, 모든 경험은 학습 기회이며, 아무 경험도 하지 않는 것보다는 실패라도 하는 게 낫다고 믿으면서 실패를 교훈으로 여긴다.

혁신가의 회복력은 다양한 시나리오를 떠올리고, 각 시나리오에 어떻게 대응할지 준비해 불확실성에 대비하도록 한다. 혁신가는 자원을 찾아내어 활용하고, 적극적으로 지지와 원조를 구하며, 수완 좋은 태도를 발휘해 믿을 만한 협력 관계와 네트워크를 구축한다. 위협과 위험에 대해서는 현실적인 자세로 계획을 세운다.

혁신가는 본인과 외부의 시각 사이에서 균형적인 관점을 추구한다. 또 자신의 약점이나 실수, 실패에 대해 피드백을 구한다. 부정적인 피드백에 굴하지 않고, 그것을 구하여 자신의 현실 인식을 조정하고, 더 나아가 본인의 창작물에 틀 안 전문성 및 새 틀 융합력을 더한다.

혁신가는 과업에 관한 부정적인 피드백과 인신공격을 구별한다. 혁신가가 속한 풍토가 비판이나 부정적인 피드백을 도움이 된다고 여기면 비판적 사고와 새 틀 융합력이 더욱 촉진된다.

창의적 과정에는 불확실성과 위험이 내포되어 있다. 혁신가의 회복력은 좌절과 실패를 극복하는 힘이 된다. 혁신가는 목표에 대한 자기효능감, 회복력, 끈기로 불운을 이겨낸다.

## 6. 위험을 감수하는 태도

2000년에 내가 미국 이주를 결심하자 친구들은 하나같이 말렸다. 친구들은 3가지 이유를 들었다. 첫째, 미국인은 모두 총을 갖고 있다. 둘째, 미국인은 첫 데이트 때 섹스를 한다. 셋째, 미국인은 에이즈에 걸렸다.

친구들이 가진 '위험한 미국'이라는 이미지는 영화나 뉴스 때문이다. 이상하게도 우리에게 장학금과 탁구대를 준 미군이나 내게 캐러멜 캔디를 던져준 미군들은 영화나 뉴스에 한 번도 나온 적이 없었다. 그래서 나는 그러한 위험들을 기꺼이 감내하기로 했다.

미국으로 건너간 한국 이민자는 대부분 미국인과 결혼했거나, 먼저 온 다른 이민자들과 아는 사이여서 도움을 받을 수 있었다. 하지만 나는 아무 연줄도 없이 열 살도 안 되는 아들딸을 데리고 캘리포니아 로스앤젤레스 공항에 도착했다.

나는 미국 도착 전에 인터넷으로 라호야에 있는 아파트의 임대차 계약을 완료했는데, 실수로 미국 도착일보다 이틀 늦게 임대 계약이 되었다. 그래서 호텔 방을 잡아야 했고, 너무 무서워서 밖에 나가지도 못했다. 아이들이 배가 고프다고 해서 전자레인지로 라면을 끓였다. 호텔에는 젓가락이 없어서 칫솔 손잡이 부분을 사용해서 아이들에게 라면을 먹였다. 처음 온 미국은 모든 게 위험해 보였다.

### 위험을 감수하는 태도에 관한 연구 결과

혁신가는 대개 지나치게 위험을 감수하기 일쑤라서 무모해 보인다. 어린 시절 잡스는 학교에서 많은 위험을 무릅써가며 온갖 장난을 쳤고, 그 때문에 수차례 귀가 조치를 당했다. 이렇던 잡스가 무모해 보일 수도 있다. 하지만 그의 부모는 아들이 도전과 자극 없이는 지루함을 느낀단 걸 잘 알았다. 잡스는 평생 본인은 물론이고 타인도 새롭고 독특한 위험을 감수하게 만들기를 무척 좋아했다.

위험을 감수하는 태도에는 불확실한 보상을 좇아서 안전한 상황을 포기할 수 있다는 의미가 포함되어 있다. 혁신가는 불확실하고 위험한 시도를 감행할 때 낙관적인 자기효능감에 따라 움직인다. 모험심이 강하고, 기회를 보면 달려들어 올라타고, 비관적인 태도로 단점을 후벼 파는 대신 대담하게 탐험에 나선다.

이들은 새롭거나 색다른 아이디어를 내놓음으로써 사회적 혹은 감정적 위험, 지적 위험을 감수한다. 이는 저항을 부르는데, 새롭거나 색다른 아이디어는 대개 타인의 이해관계와 충돌하기 때문이다. 그 어떤 정보로도 위험을 완전히 제거할 수는 없다. 그래서 혁신가는 자신의 목표를 좇기 위해 부정적인 감정, 실패, 타인의 조롱이라는 위험성을 기꺼이 감수한다. 이런 낙관주의 덕분에 혁신가는 잡음과 방해를 무시할 수 있다.

혁신가는 혁신으로 가는 도중에 오류, 실수, 실패가 있다고 해서 단념하지 않는다. 그런 것들로부터 배워나가기 때문이다. 위험을 무릅쓰는 태도는 기술 통달, 자기효능감, 목표 달성, 뒤따르는 위험 감수 능력을 향상시킨다. 큰 위험을 감수하는 혁신가는 낮은 위험을 감수하는 혁신가보다 크게 성공한다. 호랑이굴에 들어가야 호랑이를 잡는 법이다.

모험가는 보통 금전적 이득이나 사회적 지위를 위해서 위험을 무릅쓰지만, 혁신가는 더 큰 목적을 위해서 위험을 감수한다. 자신의 영감, 큰 그림 사고, 박애적 가치들이 용기의 원천이다.

혁신가에게 두려움이 없는 게 아니다. 오히려 진실로 위험을 감수할 만한 가치가 있는 것에 대해서는 두려움을 느낀다. 두려움은 일반적으로 행동을 저해한다. 하지만 혁신가에게는 두려움이 행동의 동기로 이어진다.

혁신가는 한계를 넘어 뭔가 새로운 것을 내놓거나 다른 방식으로 일을 한다. 자신의 창작물을 지키기 위해 싸우는 과정에서 미온적이거나 불친절한, 심지어 적대적이기까지 한 세상과 자신의 열정을 공유한다. 본인의 거친 꿈을 현실로 탈바꿈시키기 위해서 기꺼이 거절당하고 고난을 정면으로 마주한다.

## 7. 끈기 있는 태도

미국에 온 지 나흘째 되는 날, 아이들과 나는 한 이웃을 만났다. 그는 자신이 캘리포니아대학교 샌디에이고캠퍼스에 다니는 대학원생이라고 말했다. 그는 우리에게 무척 잘해줬다. 가구점에 데려가서 텅 빈 우리 아파트를 채울 수 있게 도와줬다. 우리 아이들은 그를 '삼촌'이라고 부르게 됐다.

그는 식품 할인을 받을 수 있도록 본스 슈퍼마켓의 고객카드를 발급받으라고 권했다. 그러면서 자기에게 백지수표를 달라고 했다. 그의 말에 따르면, 자기가 그 수표를 매장 책임자에게 주고 내 고객카드를 발급받아다 주겠다는 얘기였다. 마침내 그가 본스 카드를 내밀었을 때 나는 너무 좋아서 울 뻔했다. 마치 미국 시민이 된 것 같았다.

나는 그날도, 그다음 날도 삼촌과 그의 친구 몇 사람을 고급 레스토랑으로 데려갔다. 사흘째 되는 날, 삼촌은 내 지갑을 들고 종적을 감췄다. 은행에 가서 보니 내 계좌에서 3,600달러가 없어진 상태였다. 은행 직원은 서명이 위조된 수표의 사본을 보여줬을 뿐 내게 어떠한 도움도 주지 않았다.

이민자의 아들이기도 한 또 다른 이웃이 자초지종을 알고서 경찰에 신고해줬다. 이튿날 경찰관과 수사관이 우리 아파트로 왔다. 그들은 검정색 가죽벨트의 권총집에 든 총, 수갑, 무전기 등 온갖 위험해 보이는 장비들을 갖춘 제복 차림이었다. 아이들과 나는 경찰 때문에 너무 불안해서 말도 할 수 없을 지경이었다. 나의 부족한 영어 실력 때문에 짜증이 난 그들은 사건을 제대로 조사하지도 않았다.

금전적 손실은 내가 사로잡힌 두려움에 비하면 아무것도 아니었다. 우리는 삼촌이 앙갚음할까 봐 불안했다. 경찰에 신고한 게 우리라고 생각할지도 모르니까 말이다. 매일 밤 아이들과 나는 식탁을 현관문 쪽으로 밀어놓고, 집에 있는 유리잔을 모조리 그 위에 쌓아두었다. 나는 잘 때도 전화기를 손에 쥐고 있었다.

이런 위험과 두려움을 경험했는데도 나는 왜 한국으로 돌아가지 않았을까? 단순하다. 도중에 그만둘 수도 없었을뿐더러, 그만둘 생각도 없었으니까. 나는 앞으로 미국에서 펼쳐질 내 인생에 대해서 줄곧 낙관적이었다. 그때도 나는 나쁜 미국인보다 좋은 미국인이 더 많다고 믿었다.

### 끈기 있는 태도에 관한 연구 결과

혁신가는 대개 너무 끈질겨서 강박적인 것처럼 보인다. 마리 퀴리의 둘째 딸 이브는 어릴 때 아인슈타인이 무언가에 너무 집착한다고 생각했다. 두 집안의 가족들이 함께 있을 때마다 그가 자신의 상대성이론만 이야기했기 때문이다.

끈기 있는 태도의 특성은 즉각적인 보상과는 무관하게 전념하고 에너지를 쏟아부으면서 목표를 위해 부단히 노력하는 것이다. 우리는 우리가 반복적으로 하는 일 그 자체로 설명된다. 끈기는 혁신가의 습관이다. 가령 아인슈타인은 본인이 똑똑하다고 생각하지 않았다. 그저 집요하게, 그리고 강박적으로 보일 만큼 문제와 씨름하는 것뿐이라고 여겼다. 끈기는 촉진 또는 생산성을 낳지만, 강박이나 중독은 둘 다 그렇지 않다는 점에 유의해야 한다. 뚜렷한 관심사에서 진화한 열정과 헌신을 통해, 혁신가는 육체적으로나 정신적으로 끈질기게 나아간다.

혁신가는 실패 그리고 성공을 경험하면서 집요하게 나아가는데, 바로

이 점이 혁신가와 여타 사람들의 가장 큰 차이점이다. 혁신가의 반대말은 표절자나 모방자가 아니라 중도포기자다.

혁신가는 도중에 그만두는 대신에 끈기를 즉흥성으로 전환해 의식이 유연함을 띠도록 한다. 집요하게 의식에만 집중할 경우 유연성이 저해되고, 더 큰 그림을 보지 못하기 때문이다.

이런 연유로 혁신가는 아이디어를 연구하고 창출해낸 뒤, 잠시 휴식을 취하면서 잠재의식이 더 나은 아이디어를 찾아낼 수 있게끔 만든다. 물론 의식이 쉬고 있을 때도 잠재의식이 계속해서 일하게끔 하는 것은, 다름 아닌 끈기다.

사과나무 창의 과정, 변형 단계는 어렵고 고통스럽다. 불안과 좌절, 실패로 가득 차 있다. 하지만 혁신가는 집중한다는 생각을 하건 하지 않건 의식적, 무의식적으로 본인의 실수나 실패를 거울삼아 계속 배워나가면서 최종 창작물을 구현해낼 때까지 끈질기게 매달린다. 나이가 몇 살이건 이들의 끈기는 불운, 부족한 자원, 모든 핑계를 극복한다. 결과물이 나온 뒤에도 집요함은 줄어들지 않고 더 커진다.

혁신가는 생각을 멈추지 않고 결과물을 개선해나가는데, 그렇게 다른 결과물이 탄생하게 된다. 결과물의 질이 높을 수도 있다. 하지만 혁신가의 결과물이 혁신으로 인정받는 진짜 이유는 다름 아닌 결과물의 양 덕분이다. 혁신가는 많이 만들고, 그중 훌륭한 결과물 하나가 혁신이라 불린다.

## 8. 불확실성을 수용하는 태도

내 아들은 학교에서 ADHD 진단을 받은 적이 있다. 비싼 사립학교에 다니고 있던 때인 1학년과 9학년 때의 일이었다. 학교에선 내 아들이 질문을 너무 많이 한다고 했다. 나는 "다른 애들을 방해하려고 일부러 그러나요, 아니면 정말로 알고 싶어서 그러는 건가요?"라고 물었다. 그들은 내 아들이 순수하게 호기심이 많아서 그런 것이기는 하지만, 자신들은 끝도 없이 이어지는 질문을 상대해줄 시간이 없을뿐더러 다른 학부모들도 불만을 제기했다고 답했다.

나는 아들을 그런 사립학교에 다시는 보내지 않기로 했다. 그러고는 아들이 아버지와 함께 살도록 한국으로 보내는 불확실한 선택을 했다. 나는 아들이 10학년 때 학교 근처에도 못 가게 했다. 이 결정이 아들에게 어떤 영향을 미칠지 궁금했다. 남편은 아이의 모든 질문에 참을성 있게 대답해줬고, 아들이 관심 있어 하는 것은 뭐든지 하게 놔두었다. 아들은 요리학교에서 요리를 배우고, 라크로스와 컴퓨터 게임을 하고, 가끔은 그것들을 하느라 먹지도 자지도 않았다.

1년이 지나자 아들은 미국에 있는 친구들을 그리워했고, 컴퓨터 프로그래밍을 배우고 싶어 했다. 나는 아들을 돌아오게 했다. 우리는 개방적인 공립학교, 그리고 프로그래밍에 대한 아들의 뚜렷한 관심사를 뒷받침해줄 만한 멘토를 찾아 버지니아주 알링턴으로 이사했다. 아들의 멘토가 되어준 전문가의 조언을 따르면서 아들은 프로그래밍을 무척 즐기게 되었고, 결국에는 친구 2명과 함께 '요크타운고등학교 코딩 클럽'을 만들었다.

아이들은 혼자 사는 사람들이 넘어져서 움직이지 못할 때 쓸 수 있는 낙상 감지 연락기기를 프로그래밍하는 데 대단히 공을 들였다. 아들은 진학에 필요한 어떤 노력도 하지 않았다. 나는 아들에게 대학에 꼭 갈 필요는 없지만, 대학을 다니면 더 확실한 인생이 보장되리라는 점을 상기시켜주었다. 아들은 대학이라는 확실성보다 프로그래밍 프로젝트라는 불확실성을 선택했다. 다행히 이들은 IT 월드컵이라 불리는 '미국 마이크로소프트 이매진 컵'에서 우승을 차지했다. 또 나노엔지니어링과 컴퓨터공학을 공부하기 위해서 대학에도 들어갔다.

### 불확실성을 수용하는 태도에 관한 연구 결과

혁신가는 겁이 없어 보인다. 만델라는 남아프리카에 한 번도 존재한 적 없었던 정부 형태인 자신의 민주주의를 위해 싸우면서 기꺼이 감옥에서 생을 보냈다. 27년 동안의 옥중 생활을 견딘 만델라는 겁이 없어 보일 수 있다.

불확실성을 수용하는 태도는 잠재적인 도전 혹은 결과와 무관하게 완벽한 정보가 없는 상태에서 행동하도록 촉구한다. 그때껏 존재한 적이 없던 뭔가를 만들어내는 일에는 불확실성이 따라온다. 그런데 혁신가는 미지의 여정을 반긴다.

사과나무 창의 과정은 평탄하게 일직선을 따라가는 법이 없다. 창의적인 아이디어가 나오면 사람들은 대부분 그 아이디어가 창의적이라는 사실을 인식하지도 못할뿐더러 좋아하지도 않는다. 사람들은 미지의 것, 불확실성, 변화 가능성보다는 현상 유지에서 더 편안함을 느낀다. 뭐든 혹하는 답에 매달리는가 하면, 불확실한 것을 지나치게 서둘러 거부하고 확실한 최소한과 맞바꾸는 경향이 있다.

혁신가는 명확하되 보장되지 않은 미래의 목표를 위해서 평범하고 만족스러운 삶을 저버린다. 애매모호함을 참아내는 법을 배우고, 불안과 심리적 불편함을 받아들인다. 게다가 재미를 추구하는 성향 덕분에 딱 떨어지는 답이 없는 문제에 관해 궁리하고, 심지어 귀하게 여기기까지 한다. 그런 문제들을 신나는 탐구 기회로 생각한다.

혁신가는 열정을 좇는 동안 열린 자세를 유지하고, 미래의 아이디어를 가지고 재미있게 씨름하며, 복잡한 문제들을 즐거이 탐구하고, 독특한 해법을 찾아낸다. 잡스가 애플을 설립할 당시만 해도 집이나 사무실에서 소형 가전제품처럼 컴퓨터를 사용하게 될 줄은 아무도 몰랐다. 가뜩이나 기업체에서 방 크기만 한 컴퓨터를 쓰던 시기에 말이다. 개인용 컴퓨터 시장은 존재하지 않지만, 잡스는 자신의 비전을 믿었다. 더 큰 불확실성을 받아들이는 법을 배우고 지렛대로 삼은 혁신가는 그렇지 않은 혁신가보다 더 크게 성공한다.

# 6장

## 자기만의 공간이 혁신을 만든다

비옥한 토양에 뿌리를 내리고, 밝은 햇살을 받고, 세찬 비바람을 이겨내면서 강해진 다음에는 자기만의 공간이 필요하다. 공간 풍토가 없는 상태에서 비바람 풍토만 너무 지나칠 경우 독특한 고유 기술이 없는 따분한 사람이 될 수 있다. 공간 풍토는 홀로 있으면서 독특할 자유를 제공한다. 공간 풍토에서 공간 태도가 길러지면 아이는 독특한 아이디어를 개발할 수 있게 된다. 공간 태도는 반항적인 공상가가 되도록 돕고, 이를 통해 틀 밖 상상력과 새 틀 융합력을 촉진한다.

# 혁신가 조지아 오키프를 만든 삶

　조지아 오키프는 1887년 11월 15일 위스콘신주 선프레리 인근에 있는 농가에서 태어났다. 프랜시스와 아이다 부부의 둘째 아이이자 첫째 딸이었다. 프랜시스의 가족은 아일랜드, 아이다의 가족은 헝가리 이주민이었다. 외조부 조지 빅터 토토는 헝가리의 백작이었는데, 조지아의 이름은 할아버지의 이름을 따서 지었다.

## 여성도 평등하게 교육하는 집안

　아이다의 집안에서는 여자들도 교육하는 전통이 있었다. 아이다는 독립적이고 자기 수양적인 사람으로, 조지아의 강력한 롤모델이었다. 아이다는 자식들을 응석받이로 키우지 않았다. 아이들에게 높은 기대치를 설정하고, 자식들을 애지중지하기보다는 도전의식을 북돋는 데 더 많은 시간을 할애했다. 조지아는 이렇게 회상하기도 했다. "어릴 때 나는 어머니가 주지 않았던 어떤 애정을 갈망했던 것 같다."

아이다는 자식들의 지적 개발에 굉장히 몰두했다. 탁월한 이야기꾼이었던 그녀는 아이들에게 책을 읽어주곤 했다. 아이다는 특히 《키트 카슨의 모험》, 《모히칸 족의 최후》, 《스탠리의 아프리카 모험》 같은 역사 이야기를 선호했다.

아이다가 읽은 책에 등장하는 영웅들은 개인의 힘, 본인과 타인을 변화시키는 능력, 고난과 역경에 맞서 인내하며 계속 나아가는 힘 등의 메시지를 전했다. 이를 통해 조지아의 큰 그림을 생각하는 태도, 굴하지 않는 태도, 위험을 감수하는 태도가 길러졌다. 아이다는 아이들의 정신을 자극하기 위해서 재미있는 놀이나 음악을 활용하기도 했다.

아이다와 프랜시스는 성격과 종교가 달랐지만, 자식들의 잠재력 개발에는 공통되게 진심이었다. 부부는 부단히 아이들의 근면 성실한 태도와 자기효능감 있는 태도를 키웠다. 아이마다 학습을 촉진하는 특유의 조건을 맞춰주었다. 가령 조지아의 여동생이 선생님을 몹시 싫어서 학교에 가지 않겠다고 하자, 아이다와 프랜시스는 딸아이를 억지로 학교에 보내는 대신 홈스쿨링을 했다. 부부는 자식들에게 책임을 요구하는 동시에 어느 정도 자유를 허용했다.

프랜시스는 새로운 아이디어나 발명품에 개방적이었다. 선프레리에서 최초로 전화기를 구입하고는 다른 농부들을 설득하여 전화선을 연결하는 전신주를 세웠다. 자기 밭에서는 새로 발명된 수확 기계도 사용했다. 이런 프랜시스는 아이들을 데리고 황야로, 현악단의 공연이나 마술 쇼를 보러 즉흥적이고 모험 가득한 여행을 다녔다. 덕분에 조지아의 재미있는 태도가 길러졌다.

조지아는 어머니의 엄격한 학습 세계보다는 호기심 많고 즉흥적인 아버지와 그의 농장을 더 좋아했다. 농장은 조지아가 사계절의 풍경, 소리, 색, 질감의 경이로움을 발견한 장소였다. 조지아는 자연 친화적인 성격을 갖게 되었고, 자기성찰적인 태도를 바탕으로 자연에서 일어나는 과정을 이해하고 세부적인 것들을 인식했다.

어린 시절에 자연을 존중하고 진지하게 관찰한 경험은 조지아가 대담한 관능성을 자연스럽게 표현한 작품들로 유명해졌을 당시, 예술적 영감의 주 원천이 되었다.

농장에서 살 때 아이들에게는 각자 매일 해야 하는 자질구레한 과업이 있었다. 몇 안 되는 농장의 규칙들은 가족의 생계와 직결되어 있어 빠짐없이 중요했다. 아이들은 젖소와 짐수레 말, 커다란 채소밭을 돌봤다. 바느질과 요리도 배웠는데, 자기 옷까지 지어 입을 정도였다. 조지아의 여동생 캐서린은 "바늘을 쥘 수 있게 되자마자 바느질을 배웠다"라고 할 정도였다. 농장 생활은 조지아의 자기 수양적인 태도와 근면 성실한 태도를 키웠다.

조지아가 아기일 때부터 아이다의 친척인 제니 할머니도 같이 살았는데, 이 여성은 아이들의 또 다른 롤모델이 되었다. 아이들은 다정하고 든든한 지원군이 되어주는 제니 할머니를 잘 따랐다. 제니 할머니와 같이 살면서 조지아는 다양한 신념과 의견을 보고 들었다. 함께 살던 친척인 버나드 삼촌, 집에 세 들어 살던 교사들과도 이야기를 나누며 다양한 시각을 접했다. 이를 통해 조지아는 부모님의 방식이 유일한 정답은 아님을 깨달으면서 복잡성을 추구하는 태도를 키우게 되었다.

## 독립심을 중시한 양육 풍토

조지아는 부모님이 오빠를 제일 좋아한다고 믿으면서 컸다. 그 때문에 경쟁심이 강하고 독립적이며 투지가 넘쳤다. 오빠보다 더 빨리 달리고 더 높이 올라가려고 부단히 노력했다. 조지아는 주체적이고 비순응적이며, 성 편견이 없는 여성 롤모델들에 둘러싸여 있었다. 조지아는 신이 여자라고 믿었다. 강인한 두 할머니, 조모와 외조모는 남편을 잃고서도 꿋꿋하게 대가족을 건사했다.

조지아의 집에 자주 찾아오는 올리 이모와 롤라 이모 역시 비순응적인 여성이었다. 그들은 끝을 모르는 조카의 질문에 답해주면서 조지아의 호기심을 북돋웠다. 조지아는 밀워키에 사는 롤라 이모를 자주 찾아갔다. 조지아에게는 대도시에서 시간을 보낼 수 있는 기회였다. 나중에

고등학생이 됐을 때는 롤라 이모와, 대학생 때는 올리 이모와 함께 살았다. 두 강인한 멘토들과의 지속적인 상호작용이 조지아의 세계관과 진로에 영향을 미쳤다.

지나치게 밀착하지 않으면서 독립적인 가족 관계는 조지아가 인간관계보다는 주변 환경에 관심을 갖도록 했다. 조지아는 아주 어릴 적부터 혼자 있는 시간이 많았다. 어린 시절 조지아는 집에서 만든 인형집을 가지고서 혼자 역할놀이를 하곤 했다. 이를 통해 조지아의 자기성찰적인 태도와 공상하는 태도가 길러졌다. 가족들은 조지아의 말썽은 물론 당혹스러운 옷이나 머리 모양, 사내아이 같은 행동까지 받아들여주었다. 덕분에 조지아의 주체적인 태도, 비순응적인 태도, 성 편견이 없는 태도가 길러졌다.

아인슈타인이나 퀴리의 어머니처럼 조지아의 어머니도 음악적 재능이 있었고, 노래 부르기와 피아노 연주를 즐겼다. 이윽고 조지아 본인도 기량이 뛰어난 피아노와 바이올린 연주자가 되었다. 만년에 조지아는 이렇게 말하면서 음악에 대한 애정을 드러냈다. "노래는 언제나 가장 완벽한 표현 수단 같다. 노래는 즉흥적이다. 노래 다음으로는 바이올린이었다. 나는 노래를 부를 수 없어 그림을 그린다."

열한 살 때 조지아는 미술 수업을 듣기 시작했다. 미술이 워낙 중요해져서 매주 토요일이면 여동생과 함께 수채화 교습을 받으러 마차를 타고 수채 화가인 사라 만Sara Mann의 집까지 갔다. 선프레리에서 왕복으로 11킬로미터 거리였다.

아이다와 프랜시스는 조지아가 매디슨에 있는 새크리드하트기숙학교에 입학하자 비싼 수업료 80달러 외에 추가로 20달러를 더 내서 계속 미술 수업을 받을 수 있게 해주었다. 미술 수업은 힘들었다. 하지만 조지아는 수녀님의 냉철한 비판을 수용하면서 진전을 보였다. 그림을 너무 작게 그린다는 비판을 받자 모든 것을 크게 그리기 시작했다.

조지아는 기숙학교의 엄격한 규칙 속에서도 예술에서 큰 자유를 찾았다. 클래식 음악 콘서트나 지적으로 흥미진진한 수업들을 즐기면서 그림을 실력을 키우는 데 집중한 덕분이었다. 그런데 가정 형편으로 인한 경제적 제약 때문에 이듬해에 밀워키에 있는 공립고등학교에 들어가게 되면서 롤라 이모와 함께 살기 시작했다.

버나드 삼촌은 조지아가 열한 살 때 결핵으로 세상을 떠났다. 가족들은 프랜시스도 그 병으로 죽을까 봐 전전긍긍했다. 그리하여 조지아가 밀워키에서 롤라 이모와 같이 지낼 당시 가족들은 버지니아주의 윌리엄스버그로 이주했다. 어린 시절 농장 생활은 평온하고 경제적으로 안정적이었으나, 이사한 뒤로 조지아의 아버지는 경제적으로 실패를 거듭했다. 이 때문에 가족은 경제적으로 고통을 겪었다.

이주는 조지아에게 문화 충격으로 다가왔다. 중서부 지방에서 살던 조지아의 집안은 아이의 성별과 무관하게 독립성과 교육을 중시했지만, 남부의 여자아이들은 시집가서 좋은 아내가 되는 것을 인생의 목표로 삼았다. 남부의 부인들은 하인들에게 의지했기에 책무가 거의 없었다.

이전 세계와의 극적인 모순은 조지아가 본인의 정체성, 그리고 가치관을 정의하는 데 도움이 되었다. 이 과정에서 조지아의 비순응적인 태도와 반항적인 태도가 길러졌다. 잦은 이사와 문화 충격에 대한 적응은 개방적인 태도와 이중문화적인 태도도 키웠다. 남들이 중서부 지방 억양을 놀리고 비웃을 때마다 조지아는 재미있게, 심지어 짓궂을 정도로 유쾌하게 받아넘겼다.

## 힘들게 부순 유리 천장

열다섯 살 때 조지아는 버지니아주 윌리엄스버그에 있는 채텀학교에서 뛰어난 미술 교사 엘리자베스 윌리스Elizabeth Willis를 만났다. 조지아의 잠재력을 알아봤던 윌리스는 새로운 멘토가 되었다. 윌리스는 조지아에게 자기만의 속도대로 작업할 자유를 허용했다. 조지아는 열정적으로 작업할 때도 있었고, 며칠 동안 손을 놓고 있기도 했다. 윌리스는 조지아가 고등학교를 졸업하고 나서도 진로를 미술로 잡는 데 중대한 영향을 끼쳤다. 조지아의 부모는 딸을 시카고예술대학에 보냈다. 당시 여자아이에게는 드문 일이었다.

조지아는 시카고에 1년간 있으면서 올리 이모와 함께 지냈다. 그러고 나서는 뉴욕의 아트스튜던츠리그에서 1년 동안 공부했다. 그런데 집안의 경제적 위기, 본인의 병, 그리고 남성들의 독무대였던 미술계 내부의 유리 천장 때문에 그 후 4년 간 학업을 포기하고 버지니아 주 샬러츠

빌에서 가족과 함께 지냈다. 이 기간에도 가족은 조지아가 앨론 비먼트 Alon Bement의 미술 수업을 듣도록 힘썼다.

멘토가 되어준 비먼트는 조지아에게 자신의 멘토인 아서 다우를 소개해주었다. 일본미학을 공부한 다우는 사실적인 모사를 중시한 유럽 미술의 방법론 대신, 예술가 개인의 고유하고 독창적인 표현법을 중시했다. 이를 통해 조지아는 드로잉에 본인의 감정과 아이디어를 표현하기 시작했고, 인생과 예술에서 마주한 도전들을 극복하는 데 필요한 영감을 얻었다. 그리고 텍사스주에서 미술 교사로 일하기 시작했다.

## 조지아 오키프의 지적 교류

멘토인 롤라 이모와 올리 이모, 윌리스를 포함한 조지아의 토양 풍토에서 토양 태도가 길러졌다. 이는 훗날 아니타 폴리처, 앨프리드 스티글리츠와의 지적 교류를 가능하게 만들었다.

### 새로운 기회의 장을 제공해준 아니타 폴리처

폴리처와의 서신 왕래는 40년 동안 지속되었다. 폴리처는 조지아보다 일곱 살 아래였는데, 편지로 조지아를 뉴욕의 예술계와 연결해줬다. 특히 조지아가 텍사스주에서 근무하면서 외부와 단절되었을 때, 다양한 시선으로 써준 편지들은 조지아에게 큰 영감을 줬다. 훗날 폴리처는 영향력 있는 여성 권리 운동 지도자가 되었고, 이는 조지아의 작품에도 영향을 미쳤다. 가장 중요하게는 장차 남편이 될 앨프리드 스티글리츠를 소개해주기도 했다.

### 든든한 뒷배가 되어준 조지아 스티글리츠

스티글리츠는 사진 분야의 선구자이자 새로이 부상하는 미국 현대미술의 후원자였다. 그의 능수능란한 매니지먼트는 조지아에게 명성과 부를 안겨주었다. 그는 조지아의 비평가이자 에이전트, 멘토가 되었다. 그리고 죽을 때까지 해마다 조지아의 작품을 가지고 '원우먼쇼one-woman show'를 벌이면서 조지아의 대외 이미지를 관리했다. 스티글리츠와의 관계 덕분에 조지아는 남성들이 독점한 뉴욕의 아방가르드 예술운동에 참여할 수 있었다.

## 혁신을 낳은 조지아 오키프의 ION 사고

열한 살 때 조지아는 화가 사라 만을 만나면서 미술이라는 뚜렷한 관심사의 전문성을 키우기 시작했다. 열세 살 때는 새크리드하트에서 수녀님의 비판을 수용함으로써 자신의 기술을 더욱 갈고 닦았다. 열다섯 살 때는 멘토인 윌리스의 지도에 따라 전문성을 강화했다.

제일 처음 추상적인 목탄 드로잉을 상상할 때, 조지아는 틀 밖 상상력을 활용했다. 위스콘신주 선프레리, 버지니아주의 윌리엄스버그와 샬러츠빌, 텍사스주의 애머릴로와 캐넌 등의 다양한 시골 환경과 매디슨, 밀워키, 시카고, 뉴욕 등의 도시 환경이 이어지면서 조지아의 틀 밖 상상력이 향상되었다.

텍사스주에서 미술을 가르치던 시기에 조지아는 더 많은 아이디어를 개발하고, 남서부 지방의 풍경에서 영감을 얻고, 뉴욕 예술가들의 새로운 아이디어에 관하여 폴리처와 편지를 주고받으면서 자신의 틀 밖 상상력을 확장했다. 조지아는 틀 밖 상상력을 훈련하여 유럽의 사실주의를 대신에 다우의 일본 미학에 대한 전문지식과 새로운 기법을 익혔다. 단순한 형태, 상징적인 색깔과 모양 사용, 크기나 구성 방식의 변형 등을 적용하게 된 것이다. 그리고 나서는 비판적 사고력을 이용하여 결과를 분석하고 평가한 뒤 새로운 기법을 작품에 가장 잘 녹일 수 있는 방식을 결정했다.

자연과 감정에 대한 시각적 이미지를 일본 미학과 통합할 때 조지아는 새 틀 융합력을 활용했다. 조지아는 자신이 살았던 장소들의 이미지로 그림을 채웠고, 당시의 여느 그림들과는 달리 아시아와 미국의 방식 및 관념을 결합했다. 독특하게 결합한 아이디어들을 단순하게 다듬어서 목탄 드로잉으로 탈바꿈할 때도 새 틀 융합력을 활용했다. 자신의 전문성을 개발하기 시작한 지 10년도 더 지난 스물여덟 살 때, 조지아는 끈질기게 폴리처에게 작품을 보냈고, 폴리처는 그걸 받아서 스티글리츠에게 보내 조지아의 그림을 홍보했다. 스티글리츠가 그 작품들을 자신이 운영하던 '갤러리 291'에 걸자마자 무명이었던 오키프는 뉴욕 예술계에서 유명인사가 되었다. 여기서도 '10년 법칙'이 여실히 작동했다.

조지아의 열정은 사그라들지 않았다. 초기 스타일에 사진 작업 방식을 합쳐서 그 유명한 작품, 대형 꽃 그림을 상상했다. 조지아는 스티글리츠의 사진에서 영향을 받은 예술적 접근법에 따라 마치 확대경으로 보는 것 같은 형태와 색깔을 강조한, 정밀하게 클로즈업된 꽃을 그렸다.

조지아는 미국 예술이 유럽 예술의 모방이란 평을 벗어나게 한 예술가이자, 미국이 자랑하는 혁신가로 거듭났다. 또 자신의 감정과 생각을 표출하는 미국식 모더니즘을 확산하면서도 상업적으로 가장 성공한 작가 가운데 한 사람이 되었다. 마흔 살 때 조지아가 그린 백합 그림은 살아있는 미국 예술가의 연작 가운데 역대 최고 금액으로 팔렸다.

# 자유로운 공간 풍토 조성하기

　식물이 비옥한 토양에 뿌리를 내리고, 밝은 햇살을 받고, 세찬 비바람을 이겨내면서 강해진 다음에는 자기만의 공간이 필요하다. 자유로운 공간은 식물에 필수 요소이다. 아이에게도 다양한 경험에 노출되고, 따스한 격려를 받고, 도전을 극복하면서 강해진 다음에는 자아를 찾고, 있는 그대로 존재할 수 있는 자기만의 공간이 필요하다.

　공간 풍토가 없는 상태에서 비바람 풍토만 너무 지나칠 경우 독특한 고유 기술이 없는 따분한 사람이 될 수 있다. 공간 풍토는 홀로 있으면서 독특할 자유를 제공한다. 공간 풍토에서 공간 태도가 길러지면 아이는 독특한 아이디어를 개발한다. 공간 태도는 반항적인 공상가가 되도록 돕고, 이를 통해 틀 밖 상상력과 새 틀 융합력을 촉진한다.

초등학교 1학년 때였다. 산수 시험에서 30점을 받았지만 나는 개의치 않았다. 그날도 여느 때와 다름없이 학교 수업을 마치고 집에 온 나는 동네 남자아이들과 구슬치기를 하러 밖으로 나갔다.

그 시간에 부모님은 농장에서 계속 일을 하고 계셨다. 저녁을 먹고 나서도 어머니는 집 주변을 돌아다니면서 계속 일을 하다가 우연히 내 시험지를 발견하셨다. 그때 어머니의 얼굴에 떠오른 표정은 영원히 잊을 수 없을 것이다. 불현듯 나는 내 학습 성취가 어머니에게 얼마나 중요한지 깨달았다.

그런데도 어머니는 내게 화를 내지 않았다. 대신 구슬을 가져오라고 하시더니 그것들을 가지고 재미난 덧셈 뺄셈 놀이를 보여주셨다. 내가 정답을 내놓을 때마다 어머니는 꼭대기 선반 위에 올려둔 집에서 만든 호박엿에 내 손이 닿도록 나를 번쩍 들어 올리셨다. 우리는 덧셈과 뺄셈 연습에 막대기, 젓가락, 견과류, 과일 같은 것들을 이용해서 게임을 하기도 했다.

이 놀이는 내가 시험에서 만점을 받고서도 매일 밤 계속되었다. 어머니는 배움이라는 것이 그저 점수가 다가 아니라 나의 일상생활에도 얼마나 유용한지 강조하셨다. 나는 우리 어머니만큼 인내심이 있는 이를 만나본 적이 없다.

## 성장하기 위해서는 자기만의 공간이 필요하다

공간이 없으면 잎사귀 위로 오가는 공기의 흐름이 제한되고, 빽빽한 뿌리로 갈 영양분이 부족해져서 식물의 성장이 저해되거나 병이 든다. 탁월한 양육자는 아이들에게 현재 상황이나 어른들의 요구에 순응하는 대신, 자신의 감정을 인식하고, 이해하고, 표현할 자유로운 공간을 제공한다. 이는 대부분 어른이 갖추지 못한 자세이다. 어른들은 대체로 아이들에게 비이성적이거나 철없는 감정 표현을 억제하라고 가르친다. 그런데 이렇게 되면 아이들이 표현에 창피함을 느껴 감정을 억제하게 되고, 그 결과 창의력이 제한되고 만다.

탁월한 양육자는 감정을 잘 표현하고, 본인은 물론 아이들의 격한 감정도 수용한다. 감정을 다스리는 것은 감정을 억누르는 게 아니라 감정을 언어적으로나 예술적으로, 혹은 다른 방식으로 분명히 표현하는 능력을 키우는 데서 출발한다. 가령 탁월한 양육자는 속상할 때 어떤 기분인지 차분히 설명한다거나, 어떤 감정을 불러일으킨 상황을 글로 적어서 그 감정의 뿌리를 찾아낸다. 그렇게 자신의 강점과 한계를 인식함으로써 긍정적인 방식으로 부정적인 감정을 전하는 훈련을 하라고 아이들에게 가르친다.

또 그때껏 겪은 것 가운데 가장 슬프거나 행복하거나 화가 나는 순간을 전하기 위해서 노래를 만들거나 그림을 그리거나 춤을 추도록, 몸짓과 표정, 몸놀림을 통해서 이야기를 표현하고 표출하도록 아이들을 독려한다. 더 나아가 모든 사람에게 사랑받기를 바라지 말라고, 자신을 끌어내리거나 부정적인 감정을 전하는 사람들을 멀리하라고 가르친다.

탁월한 양육자는 인내심을 가지고 있다. 정리 정돈, 깨끗한 환경, 완벽한 결과 대신 엉망이 되더라도 자기탐구와 자기표현을 강조한다. 또 아이들이 노래나 시, 가사, 짧은 이야기를 쓰거나 예술 작품 혹은 뭔가를 만드는 등 창의적 과정에 몰입할 때는 방해하지 않는다. 아이들이 그밖에 다른 것은 아무것도 중요하지 않은 상태인 '몰입'을 경험할 수 있도록 정해진 시작 시간과 정지 시간을 선택하여 방해 요소나 훼방꾼이 없는 상태에서 집중하도록 도와준다.

그 결과 어린 혁신가는 자신의 고유한 기분이나 감정에 눈을 뜨게 되고, 그것을 스스로 조절하는 것에 익숙해진다.

## 사과나무는 꽃과 열매를 공유한다

연민이란 타인에게 측은지심을 느끼되 그 감정을 느끼지는 못하는 것이다. 그에 반해서 공감은 타인의 관점과 상황을 상상함으로써 그 사람의 감정을 간접적으로 느끼는 것이다. 인류애는 여기서 더 나아가 긍정적인 결과를 보장하기 위해 행동을 취함으로써 내적 공감을 외적으로 표출하는 수단이다.

어른들은 주로 공감과 인류애보다 합리성과 경쟁에서의 승리에 보상한다. 하지만 탁월한 양육자는 아이들이 본인은 물론이고 타인의 감정에 대해서도 예민하고 자기성찰적인 자세를 갖게끔 독려한다. 가령 등장인물들의 감정이 두드러지고, 타인의 문제나 상황에 관한 통찰력을 키워주는 책을 읽게끔 도와준다.

탁월한 양육자는 아이들이 역할놀이로 타인의 관점, 감정, 태도, 동기를 깊이 생각하고 이해하도록 독려한다. 소통과 협력의 기술을 가르쳐 아이들이 타인을, 그리고 자신의 행동에 대한 타인의 관점을 숙고하고 끌어안을 수 있게 한다. 예를 들면 타인의 말을 귀담아듣고 그 사람이 얘기를 다 끝낸 다음에 답을 하라고 한다. 또 자신이 듣고 있다는 것을 보여주는 격려의 말, 예를 들어 "더 말해 봐" 혹은 "그것에 대해서 얘기해보자"라고 말해주라고 한다. 타인이 자신의 문제에 대한 답을 찾게끔 도와주며 그들의 말에 동의함으로써 그들의 감정을 인정해주라고 아이들에게 가르친다.

탁월한 양육자는 인간뿐만 아니라 자연, 동물, 물체, 대의 같은 사물이나 사건에도 공감을 발휘하는 법을 가르치기 위해서 아이들과 함께 역할놀이를 한다.

높은 수준의 공감과 인류애는 사회적 작용의 증가, 성공적인 관계, 높은 성숙도, 높은 생활 만족도, 육체적, 정서적 안녕과 행복 등 인생에서 수많은 긍정적인 결과를 낳는다.

탁월한 양육자는 아이들이 타인에 대해서 배우고, 타인이 인정할 만한 가치가 있는 뭔가를 해내면 그것을 인정해주고 알리도록 독려한다.

더 나아가 몰이해, 잔인함, 편견, 자민족 중심주의, 인종차별로 인해 발생한 역사의 여러 비극에 관해서 배우고, 그러한 비극들을 줄일 방법을 토론하게끔 도와준다.

탁월한 양육자는 아이들이 장애물을 이겨내고 작은 목표와 승리를 달성하여 본인은 물론이고 어려움에 처한 타인을 위해 상황을 개선함으로써 자기효능감과 진정한 자부심을 경험하도록 도와준다.

## 홀로 있을 시간이 필요하다

비료로 얻는 양분과 자체적으로 만들어내는 양분이 균형을 이뤄야 한다. 식물에 비료를 너무 많이 주면 성장기에는 식물이 무성하고 푸르러 보이지만, 수확기에는 꽃을 피우지도 열매를 맺지도 못한다. 대다수 부모는 아이들에게 과외 활동은 넘치게 시키면서 배움을 씹고 삼킬 휴식 시간은 허락하지 않는다.

탁월한 양육자는 본인 스스로도 자기성찰적이고, 아이들에게도 혼자서 하는 자기성찰을 권장하면서 느리게 진행되는 학습을 돕는다. 가령 방해요인에서 멀어지도록, 모든 전자제품의 전원을 끄는 등 주변의 소음을 통제하도록, 멀티태스킹을 피하도록 독려하면서 아이들이 깊은 생각을 하도록 돕는다.

또 아이들이 혼자서 자유롭게 생각하고 놀면서 시간을 보내도록, 혼자 있으면서 외롭거나 지루하거나 무서운 게 아니라 독립성을 느끼도록, 곰곰이 생각하고, 쓰고, 읽고, 비즈 공예를 하고, 예술 작품을 만들면서 자기 자신을 즐겁게 해주도록 이끈다.

탁월한 양육자는 아이들이 혼자 있는 시간, 이를테면 잠들기 전에 그날 무슨 일이 있었는지 생각해보고, 자신이 들었거나 봤거나 읽었거나 말했거나 실천했던 아름다운 일들을 떠올려보게끔 한다. 그리고 한 가지 사건에 집중하면서 그 일과 관련하여 기분이 어떤지, 왜 그런지 생각해보게 한다. 본인이 쥐고 있는 부정적인 감정들을 놓도록 하거나, 감사히 여기는 일 3가지를 떠올리도록 한다. 또 아이들에게 잘 쉬는 법, 스트레스를 예방하는 법을 알려주고, 타인과 책임을 공유함으로써 자기 자신에게 친절을 베풀라고 가르친다.

탁월한 양육자는 아이들이 다른 경험을 해보고, 야외를 탐험하고, 자연과 연결되도록 시골을 정기적으로 방문한다. 아이들이 걸음을 멈추고 들꽃 향기를 맡으면서 생명의 진정한 가치를 알아보고, 주변을 둘러싼 세계에 경탄하고, 자연으로부터 배우고 겸손하게 자연을 존중하게끔 돕는다.

그 결과 혁신가는 홀로 있는 것, 자신의 경험을 분석하는 것, 아이디어를 키우는 것을 즐기면서 성장한다. 이들은 마치 무리를 짓지 않고 기꺼이 홀로 지내는 독수리 같다. 그 덕분에 독특한 관점과 아이디어를 형성할 수 있게 된다.

### 비료를 아무리 많이 줘도, 진달래가 장미로 바뀌지는 않는다

　탁월한 양육자는 어른들의 꿈을 떠안도록 아이들을 바꾸려고 애쓰지 않는다. 어린 혁신가의 자기탐구와 자기표현은 독자적으로 자신만의 고유하면서 뚜렷한 관심사로 이어진다. 탁월한 양육자는 초반에 아이의 정서적 정체성이 어른들의 정서적 정체성과 분리될 수 있게 함으로써 아이들이 자신만의 뚜렷한 관심사를 추구하도록 독려한다. 혁신가의 부모는 각자 집 밖에서 지속적으로 저마다 독립적인 관심과 활동을 보여준다. 혁신가의 어머니들은 남편이나 가정과는 별개로 광범위한 선호와 활동이 있다는 말이기도 하다.


### 정원사가 꽃을 만들어낼 수는 없다

　볕이 필요한 식물을 그늘에 심고서 억지로 애써봤자 소용없다. 양치식물은 그늘진 습지에서 무럭무럭 크고, 선인장은 태양이 내리쬐는 사막에서 쑥쑥 큰다. 정원사는 두 식물을 같은 화분에 심지 않는다. 아이들도 저마다 다르다.
　탁월한 양육자는 아이들의 차별성과 자율성을 지지한다. 처음에는 날마다 일상적인 활동에 아이들의 책임감을 부여한다. 이후에는 장기적인 활동으로 책임의 영역을 키워나간다. 길잡이 양육 방식을 쓰는 탁월한 양육자는 지나치게 통제적이지 않고, 뭐든 세세한 것까지 일일이 말해 주면서 챙기는 사람도 아니다.

실행 방법이 단 하나뿐인 아이디어는 고려할 가치가 없다고 본다. 탁월한 양육자는 전체적인 구조만 만들어놓고, 아이들이 혼자 힘으로 구성해나갈 수 있게 하면서 아이들의 과업이나 경험에 지나치게 개입하지 않는다. 나아가 자신의 세계가 타인의 욕구나 필요에 따라 움직이지 않게 하라고 아이들을 독려함으로써 타인에게 끌려다니지 않게끔 가르친다.

또 본인의 일정에 따라 하루를 계획할 것, 견고한 우정을 유지하되 타인이 자신을 좌지우지하게끔 놔두지 말 것, 타인에게 의지하며 정서적 지지를 얻되 타인이 자신의 행복을 결정짓게 두지 말 것을 가르친다. 이는 아이들의 심리적, 정신적 건강에 도움이 된다.

탁월한 양육자는 관찰하고 인내하며 아이들의 자율성을 존중함으로써 아이들이 본인만의 고유하고 뚜렷한 관심사를 탐구하고, 표현하고, 키우도록 돕는다.

## 같은 꼬투리에서 나온 씨앗도 다르게 자란다

어떤 씨앗은 키가 작고 오밀조밀하게 크는가 하면, 어떤 씨앗은 키가 크고 호리호리하게 큰다. 형제자매는 똑같은 부모, 집, 이웃을 두지만, 각자 모두 다르다. 기질이 다르고, 부모와의 상호작용이 다르고, 자원에 다르게 접근하고, 선생님과 친구들이 다르고, 다른 관계를 맺을 가능성이 있다. 공유하지 않은 경험이 공유한 경험보다 아이들의 창의력 발달에 더 많이 기여한다.

탁월한 양육자는 아이들이 저마다 독자적으로 창의력을 키우게끔 독려한다. 아이들이 본인의 고유한 능력과 재능, 강점과 약점, 호불호, 습관, 편견, 기대, 두려움, 선입견을 이해하고 자아와 뚜렷한 관심사를 찾을 수 있을 만한 시간과 공간을 준다. 아이들로 하여금 과제의 주제, 최종 결과물의 발표 방식을 선택하게 하고, 자신의 창작물을 타인에게 보여주고 토론하게 한다.

탁월한 양육자는 아이들이 여러 관심사를 결합할 것을 권한다. 가령 시와 춤이 관심사라면 춤에 관한 시를 지어볼 수 있고, 그림과 동물에 관심이 있다면 동물 그림을 그려볼 수 있다. 또 비슷한 관심사를 가진 사람들 곁에 있게 한다거나, 영감 또는 도움이 될 만한 영화나 책, 잡지를 통해서 아이들이 뚜렷한 관심을 지속하고 자기효능감을 얻게끔 도와준다.

피아노 초보자인 아이에게는 피아노 연주회 또는 피아니스트들을 다룬 영화나 그들의 전기를 통해 영감을 자극한다. 아니면 비슷한 관심사를 지닌 아이들이 있는 몇몇 가족끼리 음악 발표회나 장기자랑을 할 계획을 세우고, 함께 준비해 발표한다.

## 저마다 자라는 데 필요한 시간이 다르다

창의적인 생각은 자라는 데 시간과 인내가 필요하다. 다 자라지 않은 식물에 억지로 꽃을 피우게 할 수는 없다. 건강한 뿌리, 튼튼한 줄기, 더 나은 결과와 혁신이 나오려면 장기적인 결정이 필요하다. 어린 혁신가의 느린 출발은 지체처럼 보일 수도 있다. 하지만 대개 서두르지 않을 때 더 나은 결과를 낸다.

탁월한 양육자는 아이들이 본인의 결단력에 따라 배우는 것을 중시하고, 자기만의 속도로 배우도록 도와준다. 탁월한 양육자의 인내는 신뢰를 보여주고, 아이들이 자신의 잠재력을 믿게 만든다. 따라서 아이들은 급하게 빨리 결과를 내놓아야 한다는 생각을 하지 않는다. 예컨대 시험 위주 풍토는 단기적으로 아이들의 시험 점수를 올리지만 창의적 사고를 희생시킨다.

## 성장이 멈춘 것처럼 보여도 자라고 있다

겨우내 정원사는 식물의 월동이 끝나기를 진득하게 기다린다. 이때는 식물이 성장하지 않는 것처럼 보이지만, 식물을 잘 아는 정원사는 결국에는 열매를 본다. 이런 종류의 믿음과 이해를 바탕으로 탁월한 양육자는 아이들이 놀고, 공상하고, 상상하도록 독려한다.

이들은 아이들의 놀이를 촉진한다. 그리고 TV나 동영상 시청처럼 수동적인 활동 대신 퍼즐, 보드게임, 스토리텔링, 야외 활동처럼 몸으로 하는 활동을 함께 하고, 타인이나 사물과 적극적으로 상호작용하면서 놀게끔 독려한다.

탁월한 양육자는 탐험하고, 발견하고, 독특한 표현을 자극하는 활동을 지지한다. 예를 들면 원숭이, 공룡, 기계, 공주, 악당인 척하기, "이 냉장고 상자는 배달 트럭이야" 혹은 "이 막대기는 요술 지팡이야"라는 식의 역할놀이, 함께 인형극을 만들면서 새로운 세계, 다른 시간, 있음 직하지 않은 상황으로 던져 넣는 역할극을 함께 한다.

탁월한 양육자는 아이들이 책이나 영화 속에서 벌어지는 사건들을 바꿔보거나, 다른 책에 나오는 등장인물들을 더하도록 한다. 또 아이들이 상상력을 발휘하여 새로운 장난감이나 놀이를 발명하게끔 구체적인 특징이 없는 물건, 예를 들어 얼굴 없는 인형, 천으로 만든 공, 타이어가 없는 자동차나 손으로 만든 장난감을 갖고 놀게 한다. 나아가 거울이나 그림, TV, 컴퓨터 화면을 미래로 가는 문으로 보게끔 하면서 아이들의 미래지향적인 생각을 뒷받침해준다. 또 자기가 읽거나 본 것을 완벽한 것으로 받아들이지 않도록 지식의 빈틈을 인식하고 미래지향적인 질문을 하거나, 기저에 깔린 미래의 문제들을 찾아내어 해결할 수 있는 미래 시나리오에 공을 들이게끔 한다.

환상과 미래지향적인 사고는 아이들의 심상, 스토리텔링, 공간 능력을 자극한다. 아이들은 상상력을 통해 자신의 환경, 감정, 행복을 조절하고 바꾸는 기술을 개발한다. 어린 혁신가는 동화, 동요, 판타지에 노출되는데, 이 덕에 미래에 만들어내는 창작물의 독특함이 증진된다.

## 손길을 벗어난 식물은 타고난 대로 자란다

탁월한 양육자는 사회의 기대를 따르지 않는 아이들의 개인적인 선택을 강조하면서 다른 생각이나 행동을 수용한다. 탁월한 양육자는 아이들이 가장 좋아하는 것, 사람, 동물, 색깔, 숫자, 취미, 노래, 좌우명 등을 대도록 하며 본인의 독특함을 발견하게끔 가르친다. 그리고 아이들이 스스로 내놓은 답과 주제, 본인을 설명하는 말을 보고서 자신이 남들과 얼마나 다른지 깨닫고, 자신의 독특함을 만들어내도록 이런 식의 목록을 더 나열해보게 한다.

탁월한 양육자도 비순응적인 사람들이어서, 아이들이 무엇이든 주류에 끼지 않더라도 초조함을 느끼지 않도록 독려한다. 오히려 동시대 사람들이나 동년배와는 다르게 생각할 것, 직업, 언어, 종교 등에 있어서 주류가 되려고 애쓰지 말 것, 외부자로 남아 집단에 합류하지 않으면서 관찰자로 있을 것, 학교나 동아리, 온라인에서 비순응적인 지적 소수자가 될 것, 낯선 집단에 들어가거나, 아니면 생각이 비슷한 친구 또는 자신을 이해해줄 수 있는 지적으로 자극이 되는 사람을 찾을 것을 권장한다.

탁월한 양육자는 '너드' 혹은 '오타쿠'여도 괜찮다고, 그리고 너드와 오타쿠야말로 모든 사람이 현재 즐기고 있는 거의 모든 혁신을 이뤄낸 주인공이라고 가르친다. 탁월한 양육자는 아이들에게 자신의 상상력과 비순응성을 열정과 목표를 연마하는 자신만의 무기로 여기게끔 도와준다.

애석하게도 비순응적인 아이들을 골칫덩어리로 보는 풍토, 특히 시험을 중시하는 환경에서는 교사들이 그 비순응성을 힘들어한다. 말로는 창의력이 중요하다면서도, 대체로 순응적인 우등생을 재능 있는 아이로 본다. 교사들은 무심코 아이들의 창의적인 태도를 꺾어버리거나 벌을 주고, 놀리거나 경멸하거나 또래집단으로부터 아이를 고립시킨다. 이는 교사 개인의 문제가 아니다. 시험 성적이 교사에 대한 평가와 직결되는 환경이 그럴 수밖에 없게 만든다.

## 타가수분 하는 나무가 열매를 더 잘 맺는다

혁신가는 상대의 성별을 가리지 않고 배움으로써 비순응성을 강점으로 활용한다. 탁월한 양육자는 성 차별적인 역할, 기대, 고정관념을 거부하고, 성 편견이 없는 아이들의 관심을 고취하고, 아이들이 젠더 및 성적 지향 스펙트럼에서 스스로 편안하게 느끼는 수준을 찾게 한다. 이를 통해 독립적이고 골목대장 같은 여자아이 혹은 예민하고 여린 남자아이가 탄생하고, 아이들은 성별과 무관하게 미래의 꿈을 추구하게 된다.

탁월한 양육자는 아이들의 개성을 수용하고, 옷이나 프로젝트의 상징

색깔을 다채롭게 선택한다. 또 아이들이 자신의 옷이나 프로젝트의 상징 색깔을 스스로 고르게 하고, 선택을 하게 놔둔다.

어린 혁신가는 다른 성의 강점을 흡수한다. 가령 남성 어린 혁신가는 어머니의 창의적인 태도를, 여성 어린 혁신가는 아버지의 창의적인 태도를 따라 익힌다. 자신의 성별에 대한 기대에 부응하려고 본인의 창의력을 희생하지 않는다. 전통적인 여성성의 특징인 부드러움과 섬세함을 전통적인 남성성의 특징인 독립성, 자기효능감, 자기주장과 연결한다. 게다가 성별을 넘나드는 지적 교류는 서로 다른 전문 영역을 넘나드는 교류의 전조가 된다. 이는 혁신에 대단히 중요한 역할을 한다. 예술 분야 혁신가 중에는 과학적 배경을 가진 이가 많고, 과학 분야 혁신가 중에는 예술적 배경을 가진 이가 많다. 이들은 시간이 흐름에 따라 여러 점을 이어서 두 세계를 하나로 결합한다.

## 통제가 없는 상태에서 더 크고 건강하게 자란다

일단 순응의 대안을 배우고 나면, 어린 혁신가는 모순되거나 부당한 규칙, 규범, 가치에 맞서는 반항심을 키운다. 탁월한 양육자는 아이의 독특함을 응원하면서 자신이 내놓은 독창적인 아이디어에 자부심을 가지라고 가르친다. 가령 자신의 판단에 따라 제일 좋아하고 자신 있는 일을 할 것, 본인이 할 일을 남들이 말하도록 두지 말 것, 단호하면서도 예의 바르게 '아니오'라고 말할 수 있는 뭔가를 작은 것부터 찾아볼 것, 뭔가를 하고, 자신의 욕구나 욕망을 표현할 수 있게 도와달라고 타인에게 요청할 것을 독려함으로써 아이들의 자기주장을 끌어낸다.

탁월한 양육자는 아이들의 비순응성, 현상 유지에 도전하는 능력, 사회적으로 바람직한 행동을 거부하는 자발성을 기르도록 한다. 예를 들면 상식에 의문을 제기할 것, 규칙이나 권위, 패러다임을 무비판적으로 받아들이지 말 것, 왜라고 질문하면서 도전할 것, 어른들의 의견에 정중하게 도전장을 내밀고 규칙을 깰 것, 이 세계에 존재하는 무수한 고정관념에 도전하고 그러한 고정관념들을 깨부술 것을 응원한다.

하지만 탁월한 양육자는 혁신에 필요한 독특함을 가져다주는 비순응성 또는 반항심과, 유용성을 가져다주는 순응성 또는 자기 수양 간의 균형을 유지하게 돕기도 한다. 가령 아이가 타인의 의견을 존중하는 동시에 타협과 협상을 해나갈 수 있는 기술을 배울 것, 본인이 바꾸려고 애쓰는 것이 진정 유익한지 객관적으로 판단할 것, 자신의 반항적인 생각을 혁명적인 결과의 원동력으로 삼을 것, 타인의 일에서 좋은 부분을 관찰하는 동시에 본인의 일을 뿌듯해하고 본인의 강점을 제대로 알아볼 것, 자기만의 방식을 찾아내고 시간이 흐름에 따라 그것을 바꾸기도 하면서 본인의 과업을 더 낫게 만들기 위해 부단히 평가할 것을 독려하면서 아이들의 생산적인 반항을 지원한다.

# 8가지 공간 태도 기르기

 공간 태도를 기르면 인간은 자신만의 고유한 독특함을 발견하여 활용할 수 있게 된다. 독특함을 제공하는 햇살 및 공간 태도와 유용성을 제공하는 토양 및 비바람 태도를 결합하여 창작물을 독특한 동시에 유용하게 만든다. 이게 바로 혁신이다. 여기서는 8가지 공간 태도가 무엇인지, 그리고 틀 밖 상상력과 새 틀 융합력이 있는 반항적인 공상가를 어떻게 길러내는지 설명한다.

 나의 공간 태도가 어떤 식으로 길러지거나 꺾였는지, 혹은 내가 우리 아이들에게 내재된 공간 태도를 어떤 식으로 길러주거나 꺾었는지 보여주는 일화를 살피고, 각 태도에 관한 연구 결과 및 독특한 틀 밖 상상력과 새 틀 융합력을 촉진하는 방식을 요약한다.

## 1. 감성적 태도

과거에 으레 그랬듯, 우리 부모님은 결혼식 당일 서로의 얼굴을 처음 봤다. 나는 두 분이 서로 살갑게 구는 모습을 한 번도 보지 못했다. 부모님은 나에게 헌신했지만, 사랑한다는 말은 한 번도 한 적이 없다. 이런 부모님 밑에서 자란 나 역시 우리 아이들에게 그런 말을 못 한다. 다만, 애정이 담긴 문자메시지를 보내려고 애쓰는 중이다.

과거 한국에서는 언어적, 정서적 학대 및 체벌이 용인되었다. 당시의 양육자는 대부분 통제적 양육 방식을 따랐다. 나 역시 유년기에 이 3가지 훈육 방식을 모두 견뎌냈다. 행동을 통제하기 위한 체벌은 유교권의 양육과 서양의 양육 사이에서 보이는 가장 큰 차이점 가운데 하나다.

그럼에도 나는 부모님의 무조건적인 사랑을 의심한 적이 없다. 그런데 미국에 온 뒤로 나의 두 아이는 친구들이나 이웃들의 자유방임적인 양육 방식을 목도했다. 한국의 훈육 방식과 미국의 훈육 방식 사이에서 혼란을 겪었던 나는 연구 결과를 바탕으로 행동을 바꿨다. 즉, 아이들의 부정적인 행동에는 체벌 대신 설명과 타당한 이유를 들어주고, 긍정적인 행동은 보상을 통해 강화하려 했다.

나는 아이들의 타고난 모습과 능력은 비판하지 않는다. 다만, 무엇을 어떻게 하거나 하지 않는지, 결과와 무관하게 최선을 다하는지 아닌지에 대해서는 냉철하게 비판한다.

### 감성적 태도에 관한 연구 결과

혁신가는 너무 감성적이어서 불안정하게 보일 수도 있다. 잡스는 음악에 심취했고, 예술을 사랑했다. 그는 자신의 감정을 숨기지 않고 드러냈는데, 슬픈 일이 있으면 사람들 앞에서 울음을 터뜨렸다. 잡스는 불안정하게 보일지도 모른다. 하지만 그런 감정 표출은 그가 모든 일에 열정적이라는 뜻이기도 하다.

감성적인 태도의 특성은 자신의 감정을 인식하고, 이해하고, 표현한다는 것이다. 혁신가는 자극에 지나치게 반응하거나 예민할 수 있다. 생리학적으로, 지적으로, 육감적으로, 상상으로 감정은 인지 요인 등 여타 이성적이고 합리적인 요인보다 더 빈번하게 창의력에 영향을 미친다.

창의적 과정에 관여하는 창의적 태도는 감정에서 출발한다. 혁신은 혁신가 본인은 물론이고 관객의 내부에서도 감정을 불러일으킨다. 예술 분야의 혁신가가 대체로 과학 분야의 혁신가보다 감정 표현을 더 잘하기는 하지만, 감정은 모든 창의적 노력에 개입한다. 과학 분야 노벨상 수상자들 역시 정서적으로 예민하고, 자신의 창의적 과정에 감정을 잘 쓴다.

혁신가의 강렬한 감정과 반응은 틀 밖 상상력을 향상시키되, 틀 안의 비판력을 저해할 수 있다. 하지만 이런 반응이 정신 질환의 징후는 아니다. '극심한 고통에 시달리는 예술가'나 '미친 과학자'에 대한 스테레오타입이 있기는 하지만, 전반적으로 혁신가의 정신 건강은 우수한 편이다. 정신 질환과 창의력에는 공통적으로 상상력이 필요하지만, 이 둘의 사고 과정은 매우 다르다. 창의력에 쓰이는 감정은 목표 지향적인 열의를 불러일으키고, 건강하고 생산적이다. 혁신가는 불안정하고 예측 불가능할 수 있으나 제어가 된다. 또 이들의 회복력이 변덕스러운 혹은 자기 파괴적인 행동의 지속을 방지한다.

이와 대조적으로 정신 질환은 생활 적응 능력의 왜곡으로서, 창의적인 능력을 저해한다. 실제로 정신 질환 때문에 고통받는 혁신가는 치료를 받으면 상당히 성공할 수 있다. 창의력은 건강한 정신적 사고에 따라 발휘되기 때문이다. 다름 아닌 혁신가이기에 정신 질환을 앓으면서도 창의력 덕분에 제대로 기능하고 활약하면서 잘 살아갈 수 있게 된다.

혁신가의 정신 건강은 창의적 표현에 의해서 개선된다. 창의적 사고를 하면 긍정적이고 낙관적이게 된다. 혁신가의 사과나무 창의 과정은 '몰입'이라 불리는 상태에 도달하는 기쁨과 에너지의 원천이 된다.

긍정적인 감정은 틀 밖 상상력을 고양한다. 독특한 아이디어는 대부분 혁신가가 자기 일에 행복을 느끼고 설렐 때 나온다. 긍정적인 감정은 혁신가가 관심 범위를 넓히고, 큰 그림을 보도록 돕는다. 크고 넓은 세상 밖으로 관심을 기우고, 새로운 것을 배우고 관계를 쌓으며, 정신을 자유롭게 하여 유창하고 유연하며 독창적인 틀 밖 상상력을 발휘하게 돕는다. 이런 동시에 긍정적인 감정은 끈질긴 집중과 틀 안 전문성을 저해할 수도 있다. 긍정적인 감정은 잠재의식이 독특하고 유용한 아이디어를 끈기 있게 찾을 때만 '아하!'와 함께 새 틀 융합력으로 이어진다.

부정적인 감정은 틀 밖 상상력을 저해하지만, 특히 동기로 활용되는 경우에는 비판력을 향상시킬 수 있다. 이완이나 휴식은 부정적인 감정을 줄이고 창의적 풍토를 개선한다. 다만, 이완이나 휴식이 '아하!'의 순간에 유용하다고 추정되기는 하나 그 전에 먼저 치열하게 사고하고, 그 뒤에도 치열하게 사고할 때만 그러하다.

## 2. 박애적 태도

　부모님은 집의 남는 방에 세를 놓았다. 세입자는 중매로 결혼한 신혼부부였다. 부인은 귀가 안 좋았지만, 나는 그녀와 공감하며 잘 소통했다. 남편인 홍 아저씨가 출근한 동안 많은 이야기를 나누면서 나는 그녀와 친구가 되었다. 나는 그녀가 자신의 고향인 대도시에 관해서 들려주는 이야기를 무척 좋아했다. 특히 충격적이었던 것은 텔레비전이었다. 작은 상자 안에서 사람들이 나온다고 했다.

　홍 아저씨는 우리 가족에게는 친절하고 예의 발랐지만, 종종 아내를 때리고 머리채를 잡았다. 그럴 때면 그녀의 무릎이 바닥에 쓸리면서 피가 났다. "어째서 저는 남동생을 꼬집는 것도 안 되는데, 홍 아저씨는 자기 아내를 때릴 수 있어요?"라고 내가 묻자 부모님은 남편이 아내를 훈육하는 게 당연하다고 답해주셨다. 그래서 우리 부모님도, 이웃 사람들도, 경찰들도 홍 아저씨를 말릴 수 없다는 얘기였다. 트라우마로 남은 이 경험으로 인해 나는 세상이 늘 공정하지는 않다고, 뭔가 조치를 취해야 한다고 생각했다.

다른 세입자 중에는 지병 때문에 결혼을 못 한 독신 남성도 있었다. 그는 어릴 때 천연두를 심하게 앓는 바람에 생긴 흉터가 얼굴에 있었고, 거칠게 숨을 몰아쉬는가 하면, 이따금 걷지 못할 때도 있었다. 나는 그의 심부름도 하고, 약국에서 약을 타오기도 했다. 그는 여느 남자들과는 달랐다. 내가 아는 유일한 비혼 남성이자 요리하는 남자였다.

　그런 그는 감정 표현을 잘하고 세심하고 자기성찰적이며, 책을 많이 읽고 이야기하기를 좋아했다. 나는 그가 해주는 이야기를 아주 흥미진진하게 들었다. 나는 그와 그의 세계관에서 많은 것을 배웠는데, 그러면서 그에 대한 연민과 공감이 생겨났다. 그의 생각에는 의미와 깊이가 있었다. 비록 어린 나이였지만 나는 그를 통해 얼굴에 흉터가 있거나 외모가 별로인 것 같아도 생각이 깊고 지적인 사람은 매력적이라는 사실을 알게 됐다.

### 박애적 태도에 관한 연구 결과

　혁신가의 박애주의는 자신을 희생하는 것처럼 보일 수 있다. 감옥에서 교도관들과 친해진 만델라는 그들에게 공감하면서 흑인이 아닌 이들의 관점을 이해하게 되었다. 그는 심지어 압제자들의 언어인 아프리칸스어까지 배웠다. 이 덕에 아프리카의 백인들과 소통을 할 수 있었고, 그들은 만델라에게 마음을 열었다. 그의 박애주의는 새로운 남아프리카 헌법을 제정하는 데도 도움이 되었다. 그럼에도 만델라의 박애주의는 자신을 희생하는 것처럼 보일지도 모른다.

박애적 태도에서 타인에 대한 공감, 그리고 의미 있는 방식으로 타인을 돕는 행동이 나온다. 창의력에는 타인을 정서적으로 건드리거나 감동을 이끄는 표현력이 필요하다. 혁신가는 타인의 감정을 잘 읽고, 본인의 감정과 생각을 분명하게 표현하는 기술을 발달시킨다. 공감을 발휘하여 멘토와 유대감을 쌓고, 독특한 사람들을 만나서 배우며, 타인이 진정으로 원하고 필요로 하는 게 뭔지 이해한다.

정서적 공감이 창의력에 이롭기는 하지만, 동정하는 대상에 대한 특혜로 이어질 수 있다. 따라서 타인의 관점 수용이 단순한 정서적 공감보다 더 낫다. 이는 편견을 줄이고, 효과적인 협상 및 문제 해결을 위한 언어적, 비언어적 신호를 이해하는 데 도움이 된다.

혁신가의 호기심과 박애주의는 창의적 노력을 추동한다. 호기심과 인류애로 열정이 강화되면서 큰 그림 목표에 대한 영감이 자극받고, 틀 밖 상상력과 새 틀 융합력이 촉진된다. 아인슈타인, 잡스, 만델라, 오키프는 가족보다 인류 자체에 더 큰 애정을 보였고, 오키프는 인류를 넘어 자연에 까지 애정을 보였다.

그러다 보니 혁신가는 가장 가까운 이들의 오해를 산다. 박애주의, 인류를 더 나아지게 만들겠다는 열망이 혁신가의 창의력에서 핵심을 차지하지만, 앞을 내다보는 이들의 꿈이 세상 사람들에게 늘 이해받지는 못한다. 그렇다 해도 혁신가는 자신의 뜻을 관철한다.

박애적 태도와 큰 그림을 생각하는 태도를 바탕으로 최종 창작물이 세상을 어떤 식으로 이롭게 할 것인지에 관하여 낙관적인 시각을 견지한다. 그 결과 혁신가는 더 큰 위험을 감수하면서 위대한 혁신을 달성할 수 있게 된다.

## 3. 자기성찰적 태도

나는 고향을 떠나 대구에 있는 고등학교에 진학했다. 시험 기간 때마다 어머니는 온종일 농장에서 일을 한 뒤, 내가 사는 곳으로 오시곤 했다. 버스를 기다리고, 갈아타고, 걷는 시간까지 포함해서 세네 시간이 걸리는 여정이었다. 어머니는 저녁을 준비하고, 내가 공부를 마친 뒤 잠드는 모습을 지켜보다가 나를 깨우고 아침밥을 먹이셨다.

어머니는 동이 트기 전에 다시 고향행 버스에 오르셨고, 새벽 예배를 본 다음 농장에서 일을 하셨다. 왜 그렇게 했는지 어머니는 나에게 한 번도 말씀해준 적이 없으셨다. 어머니의 인생에 대해서 곱씹은 나는, 어머니의 행복을 위해 말로 고마움을 표현하는 대신 더 열심히 공부를 했다. 나는 내 인생이 어느 때건 어머니의 인생에 비하면 훨씬 더 수월하다고 느낀다.

### 자기성찰적 태도에 관한 연구 결과

혁신가는 대개 자기성찰이 심해서 내성적으로 보일 수도 있다. 아인슈타인은 두 아들과 함께 장난감이나 자동차를 만들거나, 이야기를 해주거나, 바이올린으로 자장가를 연주해주면서 시간을 보냈다. 하지만 상대성이론을 파고들었을 때는 아이들마저 등한시했다. 아내가 우는 아기를 달래고 살림을 챙기는 동안, 그는 자기성찰을 위한 산책에 나섰다. 그는 산책과 항해를 사랑했는데, 사람들에게서 떨어져 깊이 생각하는 시간이 되었기 때문이다. 이런 그는 내성적으로 보일지도 모른다.

자기성찰적인 태도의 특성은 고독을 즐기며 사건과 경험의 본질을 이해하는 것이다. 내향성과 외향성을 떠나 누구든 창의적일 수 있다. 다만, 위대한 혁신에는 자기성찰이 필요하다. 혁신가는 창의적 과정이 진행되는 동안, 즉 읽고, 연습하고, 공상하고, 생각을 포착하고, 가설을 세우는 등의 활동을 할 때는 이따금 내향적일 때도 있다. 단, 자기성찰적인 성향에는 단순한 내향성 이상의 의미가 있다.

자기성찰은 혁신가에게 이롭다. 첫째, 방해요인이 없는 상태에서 부담감이 크고 힘겨운 창의적 과정에 집중하는 데 도움이 되고, 둘째, 부정적인 사회적 영향력에서 거리를 둬 독립성을 유지하는 데 도움이 되고, 셋째, 회의론에 맞서 자기효능감을 지키는 데 도움이 되고, 넷째, 자신의 신념과 일을 객관적, 비판적으로 평가하고 끈기 있게 생각하는 데 도움이 되고, 마지막으로 다섯째, 창작물의 독특함을 촉진하는데 도움이 된다.

혁신가는 창의적 과정의 특정 단계에 따라 고립적인 자기성찰적 태도에서, 타인과의 소통을 중시하는 태도로 전환한다. 전문 분야와 관련된 주제들을 논의하거나, 자신의 창작물을 타인이 이해하고 그 진가를 알아볼 수 있는 방식으로 알릴 때는 외향적인 사람처럼 사회적이고 소통을 잘하는 자세로 목소리를 높이고 활기찬 모습을 보인다.

혁신가는 자연의 가치를 알아보고, 자연으로부터 배운다. 스트레스가 없고 방해꾼이 없는, 즉 이완된 정신 상태는 자기성찰 및 창의적 과정에 필수적이다. 자기성찰에는 자연을 활용하는 것이 좋고, 또 중요하다. 거의 모든 혁신가가 홀로만의 산책을 매우 좋아하고 자연 감상을 즐겼다.

그리고 정원 가꾸기를 즐긴다. 만델라는 교도소 옥상에 뜰을 만들어서 온갖 채소를 길렀다. 내가 이 책에서 원예 은유를 사용하는 것은 바로 혁신가와 정원 가꾸기의 밀접한 관련성 때문이기도 하다.

## 4. 주체적 태도

내가 미국에서 박사학위를 받기 직전에 남편 이 박사는 유명한 역술가를 찾아갔다. 역술가는 남편에게 "당신 아내는 한국에 안 돌아올 거요"라고 말했다. 이 박사는 심란했다. 나는 그때 이미 4년간 미국에 살고 있었다. "어떻게 하면 집으로 돌아오게 만들 수 있나요?"라고 그가 물었다. 역술가는 이렇게 답했다.

"한국에 돌아오면 당신 아내는 뼈가 부서지는 듯한 고통에 시달리게 될 거요."

이 박사가 내 운명을 바꾸는 법을 묻자 역술가는 말을 이었다.

"경희慶姬라는 이름은 여자 이름으로는 기가 너무 세."

"경慶은 남자일 때만 경사롭다는 뜻이오."

"그러면 그 한자를 바꾸면 되나요?"

역술가는 고개를 저었다.

"당신 아내는 새 이름이 필요해. 그리고 원래 이름보다 새 이름으로 더 많이, 크게 불려야 해. 그러면 운명이 바뀔 거고 다시 집으로 돌아올 거요."

이 박사는 무척 들떴다. 미국에서는 아직 날이 밝지도 않은 시간에 내게 전화를 해서는 이 이야기를 들려주었다. 침대에 누워있던 나는 벌떡 일어났다. 마침내 의문이 풀렸다. 그러니까 부모님은 틀린 한자로 내 이름을 쓰셨던 것이다. 나에겐 이해가 되는 얘기였고, 나는 그 말을 믿었다. 오래전에 이름을 바꿨더라면 내 인생은 단순했으리라.

이 박사는 내가 당장 새 이름을 쓰기 바랐다. 나는 기말고사 때문에 타이밍이 안 좋다고 말했지만, 그는 단념할 사람이 아니었다.

며칠 뒤 이 박사는 한 손에 캐리어 가방을, 다른 한 손에 미니 카세트 플레이어를 들고서 조지아주 내 집 현관에 도착했다. 그는 카세트에다가 나의 새 이름을 반복해서 부르는 소리를 녹음했다. 나는 공부 때문에 그만해달라고 부탁했지만, 그는 그럴 생각이 없었다. 몇 번이고 테이프를 틀어댔다. 나는 새 이름으로 더 많이 불리게 되었을 때 내가 어떻게 될지 무서웠다. 한편으로는 내가 왜 한국 사회에 순응할 수 없었는지에 대한 답을 찾게 되어서 다행이라는 생각도 들었다.

이 박사는 내가 집안일을 하는 동안에도 내 뒤를 따라다니면서 녹음 테이프를 틀어댔다. 저녁을 준비할 땐 부엌에서, 학교에 간 아이들을 데리러 갈 땐 차 안에서, 내가 자려고 누울 땐 침대 옆에서 쉬지 않고 그 테이프를 틀어두라고 말했다. 일주일이 지나자 그는 떠날 채비를 하며 "그 테이프 계속 틀어놔."라고 말했다. 나는 "싫어"라 답했다. 진심이었다.

나는 한국으로 돌아갈 마음도 없었고, 사람과 규칙과 관습을 막론한 어떤 것에도 다시는 통제당하고 싶지 않았다. 나는 나 자신의 열정과 목표를 위해 살고 싶었다. 박사학위를 받고 교수가 되자마자 나는 그와 이혼했다. 나는 주체적인 한 인간으로 살기로 했다.

### 주체적 태도에 관한 연구 결과

혁신가는 대개 너무 주체적이어서 제어가 안 되는 것처럼 보일 수도 있다. 아인슈타인은 초등학생 때 유대교를 열렬히 숭상했으나, 열두 살 무렵부터 과학에 푹 빠지기 시작하면서 유대교에 냉담해졌다.

치열함은 종종 개인적인 삶을 희생시키는 탓에 혁신가는 워커홀릭처럼 비칠 수 있다. 그러나 주체적 동기에 의한 혁신가의 치열함은 틀 밖 상상력과 새 틀 융합력을 촉진하여 창작물의 독특함을 더한다. 또 일과 인생에 마주하는 장애물을 극복하는 원동력이 되기도 한다.

아인슈타인의 부모는 아들이 자신의 교육, 직업, 국적을 스스로 알아서 결정하도록 놔두었다. 열다섯 살 때 고등학교를 중퇴한 그는 홀로 이탈리아의 밀라노에서 제노아까지 책 몇 권만 들고서 산을 넘으며 도보여행을 했다. 그는 이탈리아를 너무나도 좋아해서 독일 시민권을 포기했다. 그러고 나서 아라우 재학 시절에는 스위스 시민이 되기로 했다. 이런 아인슈타인은 제어가 안 되는 사람처럼 보일지도 모른다.

주체적인 태도란 목표를 추구할 때 독립적이고 내재적으로 동기 부여가 된다는 의미이다. 외부적 동기는 보상을 바라며 과업이나 활동을 하는 것으로, 대개는 창의력을 해친다. 그저 사람들을 통제하기만 하고, 단순한 암기식 과업 혹은 단기 목표 달성에만 효과적이다.

이와 대조적으로 주체적 동기는 어떤 과업을 해내는 중에 파생되는 순수한 기쁨과 즐거움에 기인한다. 주체적 동기는 자기효능감과 열정에서 나오는데, 이는 학습력과 끈기를 향상시킨다. 혁신가는 주체적으로 자신의 열정이나 목표를 위해 일에 뛰어든다. 주체적으로 자신의 명확한 목표를 달성하기 위해서 희생하고 헌신한다. 이를 추구하는 과정에서 일이 정체성에 편입된다.

## 5. 공상하는 태도

여느 한국인과 마찬가지로 나도 일본 사람을 싫어했다. 미국에서 우리 아이들을 봐준 일본인 베이비시터를 만나기 전까지는 말이다. 일제는 나의 조부를 포함하여 수많은 한국인을 고문하고, 죽이고, 종으로 삼았다. 나는 일제에게 강제징집당해 다시는 돌아오지 못한 나의 할아버지에 대한 이야기를 들으며 하지만 나의 상상 속에서 할아버지는 돌아가신 적이 없었다.

내가 열 살 때, 어린 남동생이 죽은 다음부터는 동생이 천국에 있는 일곱 살짜리 천사라고 상상했다. 나는 어른이 되고 싶지 않았다. 우리 어머니도 늙지 않기를 바랐다. 그렇게 되면 내 생각에 동생이 천국에서 우리를 알아보지 못할 것 같았기 때문이다. 그래서 고집스레 어머니의 흰머리를 검게 염색하는 것을 도왔다.

### 공상하는 태도에 관한 연구 결과

혁신가는 너무 자주 공상해서 망상에 빠진 것처럼 보일 수도 있다. 아라우 재학 당시 아인슈타인은 빛줄기에 올라타면 어떨지, 빛의 속도만큼 빨리 달리면 무슨 일이 벌어질지 상상했다. 이 질문들은 그가 답을 찾아내기 전까지 10년 넘게 그의 머릿속을 집요하게 점령했다. 그는 망상에 빠진 사람처럼 보였을지도 모른다.

공상하는 태도의 특징은 깨어있는 동안 비현실적일지 몰라도 목표 지향적으로 끊임없이 생각한다. 나는 공상의 범주에 무작위적인 생각, 감정, 환상을 품는 마음 산책을 포함시킨다. 공상에는 장단점이 있다. 공상은 복잡한 과업의 수행력을 저해한다.

독해력을 저해하고, 특히 운전에 해롭다. 심지어 중요한 시험을 치르는 등 아주 힘든 과업을 수행할 때조차도 공상에 빠질 수 있다. ADHD인 사람이나 툭하면 공상에 잠기는 사람은 공통적으로 집중해야 할 일에도 주의를 기울이기가 힘들고, 공상과 관련된 분열 또는 혼란을 경험한다. 그러나 찾아낸 정보를 더욱 깊이 파고들기 위해서 공상과 유사한 관심 쪽으로 재빨리 방향을 틀 수 있으면, 틀 밖 상상력과 새 틀 융합력을 촉진하기에 유리하기도 하다.

많은 이가 환상과 공상을 잡생각이라고 일축하지만, 무계획적이고 산만한 공상은 '아하!'를 촉진하는 좋은 자극제이기도 하다. 가장 독특한 아이디어와 깨달음은 혁신가가 즉흥적으로 목적이 불분명한 공상을 할 때 떠오른다. 공상과 그 뒤에 이어지는 '아하!'는 혁신가가 힘들지 않은 과업을 할 때 일어난다. 끈질긴 태도로 집중하는 것은 틀 안 전문성과 그에 따른 혁신에 대단히 중요하다. 하지만 너무 지나친 집중은 틀 밖 상상력과 '아하!'를 가로막을 수 있다.

혁신가는 실패할 때조차도 아이디어나 목표 달성을 위해서 집요함을 발휘한다. 그러고는 힘들지 않은 과업을 하며 완전히 쉬기보다는 즉흥적으로 공상하는 상태에서 잠재의식 상의 처리 및 틀 밖 상상력, 새 틀 융합력을 발휘해 새로운 아이디어나 목표를 떠올린다.

혁신가의 공상은 목표 지향적이다. 공상한 다음에는 끈질긴 태도로 아이디어나 목표를 포착하고, 평가하고, 따르도록 현재의 마음 챙김을 실천한다. 혁신가는 목표를 달성하기 위해 공상을 활용하면서 독특한 아이디어를 끊임없이 모색하는데, 이는 위대한 혁신의 발판이 되어준다.

## 6. 비순응적 태도

내가 네 살 때 부모님이 일구신 사과 과수원의 어린나무에 사과 두 알이 열렸다. 나는 그 사과들을 따서 순식간에 먹어치웠다. 아삭아삭하고 달콤했다. 턱을 따라 과즙이 줄줄 흘렀다. 이튿날 할머니는 내가 사과를 먹었다고 노발대발하셨다. 할머니가 드시고 싶었던 게 아니라, 여자애가 제일 먼저 먹었다고 그랬다.

당시의 미신에 따르면, 사과나무가 다음 해에 열매를 잘 맺으려면 남자아이가 만물, 즉 첫 열매를 먹어야 했다. 이를 어기면 다음 해엔 사과나무에 열매가 잘 열리지 않는다고 했다.

이 일이 있고 나서부터 나는 매년 사과나무들을 걱정했다. 홍수, 가뭄, 서리로 인해 예상 수확량이 격감했던 때도 있었다. 부모님은 과수원에서 평생 죽도록 일했는데도 돈을 많이 벌지 못하셨다. 나는 그때 그 사과 두 알을 먹은 나 자신을 탓했다.

나는 치마를 즐겨 입고, 뜨개질과 요리를 좋아하는 동시에 구슬치기, 칼싸움, 눈 덮인 산에서 하는 토끼 사냥도 즐겼다. 나이를 먹을수록 여자아이는 어떻게 보여야 하는지, 어떻게 행동해야 하는지, 어떻게 말해야 하는지에 대한 사회적 요구가 버거웠다. 아름다워지려면 여자들은 전통적인 역할에 순응하고, 가냘프고 연약하게 보여야 했다.

대학생 때는 나는 가라테 동아리에 들어가서 검은 띠를 땄고, 강하고 집요하게 굴었다. 이런 내가 결혼했을 때 시집 식구들은 나를 통제하기 위해 할 수 있는 건 뭐든지 다 했다. 당시 한국 사회에서는 모든 사람이 서로 다름이 없어야 한다고, 그리고 튀는 행동은 누구에게도 도움이 되지 않는다고 믿었다.

나는 내 딸이 계속해서 독립적이고, 자립적이며, 강인한 여성이기를 바란다. 딸이 전통 규범에 순응하기를 원치 않는다. 딸아이는 자신의 길을 선택하고 자기만의 미래를 만들어가고 있다.

### 비순응적 태도에 관한 연구 결과

혁신가는 대개 너무 비순응적이어서 거칠게 보일 수도 있다. 오키프는 동 세대 가운데 유일하게 누드모델이 된 여성 예술가였다. 스티글리츠는 이 작품을 1921년 뉴욕에 있는 자신의 갤러리에 전시했다. 이 일은 대중적인 센세이션을 일으켰고, 오키프의 작품에 대한 성적인 해석을 끌어냈다. 이런 오키프는 거칠게 보일지도 모른다.

비순응적 태도는 주류의 사고 및 행동 패턴과는 다른 선택을 한다는 것이다. 관습과 전통은 혁신에 별다른 영감을 주지 못한다. 혁신가는 자기 마음의 소리에 귀 기울이고, 타인의 기대에 개의치 않는다. 타인의 기대에 부응하려거나 외부에 자신을 증명하려고 애쓰지 않으며, 자기 확신에 따라 기성의 성공 공식을 깨부순다.

혁신가는 자기 확신의 결과를 마주할 준비가 되어 있다. 관습적 혹은 전통적인 사고방식을 깨부숨으로써 틀 밖 상상력을 활용하여 새로운 개념, 접근법, 생산물을 개발한다. 남들이 정한 한계를 거부하고 자기만의 규칙을 설정한다. 자신의 강점을 찾아내고, 타인의 목표 대신 본인의 목표를 추구한다.

혁신가 중에는 순응적이고 집단주의적인 문화 출신보다는 비순응적이고 개인주의적인 문화 출신이 더 많다. 개인주의적인 서양인은 대개 독특함을 중시하는 '나'의 관점에서 생각한다. 반면, 집단주의적인 동양인은 대체로 순응과 조화를 중시하는 '우리'의 관점에서 생각한다. 혁신가는 '나'와 독특함을 강조한다. 기존 집단에 속하지 않거나 우리라는 정체성을 집단 구성원과 공유하지 않는 이들 역시 비순응주의자다. 이들은 불편함은 느낄지언정 그러한 성향 덕분에 독특한 틀 밖 상상력과 새 틀 융합력을 발휘할 수 있다.

혁신가는 자신을 둘러싼 환경 때문에 대체로 비순응주의자로 자란다. 비주류에 속하는 가정적, 교육적, 직업적, 경제적, 문화적 배경 출신들이다. 이들은 주류와 '우리'라는 정체성을 공유하지 않는다. '우리'가 되기 위해서는 외부자로서 두 가지 서로 다른 규범 또는 전통을 경험하면서 주류에 반드시 적응해야 하는데, 그러지 않기 때문에 불안정함과 자기 회의를 느끼면서도 독특한 틀 밖 상상력과 새 틀 융합력을 발휘하기도 한다.

혁신가라고 해서 꼭 자신감이 넘치는 것은 아니다. 하지만 자신이 몸담은 사안이나 분야에서 자기효능감을 키움으로써 외부자라는 자신의 위치를 극복한다. 어쨌든 본인은 외부자이므로 잃을 게 없다고 생각하면서 위험을 무릅쓰고 안전지대 밖으로 나가는데, 바로 이러한 자세가 창의적 과정을 촉진한다.

이 책에서 언급하는 혁신가들은 불리한 경제적 상황 외에도 하나같이 본인을 외부자로 여기는 상황에 직면했다는 공통점이 있다. 아인슈타인이 당한 유대인 터부, 잡스는 친부모에게 버림받았다는 사실, 만델라는 새 가족에 편입되어야 했던 사정, 오키프와 퀴리는 여자로서 남자들의 세계에 진입하는 것 모두 그런 상황이었다.

혁신가 중에는 오른손잡이보다 왼손잡이가 더 많다. 이들은 오른손잡이 세상에 대처하기 위해서 양손을 다 쓰는데, 이때 뇌 전체를 사용하게 되면서 새 틀 융합력이 촉진된다. 혁신가의 뇌는 비혁신가의 뇌보다 좌뇌와 우뇌의 상호작용이 활발한 것으로 나타난다.

## 7. 성 편견이 없는 태도

나는 성 편견이 가득한 세상에서 성장했다. 만사에 성별이 중요했다. 나는 딸아이의 백일잔치도, 돌잔치도 할 수 없었다. 시부모님은 여자아이를 첫 손주로 인정하려 하지 않았다.

한국에서는 유교의 영향에 따라 오래도록 여성 교육이 등한시되었다. 내가 어릴 적에 살던 시골의 여자아이들은 남자아이들이 수업을 들으러 학교에 갈 때 열악한 노동 현장으로 향해야 했다. 가부장적인 문화에서 리더십과 능력은 남자의 덕목이고, 여성에게는 오로지 순종이라는 덕목만이 허용된다. 이에 따라 당시의 한국 여성은 대부분 자신의 잠재력을 발휘하지 못했다. 직업 선택권 역시 제한됐다.

한국을 방문했을 때였다. 백화점 안으로 걸어 들어가고 있던 나는 앞의 남성이 당연히 문을 잡아주리라고 여겼다. 그런데 눈앞에서 문이 쾅 닫히는 바람에 코가 깨질 뻔했다. 미국에서는 내가 은행이나 식료품점 안으로 들어갈 때 나보다 훨씬 나이가 많은 남성도 나를 위해 문을 열어준다. 물론 내가 한국에 머무르던 때와 지금 한국은 다르고, 이런 단편적인 사례로 전체를 판단할 수는 없다. 하지만 이 사례는 적어도 내게는 '내가 알던' 한국을 상기시켰다.

내가 가르치는 미국 학생들 가운데 결혼한 친구들과 이야기를 하다 보면 대체로 부부가 가정의 책무를 공유한다는 사실을 알게 된다. 미국은 아시아에 비해 성 편견이 없다.

### 성 편견이 없는 태도에 관한 연구 결과

혁신가는 대개 성 편견이 너무 없다 보니 성적 지향이 없는 것처럼 보일 수도 있다. 스티글리츠는 성적 매력이 부각된 오키프의 이미지를 만들어냈고, 오키프의 작품에도 성적으로 자유로운 여성의 분위기를 덧씌웠다. 하지만 오키프 본인은 성별에 따른 특징을 반영한다거나, 성적 요소가 부각된 작품 해석을 부정했다. 훌륭한 '여성' 예술가가 아니라, 훌륭한 '예술가'로 알려지기를 원했기 때문이다.

오키프는 성적 지향이 없는 것처럼 비칠지도 모른다. 그런데 오키프가 부인할수록 신비감이 공고해지면서 사람들의 호기심은 더욱 증폭되었다. 오늘날 오키프는 도발적이고 관능적인 표현주의 작품들로 가장 유명하다.

성 편견이 없는 태도는 성별에 기초한 고정관념을 거부한다는 뜻이다. 이는 다양성, 그리고 성별 표현의 한계를 없애는 것과 관련이 있다. 혁신가는 육체적으로라기보다는 정신적으로 성 편견이 없고, 남성적 태도와 특성, 여성적인 태도와 특성 모두를 드러낸다. 그리고 그러한 태도와 특성을 창의적 과정에서 활용한다.

혁신가는 관습적인 성별 규범에 순응하지 않고, 성 역할 기대에 저항하면서 유연하고 융통성 있는 사람이 되는데, 이를 통해 틀 밖 상상력과 새 틀 융합력이 촉진된다. 또 성별에 따라 규정된 사고 전략과 기법을 넘어서는 다양한 사고 전략과 기법을 쓸 수도 있다. 더 나아가 어려운 시기에 사회적 지원과 지지를 보다 많이 얻어내는 수완 좋은 태도를 키우고, 굴하지 않는 태도를 강화한다.

## 8. 반항적 태도

나는 어릴 때부터 반항적이었지만, 미국 대학원 입학 전까지는 나의 반항심을 표출한 적이 없었다. 토런스센터의 창의적인 풍토에서야 나의 반항심이 분출되었다. 한국에서 박사 과정을 거치며 나는 시험 공부로 지능과 창의력에 관한 수많은 이론을 배우고 외웠다. 그런데 미국에서 박사 과정을 시작하자마자 내가 암기한 이론들이 쓸모없는, 한물간 이론들이라는 사실을 알게 되었다.

머릿속이 혼란스러웠다. 한국에서는 이론의 장점만 배웠다. 그런데 미국에서는 그 이론들을 비평했고, 뭐든 외우지 않아도 된다고 배웠다. 새로운 연구에서 새로운 이론이 도출되기 때문이다.

나의 반항심은 확립된 지식이나 결론, 이론에 의문을 제기함으로써 수많은 독특한 연구 가설들을 촉발했다. 나는 아시아의 관습, TTCT, 지능이 높은 사람만이 창의적일 수 있다는 이론, 미국에서 창의력이 꾸준히 증가하고 있다는 이론에 의문을 제기했다.

### 반항적 태도에 관한 연구 결과

혁신가는 대개 너무 반항적이어서 반체제적으로 보일 수도 있다. 독일 학교에서 마주한 광적인 국가주의와 군국주의로 인해 아인슈타인은 권위를 증오하게 되었고, 이는 그의 반항심을 키웠다. 그의 상대성이론은 수 세기 동안 과학을 규정했던 관습적인 과학적 도그마, 종교적 도그마, 그리고 다른 모든 유형의 도그마를 거스르는 것이었다. 아인슈타인은 반체제적으로 보일지도 모른다.

반항적 태도는 자신의 목표를 추구하기 위해 기존 규범이나 가치, 전통, 위계질서, 권위를 용감하게 거부하거나 바꾸는 행동으로 나타난다.

혁신가는 본인이 속한 분야에서 제도권 교육을 수용적으로 받은 사람들이 아니다. 미래의 문제를 풀 때 과거의 지식이나 결론만 사용하면 창의력이 억눌린다. 창의력에는 틀 밖 상상력이 필요하고, 반드시 현재의 고착화되어 있는 전문성을 넘어서야 한다. 지식이 너무 많아도 창의력이 억눌릴 수 있다.

창의적이려면 아이디어가 독특해야 하는데, 그러기 위해서는 규범이나 전통에서 벗어나야 한다. 창의력이 독특하려면 파괴적이어야 하고, 유용하려면 건설적이어야 한다. 창작물이 독특할수록 더 많은 반대나 터부를 마주하게 된다. 독특함은 본질적으로 반항적이기 때문이다. 따라서 혁신가는 위험을 감수하고, 기성의 지배 또는 통제 세력에 반항적으로 굴 수밖에 없다.

혁신가 중에는 규범이나 법을 위반하는 문제아, 심지어 범죄자가 되는 사람도 있다. 잡스와 워즈니악은 불법으로 무료 장거리 전화를 할 수 있는 블루박스를 발명해서 팔았다. 이 반항적인 모험이 향후 동업자 관계의 토대를 확립했다. 잡스는 이렇게 말했다. "그런 경험이 우리에게 아이디어의 힘을 가르쳐주었다. 만약 우리가 블루박스를 만들지 않았더라면 애플은 없었을 것이다."

혁신가 중에는 반항적인 '동생'들이 많다. 대체로 첫째는 부모의 기대를 충족시키려고 분투하며 손아래 형제자매들보다 틀 안 전문성을 더 많이 사용하고, 더 좋은 학교에서 더 높은 학위를 받고, 더 잘 나가는 직업에 종사하고, 더 관습적이다. 나중에 태어난 아이들은 첫째보다 틀 밖 상상력을 더 많이 사용하고, 더 반항적이고, 심지어 반체제적이기도 하며, 혁명적이다.

하지만 반항에는 한계가 있다. 아이디어가 너무 급진적이면 사회에서 거부당한다. 창의력은 한계 내에서의 예측 불가능성이자, 익숙함 안에서의 놀라움이지, 무규범을 의미하는 것은 아니다. 창작물의 독특함을 만들어내는 솜씨는 유용성에 의해 제한되고, 창작물의 유익함은 독특함에 의해 제한된다. 유용하도록 현상 유지를 존중하는 것이 독특하도록 반항하는 것보다 우선되어야 한다.

혁신가도 처음에는 자기 분야의 기존 규칙이나 전통, 제약, 제도를 배우고, 이해하고, 따른다. 설령 그것들에 동의하지 않더라도 그렇다. 대체로 규칙이나 제약은 유용한 해법이나 아이디어를 형성하고 규정하는 데 도움이 된다. 그 이후 규칙이나 제약에 도전하거나 그것들을 깨부수되 여전히 제도나 전통 안에서 변화를 만들어낸다.

오키프는 강렬한 추상화로 유명하다. 하지만 그런 그도 처음에는 틀 안 전문성을 활용했고, 자연의 사실적인 장면이나 전통적 혹은 고전적인 형상을 그리는 훈련을 했다. 또 고전적인 회화를 배웠고, 사실주의 회화에서 전문성을 획득했다. 이렇게 토대를 다지고 나서야 오키프는 영감을 얻고 틀 밖 상상력을 활용하여 추상화를 시도했다.

혁신가의 여정에서 보이는 패턴은 다음과 같다. 첫 번째로 전문성을 키우고, 틀 안의 사실주의를 훈련하여 토양 태도와 비바람 태도를 바탕으로 유용성을 달성한다. 두 번째로 틀 밖으로 나가기 위해 반항적인 낙관주의를 키우고, 햇살 태도와 공간 태도를 바탕으로 독특함을 달성한다. 마지막으로 새 틀인 현실적 이상주의를 발달시키고, 4S 태도를 활용하여 독특함과 유용성을 모두 달성한다.

나는 새로운 시작을 위해
내가 배웠던 것을 떨쳐버리기로 했다.
- 조지아 오키프

3부

―

창의력과 문화

7장

# 남자가 여자보다 창의적일까?

문화는 창의력에 중대한 영향을 미친다. 부모는 자신이 속한 문화의 가치나 규범에 따라 자식을 키운다. 이 장에서는 가부장적 문화, 유대 문화, 아시아 문화가 창의력에 미치는 영향을 다룬다. 양육자가 아이의 창의력을 대하는 본인의 태도를 결정하고, 자신이 일하고 살아가는 문화 풍토가 어떤 부분에서 신념, 기대, 실제 양육 방식에 영향을 미치는지 알 수 있을 것이다.

# 노벨상 수상자는
# 왜 대부분 남자일까

확산적 사고 검사 점수를 비롯한 창의력 검사 점수를 연구하고 분석한 내 결과에 따르면, 정신적 전략 면에서 남성과 여성이 차이를 보인다. 여성은 세부사항에 주목하고 끈기가 있는 덕분에 대체로 틀 안 전문성과 언어적 사고, 또 새 틀 융합력과 정교화 기술이 발달한다. 반면에 남성은 대개 틀 밖 상상력과 시각적 사고가 잘 활성화된다.

이는 여성에게 으레 틀 안에서 순응하길 기대하는 가부장적인 문화 때문일 수도 있다. 하지만 성별에 따른 창의적 잠재력 차이는 거의 없다. 어느 한쪽이 더 창의적으로 태어나지 않는다. 창의력에는 독립성과 세심함처럼 전통적인 남성성과 여성성으로 평가받는 역량이 모두 필요하다.

그런데 현실에서 남성 혁신가에 비해 여성 혁신가는 극히 드물다. 최고 수준의 창의적 성취를 상징하는 노벨상은, 창의력 측면에서 가장 권위 있고 영예로운 상이다. 그러나 2023년 기준, 노벨상 수상자 가운데 여성은 6.4퍼센트에 불과하다. 게다가 여성 노벨상 수상자는 대부분 비과학 분야다. 과학 분야 수상자 가운데 여성은 고작 3.8퍼센트이다.

여성 최초로 노벨상을 수상한 마리 퀴리는 과학 분야에서 노벨상을 두 차례나 수상했다. 1903년에 노벨물리학상을, 1911년에는 노벨화학상을 받았다. 여성 노벨물리학상 수상자는 단 두 사람뿐이므로, 마리 퀴리 혼자서 절반을 차지한 셈이다. 또 여성 노벨화학상 수상자는 네 사람밖에 없는데 그중 둘이 마리 퀴리와 그의 딸 이렌 퀴리다.

여성과 창의력이라는 주제를 탐험하기 전에, 고도의 창의적 잠재력을 지녔던 뛰어난 여성 물리학자 두 사람, 마리 퀴리와 밀레바 마리치의 삶을 면밀히 살펴본다.

# 최초로 노벨상을
# 두 번 받은 마리 퀴리

### 어머니의 죽음을 극복한 아버지와 딸

마리아 살로메아 스크워도프스카 Maria Salomea Skłodowska, 우리가 흔히 마리 퀴리라 부르는 여성은 1867년 11월 7일 폴란드 왕국에서 태어났다. 아버지 브와디스와프 Władysław와 어머니 브로니스와바 Bronisława의 다섯 아이 중 막내였다. 브와디스와프는 무신론자였고, 브로니스와바는 독실한 기독교도였으며, 둘은 성격도 달랐다. 하지만 두 사람 다 교사였고, 자녀들의 잠재력을 키워주려 한다는 점에서 뜻이 같았다. 이처럼 교육을 중시하고, 탁월함과 우수성을 기대하는 가풍이 마리의 근면성실한 태도를 키웠다.

당시 폴란드를 지배하던 러시아가 폴란드 학교에서 실험 수업을 금지하자 브와디스와프는 학교에서 사용하지 않는 실험 장비를 집으로 가져왔다. 그는 자식들에게 재미있는 과학 이론과 실험을 소개해주었는데, 이를 통해 마리의 호기심 많은 태도를 길렀다.

그러던 중 브와디스와프는 러시아에 맞서는 폴란드 민족 저항운동을 지지했다는 이유로 교사직에서 해고당하고 말았다. 가족은 경제적으로 어려워지게 되었고, 생계를 유지하기 위해 집에 있는 방들을 학생들에게 세 놓았다. 그런데 학생들이 빈번하게 들고 난 탓에 마리의 어머니와 언니가 결핵에 걸리고 말았다.

걸음마를 막 뗀 마리는 결핵이 뭔지도 몰랐고, 왜 엄마를 안거나 만질 수 없는지 이해하지 못했다. 애석하게도 마리가 여덟 살 때 큰 언니가 죽었고, 그로부터 2년 뒤에는 엄마도 세상을 떠났다. 이로 인해 마리는 깊은 우울증에 빠지게 되었다. 간절한 기도에도 불구하고 언니와 엄마가 죽자, 마리는 종교를 버리고 불가지론자가 되어 반 종교적인 아이가 되기도 했다.

불행 중 다행으로 이 경험이 마리가 결핵의 치료법을 찾도록 만든 동기가 되었다. 이런 경험이 마리의 굴하지 않는 태도와 큰 그림을 생각하는 태도를 키웠다.

참담한 일을 겪어내면서 브와디스와프는 어머니 역할과 아버지 역할을 모두 맡아야 했다. 자식들에게 자연, 수학, 물리학을 가르쳤고, 아이들의 모든 질문에 아주 성심성의껏 답을 해주었다. 독창적인 자작시, 폴란드어로 번역된《데이비드 코퍼필드》,《두 도시 이야기》 같은 고전 문학을 큰 소리로 읽어주기도 했다. 이를 통해 마리의 독서와 배움에 대한 애정, 호기심 많은 태도가 길러졌다.

러시아는 폴란드어와 폴란드의 역사, 문학, 풍습을 가르치는 것, 심지어 폴란드 말을 쓰는 것까지도 금지했지만, 브와디스와프는 자식들에게 폴란드의 역사와 문학을 가르치면서 폴란드 민족주의에 대한 희망을 아이들에게 심어주었다. 애국심이 강한 사람으로 성장한 마리는 러시아인을 증오했다. 이를 통해 반항적 태도가 길러졌지만, 러시아인 교사들은 그 가치를 인정해주지 않았다.

마리가 열다섯 살 때 딸의 우울증을 걱정하던 브와디스와프는 마리를 시골에 사는 두 삼촌네 가족과 1년간 함께 지내게 했다. 마리는 자연과 독서에 대한 애정을 키우는 동시에 야외 활동을 마음껏 즐기면서 몸과 마음의 건강을 회복했다. 이러한 경험이 마리의 굴하지 않는 태도와 자기성찰적인 태도를 길렀다.

## 가난에 굴하지 않은 지적 탐구자

마리는 드레스를 살 돈도 없었을뿐더러, 다른 여자아이들처럼 파티나 무도회를 좋아하지도 않았다. 마리는 가난했지만 지적으로 우월한 외부자로서 자신의 불안을 감췄다. 당시 폴란드에서는 여성의 대학 입학이 허용되지 않았다. 그래서 마리와 언니 브로니스와바는 야간에 불법적인 '비행 대학'에 다녔다. 그러다가 먼저 마리가 브로니스와바의 파리 유학을 지원하고, 그다음에는 브로니스와바가 마리의 공부를 뒷바라지하기로 의견을 모았다.

마리는 방값과 식비가 들지 않는 지방에서 입주 개인교사로 일하면서 월급의 절반을 언니의 학비로 보냈다. 열아홉 살 때 마리는 조라프스키스가에서 가정교사로 일했는데, 그 집 아들인 카지미에시와 열렬한 사랑에 빠졌다. 하지만 조라프스키스가는 마리의 집안이 가난하다는 이유로 마리를 탐탁지 않아 했다. 크게 상심한 마리는 다시는 남자를 사랑하지 않겠노라고 맹세했다. 그러고는 프랑스로 건너가 파리 4대학, 오늘날의 소르본대학교에 들어갔다.

마리는 소르본에서 물리학과 화학, 수학을 공부했다. 여름이면 숨이 막힐 정도로 덥고, 겨울에는 매섭게 추운 다락방에 살면서 저녁에는 개인교습을 했다. 그러면서도 결국에는 언어와 문화의 장벽을 극복했다. 하지만 폴란드인으로서의 정체성은 평생 유지했다. 이러한 경험이 마리의 이중문화적인 태도를 키웠다.

### 노벨물리학상으로 이어진 남편과의 교류

스물여섯 살 때 마리는 물리학 학위를 받고서 산업연구소에서 일하기 시작했다. 실험할 만한 곳을 찾던 중에 마리는 피에르 퀴리를 소개받았다. 피에르는 아버지, 삼촌, 할아버지 대대로 의사인 집안 출신으로, 탁월한 가풍에서 자란 청년이었다. 스물여섯 살의 마리를 만날 당시 피에르는 서른네 살이었다. 그는 극소량의 전력을 측정하는 전위계의 발명 등으로 이미 과학계에 크게 기여한 인물이었다. 피에르가 만든 전위계 덕분에 마리는 방사선을 내뿜는 원소와 광물을 찾아낼 수 있었다. 피에르와의 지적 교류가 없었더라면 이후에 일군 마리의 성취는 불가능했을 것이다.

마리는 피에르가 소르본에서 박사 논문을 완성하도록 응원했다. 당시 마리는 첫사랑이었던 카지미에시가 수학 교수로 재직 중인 대학교에 자리를 얻고자 폴란드로 갔으나, 여성이라는 이유로 대학 측으로부터 거부당했다. 마리는 결국 파리로 돌아가야 했다. 박사 과정을 마친 피에르는 결혼하자고 마리를 설득했고, 1년 뒤에 두 사람은 부부가 되었다.

퀴리 부부는 좀체 실험실을 떠나는 법이 없었지만, 두 사람 다 자연, 정원 가꾸기, 자전거로 시골길 달리기를 무척 좋아했다. 스물아홉 살 때 마리는 첫째 딸 이렌을 낳았다. 시아버지가 출산과 산후조리를 도왔다. 식구가 늘어난 만큼 소득이 더 필요했지만, 피에르는 마리가 취직 대신 박사학위를 목표로 공부할 수 있게 도왔다. 육아와 가사에서 남편과 시아버지의 도움을 받으면서 마리는 박사학위를 받는 데 매진했다. 그 시절의 여성으로서는 극히 드문 경우였다.

피에르는 마리에게 실험실도 마련해주었다. 그는 아내의 연구에 필요한 기구와 장비를 발명하고, 제공하고, 수정했다. 또 자력磁力이나 역청우라늄광 등에 관한 자신의 전문지식과 기술을 마리에게 제공했다. 마리는 4년 동안 라듐 분리에 몰두했다. 역청우라늄광 1톤을 갈아서 끓이면 고작 0.1그램이 추출되었다.

마리는 자신의 회복력과 끈기, 피에르와의 지적 교류를 통해서 불가능을 가능하게 만들었다. 이 과정에서 남편에 대한 사랑과 존경심이 커졌다. 퀴리 부부는 작업 환경이 참기 힘들 정도로 열악한데도 불구하고 자신의 일을 사랑했다. 두 사람은 냄새나고, 춥거나 덥고, 물이 새고, 먼지투성이인 판잣집에서 일했다. 이런 노력의 결과로, 1903년 마리가 서른여섯 살 때 퀴리 부부는 마침내 노벨물리학상을 받았다.

## 대물림되는 양육 철학

퀴리 부부는 딸 이렌의 교육에 각별히 신경 썼다. 두 사람은 자연과 과학에 대한 호기심, 탐구하고자 하는 열망을 딸에게 전하려 했다. 피에르는 이렌을 데리고 오랫동안 산책하면서 끊임없이 이야기를 나눴고, 딸의 질문에 항상 성의있게 답했다.

하지만 애석하게도 피에르는 둘째 딸 이브에 대해서는 제대로 알 기회가 없었다. 마흔여섯 살 때 그는 마차 바퀴에 깔리는 바람에 두개골절로 갑작스럽게 세상을 떠나고 말았다. 방사성 원소인 라듐에 과다 노출되어 뼈가 약해진 탓이었다. 피에르가 사망할 당시 이브는 고작 14개월이었고, 마리는 서른여덟 살이었다.

마리는 크게 상심했다. 하지만 시아버지 퀴리 박사가 며느리를 도왔다. 그는 낙관적이고 재미있는 분위기를 조성하고, 활기가 넘치는 대화를 나누면서 아이들을 돌봤다. 마리는 결국 피에르의 죽음을 극복했고, 딸들의 롤모델이 되었다.

마리는 매일 작은 목표들을 달성했다. 그리고 자신의 연구 일지와 더불어 두 딸의 성장 과정을 기록한 일기를 썼다. 마리는 딸들에게 폴란드어를 가르쳤고, 본인의 아버지가 자신을 위해서 그랬듯 아이들이 과학을 재미있게 받아들이도록 가르쳤다. 마리는 딸들에게 본인처럼 과학의 길을 따르라고 강요하지 않았다. 다만 아인슈타인 등 위대한 과학 분야의 멘토들을 접하게 해주었다. 이후에 이렌 역시 과학자가 되어 노벨상을 수상했다.

# 밀레바 마리치가
# 꽃피우지 못한 창의력

### 평범하게 살기에는 지나치게 천재적인 여성

밀레바 마리치는 1875년 12월 19일 세르비아에서 출생했다. 부유한 집안의 삼 남매 중 맏딸이었다. 아버지의 격려와 지원 덕분에 밀레바는 어릴 때부터 수학과 과학에 몰두할 수 있었다. 당시 여자아이로서는 흔치 않은 일이었다. 밀레바는 수학과 과학뿐만 아니라 수공예, 그림, 노래, 피아노 연주, 외국어에서도 두각을 나타냈다.

밀레바의 부모가 큰 공을 들인 끝에 밀레바는 1891년 남학생만 다니던 자그레브의 왕립인문고등학교에 들어갔다. 최초로 입학한 여학생이 밀레바였다. 스물한 살 때는 외국인 교환학생으로 취리히 폴리테크닉에 들어갔는데, 물리학과에서 여성은 밀레바가 유일했다. 밀레바는 학우였던 아인슈타인과 연인이 되었다. 당시 아인슈타인은 열일곱 살이었다.

밀레바는 아인슈타인의 상상력에 매료되었고, 두 사람은 흥미로운 과학적 아이디어나 물리학 이론에 대해 토론했다. 또 최신 물리학 이론에 대한 설렘과 흥분으로 가득한 연애편지를 주고받기도 했다. 두 사람 다 독서, 수학, 물리학, 자연, 하이킹에 대한 애정을 공유하는 비순응적이고 반항적인 사상가들이었다. 둘 다 음악적인 재능도 있었는데, 밀레바가 노래를 부르거나 피아노로 반주하면 아인슈타인이 바이올린을 연주하곤 했다.

밀레바는 결혼할 마음이 없었다. 그녀는 여자가 주부이면서 동시에 직업을 유지하기는 불가능하다는 사실을 알았다. 아인슈타인은 본인의 연구에 너무 사로잡혀 옷차림이나 외모에는 거의 관심을 두지 않았다. 그런데 이런 모습들이 모성 본능을 건드리면서 밀레바는 아인슈타인에게 더욱 끌리게 되었다. 그리하여 결국 주부라는 가부장적 문화 규범을 받아들이면서 아인슈타인을 위해 본인의 학업적 욕구를 단념했다.

점점 커지는 아인슈타인에 대한 사랑을 주체하지 못하게 되자, 밀레바는 그로부터 멀리 떨어져 있기로 결심하고 독일 하이델베르크대학교로 가서 수업을 들었다. 고작 한 학기였지만 밀레바는 아인슈타인의 상대성이론이 탄생하는 데 영향을 미친 필리프 레나르트의 이론을 가지고서 취리히로 돌아왔다. 당초 하이델베르크로 떠날 때만 해도 밀레바는 큰 그림을 생각하고, 자기효능감이 있고, 독립적이고 강인했다. 그런데 사랑하는 아인슈타인의 품으로 다시 돌아오자 자기 회의에 빠지고, 패배감에 젖었으며, 의존적이고, 감성적인 여자가 되었다.

아인슈타인의 부모는 두 사람의 관계를 한 번도 지지한 적이 없었다. 어머니 파울리네는 밀레바를 미워했다. 유대인이 아니라서, 주부 노릇을 하기에는 지나치게 똑똑해서, 아인슈타인보다 네 살이나 많아서, 태어날 때 입은 골반 손상으로 걸을 때 다리를 절어서 등 갖가지 이유에서였다. 하지만 아버지 헤르만은 시간이 지나자 밀레바를 받아들였다.

## 사랑에서 시작된 파국

밀레바는 아인슈타인과 사귀면서 학교 교수들과의 관계에서도 피해를 입었다. 아인슈타인이 교수들과 매번 갈등하고 충돌했기 때문이다. 학과 내에서 유일한 여성이라는 점 역시 상황을 더욱 악화시켰다. 결국 밀레바는 졸업 구술시험에 떨어졌다.

설상가상으로 1901년, 결혼하지 않은 채로 밀레바는 아인슈타인의 아이를 갖게 되었다. 임신 기간 동안 거의 내내 아팠다. 그런 와중에 아인슈타인은 취직을 못했고 밀레바를 등한시했다. 그는 밀레바와 결혼할 형편이 안 되었고, 가족을 부양할 경제적 수단도 없었다. 스물일곱 살 때 밀레바는 딸 리제를Lieserl을 낳았으나 곧 입양을 보내야 했다.

밀레바는 졸업 시험에서 또 다시 떨어지고 말았다. 미혼모라는 사회적 낙인 때문에 고통받기도 했다. 딸을 잃은 일은 평생 밀레바를 괴롭혔다. 이 모든 상황이 그녀의 꿈을 산산조각 냈다.

아인슈타인과 밀레바는 결국 1903년에 결혼했다. 하지만 밀레바는 기운을 차리지 못했다. 아인슈타인에게 집중함으로써 딸을 잃은 상실감을 채워보려고 애썼다. 1904년 두 사람 사이에서 아들 한스가 태어났다. 하지만 이번에도 밀레바는 한스의 양육에 아무런 도움을 받지 못했고, 아인슈타인이 경제적 안정을 가져다주지 못한 탓에 어쩔 수 없이 집에 하숙인들을 받아야 했다.

밀레바는 본인의 꿈 대신 남편의 성공을 위해 헌신했다. 계속해서 아인슈타인의 아이디어에 대해 이야기를 나누고, 그의 수학적 계산을 점검하면서 연구를 도왔다. 아인슈타인은 본인에게 있어서 '기적의 해'였던 1905년에 유명한 논문 4편을 발표했다. 10년 동안 밀레바, 미켈레 베소와 지적 교류를 한 덕분에 가능한 일이었다. 그런데 밀레바가 그의 업적에 크게 기여했음에도 아인슈타인은 베소만을 '최고의 자문 상대'로 인정했다. 피에르 퀴리와는 정반대 태도였다.

1910년 아인슈타인의 둘째 아들 에두아르트가 태어났다. 에두아르트는 재능 있는 피아니스트였으나, 조현병을 앓았고 극도로 불안정했다. 아인슈타인은 아들이 둘이 되었으니 살림과 양육에만 집중해달라고 밀레바에게 요구했고, 밀레바도 동의했다. 마르셀 그로스만은 아인슈타인에게 수학을 가르쳐주고, 일반상대성이론에 필요한 계산을 도와준 인물이다. 역설적이게도 밀레바 역시 그로스만만큼 수학 분야에서 뛰어난 인재로 꼽히던 사람이었다.

얼마 안 가 아인슈타인은 여러 여성과 바람을 피우기 시작했다. 알베르트와 밀레바는 1914년 별거에 들어갔고, 5년 뒤에 이혼했다. 이혼하고 나서 5개월이 지났을 때 아인슈타인은 엘자와 재혼했다.

이혼의 충격과 갈수록 쇠하는 아들의 정신건강은 밀레바에게 회복하기 어려운 상처를 입혔다. 1933년 쉰네 살 때 아인슈타인은 나치 독일의 위협을 피해 미국으로 이주했다. 아인슈타인은 밀레바와 에두아르트를 두 번 다시 찾지 않았다. 밀레바는 에두아르트를 혼자서 돌봤다. 그러다가 아들이 집 세간을 모조리 망가뜨렸을 때 그 충격으로 신경 쇠약에 걸려 입원했고, 일흔두 살의 나이에 홀로 세상을 떠났다.

한 개인의 천재성이 얼마나 뛰어난지와 무관하게, 밀레바의 창의적 잠재력은 반 창의적 풍토에서 길러진 반 창의적 태도 때문에 말라죽을 수밖에 없었다. 반면 마리는 4S 풍토가 4S 태도를 키운 덕분에 창의력을 꽃피울 수 있었다.

# 가부장적 문화는 어떻게 여성의 창의력을 죽이는가

### 가부장적 풍토는 여성을 열등하다고 세뇌한다

힘 있는 남성이 여성의 열등함에 대한 관념을 낙인화했다. 공자는 신이 남자에게 여자에 대한 우월성을 부여했다고 주장했다. 아리스토텔레스는 여성이 남성에 비해 본래 부족하고 약하다고 믿었다. 이러한 믿음들이 여성으로 하여금 아내와 어머니라는 전통적인 역할에서 벗어나기 어렵게 만든다.

### 여자아이와 남자아이를 다르게 양육한다

혁신가가 대부분 남성인 까닭은 아이들의 양육 방식에서 비롯된다. 부모부터 본의 아니게 남자아이와 여자아이를 다르게 키운다. 특히 여자아이에게 남자 형제가 있고, 가정에서 일부러라도 딸과 아들을 다르게 키우는 경우에는 더더욱 그러하다. 여성 혁신가는 대개 남자 형제, 특히 오빠가 없다. 첫째로 태어난 딸은 나중에 태어난 아이들보다 성 편견이 작은 상태에서 양육된다. 퀴리 같은 여성 노벨상 수상자는 흔치 않은 범주에 속한다.

### 여성에게 순종적이고 타인의 욕구에 민감하길 요구한다

가부장적 문화는 남성에게 독립적이고, 더 넓은 세상에서 목표 달성에 집중하라고 독려한다. 여성은 학업적으로 남성을 능가하는 경우에도 고등교육을 받을 수 있는 기회가 더 적다. 그리고 대개는 남성보다 더 낮은 임금을 받고, 지위가 더 낮은 직업에 종사한다. 가부장적인 신념 탓에 성공한 남성은 학업적, 직업적 성취를 가장 큰 성취로 간주하는 반면, 성공한 여성은 자식의 성취를 본인의 가장 큰 성과라고 여긴다.

### 여성의 비순응적인 태도를 억누른다

　혁신가는 비순응성을 강점으로 사용한다. 혁신가는 가부장적 풍토의 젠더 규범에 순응하지 않는 자세 덕분에 반대 성별의 강점도 흡수한다. 남성 혁신가는 부드러움과 세심함 같은 어머니의 창의적 태도를, 여성 혁신가는 독립성, 자기효능감, 자기주장 같은 일과 성취에 대한 아버지의 창의적 태도를 취하고 모방한다.

　수많은 사회 규범과 기대에 저항하는 비순응주의자만이 혁신을 달성할 수 있다. 비순응성이 지적 자주성과 반항, 그에 따른 틀 밖 상상력과 새 틀 융합력을 촉진하기 때문이다. 하지만 여성은 사회 규범에 저항하기가 특히나 힘들다. 그 결과 사회에 순응하고 성 편견이 덜한 문학 같은 영역에서만 성공에 이른다. 이런 영역은 필요한 자원도 더 적다. 가령 대단한 소설을 쓰는 데는 우수한 장비를 갖춘 과학 실험실이 아니라 작은 책상 하나만 있으면 된다.

### 커리어와 가정의 양자택일을 강요한다

　노벨상의 남성 수상자는 결혼해서 아이가 있을 확률이 여성 수상자보다 더 크다. 여성 수상자와 혁신가는 대체로 남성 수상자나 혁신가보다 자녀의 수가 적거나 아예 없다. 또 결혼생활과 육아에 대한 책임도 더 많이 짊어진다.

 밀레바는 가사와 육아에서 남편의 도움을 받지 못했고, 오히려 남편에게 스트레스를 받았다. 반면 마리는 남편 피에르와 시아버지 퀴리 박사에게 물심양면으로 지원을 받았다. 이는 마리가 노벨상을 두 번이나 수상하면서 충만한 삶을 경험한 반면, 밀레바는 그와 대조되는 비참한 인생을 사는 결과를 낳았다.

## 여성의 지적 교류를 억제한다

 여성 롤모델이나 멘토는 거의 없다. 대부분의 노벨상 수상자에게는 앞서 노벨상을 받았던 멘토들이 있었다. 그런데 노벨상 수상자들은 여성의 멘토가 되기를 주저한다. 여성은 시간이 지나면 출세하고자 하는 야심을 잃어버린다고 여기기 때문이다. 여성들에게는 멘토 말고도 가까운 동료나 협력자 같은 꽃가루 매개자도 흔치 않다. 지적 교류의 기회를 얻은 때조차도 대개는 인정받지 못한다.

 퀴리와 오키프는 아내의 창의력 발달을 촉진하고, 아내의 창작물을 홍보하는 꽃가루 매개자인 남편을 두었다. 그들이 없었다면 두 사람도 혁신을 달성하지 못했으리라. 안타깝게도 밀레바에게는 꽃가루 매개자가 없었다.

## 여성의 직업적 성취를 무시한다

언론과 대중은 대개 여성의 혁신을 인정하지 않는다. 가장 위대한 여성의 혁신조차도. 피에르가 사망하고 4년이 흐른 뒤, 마리는 남편의 제자였던 폴 랑주뱅과 교제했다. 당시 랑주뱅은 아내와 별거 중이었다. 1911년 마리가 마흔네 살 때 두 번째로 노벨상 후보로 지명되자 프랑스 일간지들은 마리의 혁신에 찬사를 보내는 대신에 그를 '유대인 가정파괴범'이라는 주홍글씨를 새기려 했다. 마리는 유대인이 아니라 폴란드인이었지만 그런 건 애당초에 언론의 관심사가 아니었다.

대중의 성차별주의와 제노포비아의 결과였다. 언론 보도는 대중의 분노로 이어졌고 노벨위원회가 결정을 후회하는 데까지 영향을 미쳤다. 마리는 노벨상 시상식에 참석하지 말아달라는 압력을 받았지만 시상식에 가서 본인 업적의 진정성을 지켜냈고, 진심 어린 노벨상 수락 연설로 청중의 마음을 사로잡았다. 마리는 자기효능감이 있었고, 굴하지 않았고, 끈질겼다!

마리 퀴리의 삶과 업적은 노벨생리의학상을 받은 로절린 앨로 Rosalyn Yalow(1977)와 엘리자베스 블랙번 Elizabeth Blackburn(2009), 노벨화학상을 받은 아다 요나트 Ada Yonath(2009) 등을 비롯해 여러 세대에 걸친 혁신가에게 영감을 전했다.

극소수의 여성만이 남자의 세계에서, 가부장적인 문화에서 혁신을 달성했다. 가부장적인 문화는 반 창의적인 태도를 길러 틀 밖 상상력과 새 틀 융합력을 옥죈다. 기회나 해법을 제안할 때 남자와 여자가 동등하게 발언할 수 있다면, 세상의 혁신은 두 배로 늘어날 것이다.

8장

# 유대인이 아시아인보다 창의적일까?

유대인의 노벨상 수상이나 혁신이 이들의 높은 지능 덕분이라고 주장하는 사람이 많다. 이는 사실이 아니다. 아시아인의 지능지수도 유대인만큼이나 높다. 108개국의 IQ 자료를 토대로 살펴보면 국민의 높은 IQ는 국제적으로 높은 시험 점수와 상관관계가 있지, 노벨상 수상자의 수와는 상관관계가 없다. 유대인의 노벨상 수상에는 높은 IQ 외에 여러 이유가 있다. 혁신가 역시 꼭 IQ가 높은 것은 아니다. 혁신가 중에도 IQ가 낮은 사람들이 있다. 대신에 유대인을 비롯한 혁신가는 4S 풍토에서 길러진 4S 태도와 ION 사고력을 지니고 있다는 점이 중요하다.

# 노벨상을 휩쓰는 유대인

　노벨상은 최고 수준의 창의적 성취를 상징한다. 유대인은 2014년 기준 세계 인구 가운데 0.2퍼센트에 불과하지만, 부모 중에 적어도 한 쪽이 유대인이라고 밝혀진 노벨상 수상자는 194명이나 된다. 1901~2014년 전 세계 노벨상 수상자 총 860명 가운데 유대인은 22.6퍼센트를 차지했다. 더 세부적으로 보면, 평화상 수상자의 8.7퍼센트, 문학상 수상자의 12.6퍼센트, 화학상 수상자의 21.3퍼센트, 물리학상 수상자의 25.6퍼센트, 생리의학상 수상자의 26.6퍼센트, 경제학상 수상자의 38.7퍼센트가 유대인이다. 노벨상의 여러 부문 가운데 과학 분야에서 유대인이 기여한 바는 훨씬 더 크다. 화학, 물리학, 생리의학, 경제학 등 과학 분야 노벨상의 26.3퍼센트를 전 세계의 유대인이 휩쓸었다.

이 책에서 아시아 문화를 언급할 때 아시아 대륙의 동쪽 지역에 있는 중국, 한국, 북한, 일본, 대만, 홍콩, 마카오, 베트남 등 문화적으로 관련성이 있는 동아시아 국가들에 초점을 맞춘다. 중국 이민자가 대단히 많은 싱가포르나 말레이시아 일부 지역, 몽골도 포함된다. 저마다 고유하고 독특한 역사가 있지만, 그런 동시에 그곳 사람들은 유교, 도교, 불교의 가르침에서 비롯된 문화를 공유하기도 한다. 3가지 사상 가운데 아시아 문화 내에서 이 국가들을 하나로 묶는 가장 강력한 문화적 뿌리는 두말할 것 없이 유교다. 나는 이러한 유교 문화 출신의 사람들을 이 책에서 '아시아인'이라고 부르려고 한다.

　2015년을 기준으로 아시아인은 세계 인구의 23.4퍼센트, 거의 4분의 1을 구성하고 있다. 하지만 1901~2014년 노벨상을 받은 아시아인은 37퍼센트에 불과했다. 전체 수상자 가운데 고작 4.3퍼센트를 차지한 셈이다. 인구 규모를 감안하면 유대인들의 1인당 노벨상 수상 비율은 약 115.092다. 반면에 아시아인들의 1인당 노벨상 수상 비율은 약 0.184다. 유대인이 아시아인보다 노벨상을 받을 확률이 625배 정도 더 높다는 얘기다.

　하지만 유대인의 노벨상 수상이 높은 이유는 높은 IQ 때문만이 아니다. 혁신가 역시 꼭 IQ가 높은 것은 아니다. 혁신가 중에도 IQ가 낮은 사람들이 있다. 대신에 유대인을 비롯한 혁신가는 4S 풍토에서 길러진 4S 태도와 ION 사고력을 지니고 있다는 점이 중요하다.

　따라서 이 장에서는 유대인의 양육과 아시아인의 양육에 대해서 논의

한다. 유의해야 할 부분은 내가 이 두 문화 출신의 사람들이 이뤄낸 창의적 성취의 통계적 차이를 인용하더라도 그것은 오직 양육에 대한 문화적 접근법을 비교하기 위함이다. 각 문화 출신 개인의 창의적 잠재력에 대해서는 판단하지 않는다.

# 유대인의
# 4S 양육

유대인의 양육과 아시아인의 양육 사이에는 창의력 개발의 측면에서 몇 가지 유사점이 있다. 두 가지 방식 모두 고등교육을 강조하고 지지하며, 아이들은 일찍부터 배움에 대한 집안의 관심에 노출된다. 또 아이들의 성취를 위해 높은 기대치를 명확하게 설정하고, 아이들에게 내재된 근면 성실함을 키운다. 그리고 생활의 지혜, 자원을 얻고 아끼고 관리하는 법을 가르치며, 연장자와 그들의 지혜를 존경한다.

유대인의 양육과 아시아인의 양육 모두 그 역사가 수천 년을 거슬러 올라간다. 그런데 광범위한 연구 조사 결과, 유대인의 양육과 아시아인의 양육 사이에 중요한 차이점을 발견했다. 혁신에 있어서는 유대인의 4S 양육이 아시아인의 4P 양육보다 더 성공적이다.

연구자로서 나는 유대인 혹은 유대인의 양육 방식에 대해 특별히 개인적인 감정을 갖고 있지 않다. 다만 노벨상 수상자 가운데 많은 이가 유대인이라 그들의 문화를 이해하기 위해 많은 유대인과 면담을 진행했다. 3년 동안 한 유대인 가족과 함께 살기도 했다. 영향력 있는 유대교 문서들을 조사하는 한편, 유대교 회당 시너고그를 방문하고, 유대교 성인식인 바르미츠바, 유월절, 하누카 같은 유대교 의식이나 성축일, 명절에도 참여했다. 나는 유대인 양육의 독특한 특징, 그리고 그것이 혁신에 어떻게 영향을 미칠 수 있는지를 찾아내려 했다.

조사를 시작할 당시만 해도 나는 유대인의 양육에 대해 문외한이었다. 유대인에 대해 이야기하는 것을 금기시하는 사람이 있다는 사실도 처음 알게 되었다. 심지어 유대인조차도 그런 사안들을 공개적으로 논의하기를 꺼린다. 하지만 다른 문화권 출신이었던 나는 그것이 금기인 줄 몰랐고, 그렇기에 그것에 관해 연구하고 글을 쓰게 되었다. 마찬가지로 혁신도 초심자의 마음에서 나온다.

## 유대인의 토양 양육: 다양한 자원과 경험

### 각종 경험에 노출시켜 개방적인 태도를 기른다

유사 이래 유대인은 자신들의 믿음 때문에 난폭한 방식으로 집이나 조국에서 쫓겨나는 일이 비일비재했다. 이 때문에 유대인은 온갖 사람, 경험, 지역, 문화, 언어, 예술에 노출될 수밖에 없었다. 항복이나 죽음보다는 불굴의 정신을 선택한 생존자들은 개방성을 발달됐고, 덕분에 편견에서 벗어나 다른 관점이나 생활방식에 마음을 열게 되었다. 개방적인 태도는 틀 안 전문성, 새 틀 융합력을 촉진한다.

### 이중문화적 정체성과 이중문화적 태도를 기른다

유대인 정체성은 유전적이라거나 종교적이라기보다는 문화적이다. 대부분의 미국 유대인은 유대교가 종교보다는 태도나 행동으로 구성되어 있다고 본다. 유대인의 혁신 가운데 상당수는 이중문화적인 정체성, 즉 주된 중심 문화로부터 배우는 동시에 자신의 고유한 문화를 지키는 데서 나온다. 유대인 정체성은 홀로코스트를 비롯한 20세기의 참혹한 사건에 대응하는 과정에서 강화되었고, 현재의 이스라엘을 건국하면서 더욱 공고해졌다.

홀로코스트를 겪고서 미국의 유대인 자선단체들은 유대인의 가족 개념을 확장했다. 해외 자선활동을 통해 그때껏 유대인을 갈라놓았던 문화적, 인종적, 정치적 장벽들을 넘어 유대인 정체성을 하나로 결속시켰다. 이러한 사건들이 유대인의 양육 방식과 아이들의 독특한 이중문화적 정체성을 형성했다.

유대인은 전통적으로 같은 유대인끼리 결혼하면서 유대인 정체성을 유지할 수 있었다. 하지만 오늘날 미국에서 외혼外婚이 늘어감에 따라 유대인의 입장도 변하고 있다. 미국 유대인 가운데 적어도 절반 정도는 외혼에 동의한다. 그리고 기혼인 미국 유대인의 44퍼센트는 비유대인과 결혼했다.

하지만 유대인은 다른 문화, 생각, 언어, 종교를 배우면서도 자신들의 문화적 정체성을 여전히 유지하고 있다. 유대인 가정에서 부모는 롤모델이 되어주고, 집 안팎에서 유대교 관습이나 풍습을 받들면서 아이들의 유대인 정체성을 키워준다. 유대인 공동체 안에서 아이들은 수업, 교육제도, 이스라엘 단기 방문 및 장기 체류 프로그램을 통해 유대인 정체성을 키운다.

비유대인과 결혼한 자녀의 유대인 정체성 확립을 돕는 지원센터를 짓는 등 유대인과 결혼한 비유대인을 통합시키는 지침들도 내놓았다. 덕분에 그때껏 외혼으로 소원해지거나 유대인 정체성을 잃어가던 유대인도 차츰 공동체로 재편입되면서 이중문화적인 정체성을 키우고 있다. 이중문화적 태도는 틀 안 전문성과 새 틀 융합력을 촉진한다.

### 일찍부터 수완 좋은 태도를 기른다

유대인은 아이들에게 자원을 발견하고 활용하는 법을 가르친다. 아이들은 책, 예술, 음악, 도서관, 박물관을 비롯한 여러 자원을 즐기고 활용하는 법을 배운다. 역사적으로 유대인의 지적 문화는 유대인이 살았던 여러 국가의 주류 문화에서 경시되지만, 지적으로 요구되는 것은 많은 국제무역, 금융, 재무 같은 직업에만 종사하는 것이 허용되면서 그 역량이 강화되었다. 더욱이 유대인은 비유대인보다 대체로 늦게 결혼하는 덕분에 경제적으로나 정서적으로 보다 안정되고 자리가 잡힌 상태에서 결혼하고 아이를 갖게 된다. 수완 좋은 태도는 틀 안 전문성과 새 틀 융합력을 촉진한다.

### 일찍부터 지적 교류를 시킨다

아이들은 다 같이 모여서 《토라》와 《탈무드》를 배우고 토론하면서 자신이 속한 지역 공동체뿐만 아니라 그보다 넓은 유대 공동체에 소속감을 갖게 된다. 아이들은 논란의 여지가 많은 주제들로 논쟁하고, 서로 피드백을 주고받고, 지적 교류를 하며 아이디어를 만든다. 유대교 성인식이 진행되는 동안에는 성인식을 거치는 소년이나 소녀가 의식을 주도한다. 의식은 경쟁적이지 않고 협력적이다. 성인식을 겪는 아이는 행사 전후로 많은 지지와 격려를 받는데, 이를 통해 유대인 아이들의 자기효능감과 지적 교류 능력이 길러진다. 지적 교류는 틀 안 전문성과 새 틀 융합력을 촉진한다.

### 일찍부터 멘토를 찾는 태도를 기른다

유대인 아이들은 공동체 안에서 작은 혁신과 큰 혁신을 이룬 혁신가를 숱하게 만난다. 그 덕분에 멘토들에게 접근할 기회가 많다. 유대인은 아이들에게 다양한 전문지식과 기술, 관점을 제공하는 멘토들을 소개해준다. 동시에 멘토의 이론과 다른 이론을 지지하기를 겁내지 않는다. 멘토와의 토론과 논쟁을 거치며 관습에 도전하기를 꺼리지 않게 되고, 지적으로 자극받아 지식을 더하게 된다. 멘토를 찾는 태도는 틀 안 전문성과 새 틀 융합력을 촉진한다.

과학 분야의 노벨상 수상자는 대체로 연구에 필요한 자원이 풍부한 명문 대학에서 일한다. 유대인은 아시아인보다 그런 대학들, 그리고 멘토들과 접촉할 확률이 통계적으로 더 높은데, 이는 대학이 아시아인 지원자들의 SAT 점수를 140점이나 깎기 때문이다. 특정 인종 집단의 시험 점수 인플레이션을 보정하기 위함이다. 유대인 학생은 점수가 깎이지 않는 백인 학생 군에 포함된 '보이지 않는 소수자'인 셈이다.

## 유대인의 햇살 양육: 영감과 격려

### 큰 그림을 생각하는 태도를 기른다

'티쿤 올람'은 '세상을 본인이 발견했을 때보다 더 나은 곳으로 고친다'라는 의미다. 유대인은 어려움에 처한 사람에게 사랑을 베풀라고 가르치면서 아이들에게 더 중요하고 이상적인 의식을 심어준다. 유대인의 양육에서는 아이들에게 기부를 권하고, 비종교적인 유대인에게는 자선이 곧 종교가 된다. 일례로 유대인은 자신의 소득 가운데 10퍼센트를 기부함으로써 관대함을 내재화한다.

가난한 자를 돌보라고 강조하는 종교는 많지만, 종교인이라고 그 가르침을 잘 실천하는 것은 아니다. 종교인이 비종교인보다 사랑을 더 많이 베풀지도 않는다. 그런데 유대인 가정은 다른 가정보다 8퍼센트나 더 자주, 20퍼센트나 더 많은 금액을 기부한다. 유대인 가정과 비유대인 가정 사이의 소득 또는 재산 수준과는 무관한 결과이다.

한편 유대인은 유대적 가치와 무관한 대의에 시간과 돈을 더 많이 쏟는다. 자선활동으로 1년에 1,000만 달러 이상 기부하는 거대 유대인 자선단체들은 주로 지역 자선활동, 교육, 예술 등을 지원한다. 미국 인구의 2퍼센트 미만에 불과한 유대인이 가장 후하게 자선을 베푸는 기부자 가운데 30퍼센트를 차지한다. 게다가 거대 자선단체의 25퍼센트가 유대계다. 유대인의 자선, 기부와 관련한 사실들에서 유대인들이 일찍부터 자식들에게 심어주는 큰 그림을 생각하는 태도와 박애적 태도가 잘 드러난다. 큰 그림을 생각하는 태도와 박애적 태도는 틀 밖 상상력과 새 틀 융합력을 촉진한다.

### 예술 활동에 참여하여 즉흥적인 태도를 기른다

예술에 대한 유대인의 애정은 그들의 문화 유지에 도움이 되었다. 또한 예술은 그들의 양육에 필수적인 요소이기도 하다. 유대인은 전통적으로 음악을 숭상했고, 유대인 작곡가와 연주자는 서양의 클래식 음악과 대중음악에 엄청난 영향을 끼치기도 했다. 20세기의 가장 위대한 지휘자 100명 중 25퍼센트가 유대인이다. 또 20세기의 가장 위대한 연주자 100명 가운데 피아니스트의 40퍼센트, 첼리스트의 50퍼센트, 바이올리니스트의 66퍼센트가 유대인이다. 음악적 훈련을 비롯한 여타 예술적 기량은 자기표현을 통해 아이들의 즉흥성을 길러줄 뿐만 아니라, 패턴 탐색을 통한 합성 능력도 키운다. 즉흥적인 태도는 틀 밖 상상력과 새 틀 융합력을 촉진한다.

### 유머와 낙관주의로 재미있는 태도를 기른다

유대인은 전통적으로 다수 문화와 분리된 덕에, 세상의 여러 면을 멀찍이 떨어져서 볼 수 있었다. 이는 유머의 주요한 특징이기도 하다. 유대인의 유머는 《토라》와 《탈무드》에서도 발견된다. 역사 전반에 걸쳐 유머는 유대인의 회복력과 생존에 도움이 되었고, 또 아이들에게 재미있는 태도를 길러줬다. 전통적인 유대인의 유머는 오늘날의 관점으로 보자면 전적으로 유쾌하지만은 않지만, 여전히 그 속의 낙관주의를 엿볼 수 있다. 재미있는 태도는 틀 밖 상상력과 새 틀 융합력을 촉진한다.

### 독서에 대한 애정을 키움으로써 호기심 많은 태도를 기른다

유대인은 아이들에게 탐구와 질의의 모범을 제공한다. 《토라》와 《탈무드》의 의미들을 해석하면서 답이 나오지 않은 질문들을 탐구하고, 섣불리 판단하지 않도록 가르친다. 유대인의 양육에서는 의심하는 것, 끊임없이 질문하는 것, 논쟁을 사랑하는 것을 중시하는데, 이것들은 결국 아이들 호기심의 양분이 된다. 유대인은 독서의 즐거움을 공유하고, 큰 소리로 책을 읽어주면서 아이들의 호기심을 더욱더 발전시켜 일찍부터 아이들에게 독서에 대한 애정을 길러준다. 예로부터 유대인은 독서와 학습에 몰두해서 '책의 사람들'이라고도 부른다. 배움의 목적은 지식에 대한 호기심을 충족하고, 자신의 역사를 알고, 자신이 포함된 공동체와 유대 관계를 맺고, 그 호기심을 전수하는 것이다. 전 세계의 유대인 공동체와 유대인은 문해력 덕분에 지리, 정치이념, 현지 언어 때문에 떨어져 있을 때도 소통할 수 있었다. 호기심 많은 태도는 틀 밖 상상력과 새 틀 융합력이 촉진한다.

## 유대인의 비바람 양육: 높은 기대치와 도전

### 굴하지 않는 태도와 끈기 있는 태도를 기른다

대부분의 유대인은 1940년대 들어 반유대주의를 경험했다. 제2차 세계대전 이후로 줄어들기는 했으나, 지금도 전 세계에서 공공연히 유대인 차별이 남아 있다. 미국 유대인 중에도 소외, 편견, 차별을 겪는 사람이 있다. 유대인 정체성은 비극, 생존, 승리에 의해 형성되어 왔다. 침략, 종교재판, 소련의 대학살, 박해, 홀로코스트 등 유대인의 집단 학살을 초래한 위협들이 있었지만, 그들은 굴하지 않고 살아남았다. 더 중요하게는 반복에 대한 두려움이나 비극의 기억에 초점을 맞추는 대신, 자신들의 집단기억을 사회정의 운동으로 탈바꿈시켰다. 이러한 사회정의 운동들은 유대교에 냉담해진 유대인이 굴하지 않는 정신, 그리고 유대적 가치와 문화에 기여할 수 있는 중요한 기회가 되었다. 굴하지 않는 태도와 끈기 있는 태도는 틀 안 전문성과 새 틀 융합력을 촉진한다.

### 위험을 감수하는 태도와 불확실성을 수용하는 태도를 기른다

유대인은 전통적으로 강한 스토리텔링 문화를 유지해왔다. 스토리텔링은 새 틀 융합력으로, 언어 유창성을 촉진하고 상상력을 북돋운다. 도덕률, 아이러니, 유머를 토대로 한 스토리텔링은 유대인 가정에서 여흥과 오락거리이기도 하다. '강자를 이기는 약자'라는 주제는 유대교 경전과 유대인 역사 전반에 걸쳐 반복되는 스토리텔링으로, 유대인의 뿌리 깊은 정체성이기도 하다. 어린 양치기 소년이 믿음과 무릿매 끈, 돌멩이 하나로 거인 골리앗과 맞서 이긴 다윗 왕 이야기가 바로 그런 주제를 담은 사례다. 유대인은 역사 전반에 걸쳐 다윗처럼 겉보기에는 약자이지만 결국에는 압제와 억류에 맞서 살아남는 존재와 자신을 동일시한다. 유대인은 모조리 죽임당할 예정이었지만, 종국에는 살아남았다. 안네 프랑크의 일기에 담긴 이야기는 유대인 정체성에 영향을 미쳤다. 안네 프랑크는 강자에 맞서는 약자의 분투, 정의에 대한 갈망을 상징한다. 이와 대조적으로 아우슈비츠는 부당함, 비인간화, 죽음을 상징한다. 이 두 가지 사례를 포함하여 몹시 고통스러운 비극들을 통해 유대인은 아이들의 정체성 안에 장애물을 극복하고 세상의 사회정의에 기여하는 힘을 심어준다. 이는 아이들이 위험을 감수하고 불확실성을 수용하는 데 도움이 된다. 위험을 감수하는 태도와 불확실성을 수용하는 태도는 틀 안 전문성과 새 틀 융합력을 촉진한다.

### 자기효능감 있는 태도를 기른다

유대인은 결과보다는 노력을, 최고가 되기보다는 최선을 다하기를 강조한다. 아이들은 모든 실수가 저마다 더 나아지기 위한 선물이라는 사실을 배운다. 근면 성실을 독려하고 강조하는 것은 아이들의 성취와 자기효능감 있는 태도로 이어진다. 아이들은 끈기를 가지고 높은 성과를 낼 수 있고, 자기만의 기술을 개발하고 세상에 기여하는 것 등의 책임 짊어질 수 있는 능력이 자신에게 있다는 사실을 배운다. 자기효능감 있는 태도는 틀 안 전문성과 새 틀 융합력을 촉진한다.

## 유대인의 공간 양육: 홀로 있으면서 독특할 자유

### 주체적인 태도를 기른다

유대인은 통제적이거나 방치하는 양육 방식보다는 길잡이 양육 방식으로 아이들의 자주성을 기르는 데 주력한다. 아이들의 욕구에 즉각적으로 관심과 열의를 보이면서 분명한 규칙과 기대치를 설정한다. 유대인은 아이들과 협상을 한다. 체벌을 멀리하고, 아이들의 권리와 선택의 자유를 보호해준다. 유대인은 비유대인보다 아이들의 자주성을 더욱 존중하고, 아이들이 자신의 열망과 꿈을 좇도록 권한다. 그리고 아이들이 뚜렷한 관심사를 추구할 때, 본인의 판단력과 책임을 따르도록 독려한다. 유대인은 어떤 일이 어떻게, 왜 일어나는지에 대한 아이들의 호기심과 흥미를 더욱 중요하게 생각한다.

예로부터 유대인 양육자는 학생들과 함께 질문하고, 논쟁하고, 토론하는 비위계적인 관계 속에서 아이들의 주체적인 태도를 키워냈다. 이런 종류의 교육 환경은 부분적으로는 《토라》를 가르치는 일이 무보수직이었던 유대 전통에서 비롯되었다. 양육자는 생계를 유지할 수 있다면 어떤 직업에든지 종사했다. '랍비' 혹은 '선생'으로 번역되는 '라브'라는 직함은 장인이나 상인을 지칭하기도 한다. 주체적인 태도는 틀 밖 전문성과 새 틀 융합력을 촉진한다.

### 성 편견 없는 태도를 기른다

유대인 소년들은 비유대인 소년들보다 성별을 덜 따진다. 그리고 동성애 혐오 관습이나 성 고정관념으로부터도 더 자유롭다. 유대인 어머니들은 다른 문화에서 중요시하는 보편적인 남성적 혹은 여성적 태도를 강조하지 않는다. 소년들의 성 편견이 없는 태도는 유대 혈통이 아버지보다는 어머니를 통해서 이어진다는 점에 기인한다. 부모 양쪽이 자식에게 강한 유대인 정체성을 물려주기는 하지만, 그 정체성을 지키고 유지할 책임은 아버지보다는 어머니 쪽이 더 크다.

게다가 유대인 소녀들은 여성의 교육을 장려하는 전통으로부터 혜택을 얻는다. 오래 전에 많은 문화권에서 여자아이를 교육시키는 것이 의무가 아니었을 때도 유대 문화에서는 여학교가 흔했다. 유대인 소녀들은 유대인 소년들보다 공동체 행사를 통해서 유대인 정체성을 지키는 데 더 많이 참여하기도 한다. 여성을 교육시키고 여성에게 권한을 준 덕분에 유대인 남성보다 유대인 여성 사이에서 노벨상 수상자의 비율이 더 높은 결과가 나온다. 유대인 여성은 전 세계 여성 노벨상 수상자 가운데 35퍼센트를 차지하고, 과학 분야의 미국 여성 노벨 수상자 가운데 50퍼센트는 유대인 여성들이다. 성 편견이 없는 태도는 틀 밖 상상력와 새 틀 융합력을 촉진한다.

### 비순응적 태도와 반항적 태도를 기른다

유대인 중에는 공개적으로 유대인이라고 밝히지 않는 사람도 있다. 그들은 주류 문화로부터 소외감을 느끼고, 자신이 경험한 반유대주의를 내면화한 경우다. 이들은 고정관념과 편견이 두려워서 유대인 정체성을 드러내지 않으려 한다. 유대인 정체성이 강할수록 더 많은 차별을 인지하게 된다. 다행히 사회의 주변부에 있으면서 비순응적인 태도가 길러지고, 똑같은 감정을 느끼는 다른 유대인과 유대를 형성하는 데 도움이 되기도 한다. 가령 유대인 소년들은 축구나 비디오게임에 집착하는 대신 유대인 친구들과 함께 자신의 인생이나 세상에 대해 토론하고는 한다. 유대인 아이들의 목적의식과 이 세계에서의 독특한 역할은 비유대인 또래들보다 본인의 관심사를 더 진지하게 받아들이는 데 도움이 된다. 유대인 아이들은 스스로를 주류와는 다른 사고방식과 태도를 지닌, 비순응적인 외부자라고 인식한다.

미국의 유대인 아이 중에는 직접적으로 반유대주의적 태도를 경험하는 경우도 있다. 심각한 사회적 편견부터 정도가 덜한 괴롭힘까지 다양하다. 이런 경험을 공유하면서 유대인은 비유대인 다수자에 대응되는 유대인 소수자 의식을 키우고, 반유대주의적인 태도나 행동에 맞서는 도전에 선뜻 응하게 된다. 이들은 부당하다고 인지하는 규범, 고정관념, 권위를 거부한다. 유대인은 스스로 반항적인 외부자라고 인식하게 되는데, 이는 그들이 약자와 희생자들을 지지하도록 한다. 유대인은 비순응적인 태도와 반항적 태도는 아이들의 뚜렷한 관심사와 독특함을 촉진한다.

통계적으로 유대인의 4S 양육은 ION 사고력을 가능하게 하는 아이들의 4S 태도를 키운다. 유대인 양육의 강점을 이해하는 것은 CAT 모형을 시행하고자 하는 비유대인 가정이나 교육자에게 유용하다.

# 아시아인의 4P 양육

아시아인의 4가지 양육 원칙principle, 줄여서 4P 양육은 첫째, 위계적 관계, 둘째, 타고난 능력이 아닌 학업적 성실함과 성취, 셋째, 효와 충, 넷째, 조화와 순응이다.

## 아시아인의 양육 제1원칙: 위계적 관계

### 독립적인 태도를 억누른다

사회 안정은 군주와 신하, 부모와 자식, 남편과 아내, 윗사람과 아랫사람, 친구와 친구 사이의 5가지 불평등 관계에 기초한다. 이 불평등이란 한쪽이 반드시 다른 쪽에 복종해야 한다는 의미다. 아시아인은 위계적 관계 안에서 통제적 양육 방식을 실천한다. 체벌도 용인된다. 이들은 아이들에게 복종과 의존을 심어 비판적 사고를 억누른다.

아이들과 개방적이고 양방향적으로 소통하는 대신에 일방적으로 소통한다. 일방적 소통은 의견 표현이나 대안 논의보다 그저 듣기만을 허용한다. 언어적 제약 및 구속, 위계적인 부자 관계와 사제 관계는 아이들이 틀 안 전문성과 새 틀 융합력에 필요한 비판적 사고 없이 배운 것을 그대로 받아들이고 외우도록 강요한다.

전통적인 사농공상士農工商에 따라 맨 윗자리는 양반, 두 번째는 농민, 세 번째는 장인과 기능인, 네 번째는 상인, 그리고 제일 아랫부분은 천민이 자리한다. 상인도 아래쪽에 위치하는데, 이문을 남기기 위해 물건을 사고파는 일을 기만으로 여기기 때문이다.

학자에 대한 사회적 존경과 대비되는 장인, 기능인, 상인 경시는 유교 문화에서 경영, 과학, 근대적 기술이 더디게 발전하는 데 일조했다.

위계적 관계에서는 나이가 개인의 위신과 지혜의 표지다. 연장자의 지혜를 존중하는 것이 전문성 강화에 도움이 될 수도 있지만, 위계성은 틀 밖 상상력과 새 틀 융합력에 필요한 주체적인 태도, 비순응적인 태도, 반항적인 태도를 꺾는다.

### 성 편견 없는 태도를 억누른다

전통적인 유교의 위계질서는 남성보다 여성의 복종과 순종을 훨씬 강요한다. 여자는 어릴 때는 부모에게, 결혼하면 남편에게, 늙어서는 아들에게 순종해야 했다. 여성 및 여성 교육에 대한 유교적 편향이 여성의 잠재력과 경력을 제한하면서 여성을 순종적인 역할 안으로 집어넣어 버린다. 그러나 틀 밖 상상력과 새 틀 융합력에는 성 편견 없는 태도가 필요하다.

## 아시아인의 양육 제2원칙: 학업적 성실함과 성취

### 교육의 필요성과 교사에 대한 존경을 주입한다

학자는 사회계층 피라미드의 정점이고, 미국에서보다 훨씬 더 존경받는다. 대만에서는 공자의 생일을 국경일로 정해 기념한다. 유교권 국가에서는 공교육 교사에게 더 나은 수준의 보수와 인센티브 등 상당한 경제적 혜택을 제공하는 탓에 교직을 놓고 치열한 경쟁이 벌어진다. 그 결과 충분한 자격을 갖춘 뛰어난 교사 집단이 형성되고, 높은 수준의 공교육이 보장된다.

미국 부모가 대개 "선생이 왜 저러지?"라면서 교사를 탓하기 바쁠 때, 유교권 부모는 "우리 아이한테 무슨 문제가 있나요?"라고 묻는다. 유교권의 교육제도에서는 학부모와 교사가 상호 존중하고 도움을 주고받는 관계를 이루어 아이를 일관되게 지원하면서 멘토를 찾는 태도를 키워 틀 안 전문성과 새 틀 융합력을 촉진한다.

### 타고난 재능을 찾기보단 근면 성실을 강조한다

미국에서는 아이의 성공에 선천적인 재능이 근면 성실함보다 더 중요한 예측 변수라고 보고, 유교권에서는 그 반대라고 생각한다. 이러한 유교적 가치는 아이들의 근면 성실한 태도와 끈기 있는 태도를 길러 틀 안 전문성과 새 틀 융합력을 촉진한다.

1980년대 일본, 한국, 대만, 홍콩, 싱가포르의 엄청난 경제 성장을 가리켜 '아시아의 다섯 마리 용'이라 불렀다. 이 기적은 근면, 절약, 끈기, 고학력을 추구한 덕분이었다. 이 국가들의 성장에 기여한 유교 원칙은 ION 사고의 토대가 되는 전문성을 키우는 데도 필수적이다.

서양인의 타고난 능력에 대한 믿음은 자존감을 부풀려서 역량의 개선 및 향상에 필요한 근면 의식과 자기비판을 저해할 수 있다. 서양인은 대체로 자기비판은 덜 하고, 자부심은 더 높은 성향을 보인다. 이는 자신의 과업에 대한 부정적인 피드백을 수용하고 적용하지 못하게 막기 때문에 해롭다.

아시아인은 부정적인 피드백을 받으면 그 약점을 개선하기 위해 열심히 노력한다. 이와 대조적으로 서양인들은 대체로 자신의 과업이 타고난 능력에 따라 수행된다고 생각하기 때문에 부정적인 피드백을 본인에 대한 비판으로 여긴다. 그래서 감정이 상하거나, 위협당한다고 느낀다. 부정적인 피드백을 호의적이지 않거나 부당한 인신공격으로 받아들일 뿐만 아니라 본인의 과업에서 끈기 있는 자세를 덜 보이게 된다.

아시아인은 부정적인 피드백을 피하기보다는 오히려 찾아다닌다. 아시아인은 본인의 능력을 향상시키는 데 집중하는 반면, 서양인은 긍정적인 정보나 과거의 성공을 떠올리면서 자존감을 회복하는 데 주력하며 자신을 위로한다. 서양인의 이 모든 행동은 자기중심적 편향과 부풀려진 자존감, 그리고 이에 따른 부정확한 자기효능감을 낳는다.

　서양인의 타고난 능력에 대한 믿음은 자기 수양적인 태도, 근면 성실한 태도, 자기효능감 있는 태도, 굴하지 않는 태도, 끈기 있는 태도를 억눌러 훨씬 더 대단한 창의적 잠재력을 발휘하는 방향으로 힘껏 노력하지 못하게 막는다. 다만, 유교권 아이들은 시험지옥에서 살아가는 탓에 대체로 시험에서 측정하는 최하위의 틀 안 전문성, 즉 암기에 집중하게 된다. 이는 아이들의 전문성 개발과 비판적 사고는 물론이고 틀 밖 상상력과 새 틀 융합력을 억누른다.

### 시험지옥에서 교과서적 지식을 암기하도록 강요한다

　유교권에서는 본인의 생각을 탐구하고, 의문을 제기하고, 가정하고, 토론하는 것보다 시험 합격이 중요하다. 대학 입학시험을 위해서 유교권 학생은 끝도 없이 교과서를 외운다. 아이들은 개인교습과 입시 강의로 내몰리고, 학부모는 과외나 입시학원에 돈을 쏟아붓는다.

　시험지옥의 기원은 600년대에 시작된 중국의 과거제도로 거슬러 올라간다. 중간 계급 출신 남성의 과거급제는 그 남성과 그 집안에 재정적 보상, 위신, 권력을 보장했다. 과거제도는 사회의 위계질서와 현상 유지를 공고히 했다. 3년마다 실시되는 과거에 합격하기 위해서 응시자들은 이전 시험의 답안지를 사다가 기계적으로 외우기에 급급했다. 시험 합격에 따른 보상이 극도로 컸던 탓에 청소년 때부터 시험을 보기 시작해서 죽을 때까지 3년마다 계속해서 도전했다. 개중에는 죽기 전까지 평생 과거 준비만 한 경우도 있었다. 그들은 극도의 시험 불안에 시달렸고, 자살을 하기도 했다. 1905년 과거제도가 공식적으로 폐지된 뒤에도 오늘날 유교권 국가에서는 시험지옥으로 인한 자살이 드물지 않다.

### 일과 놀이의 이분법을 강요한다

놀이가 비생산적이고 쓸모없다고 가르친다. 성실한 연습, 많은 양의 숙제, 결과물을 내는 거창한 계획만을 가치 있게 여긴다. 놀이의 재미를 평가절하하고 오직 학업만을 중시한다. 상이나 높은 점수를 추구하는 자세는 오직 아이들의 뚜렷한 관심을 북돋는 경우에만 ION 사고에 도움이 된다.

그런데 아시아인은 예술, 스포츠 등 학업과 무관한 뚜렷한 관심사는 허용하지 않는다. 대학 지원서에 도움이 안 되기 때문이다. 학업성취에만 주력하면서 놀이나 깊은 생각, 환상에 빠질 시간을 용납하지 않으면 틀 밖 상상력과 새 틀 융합력에 필요한 즉흥적인 태도, 자기성찰적인 태도, 공상하는 태도를 억누른다.

아시아인은 좋은 대학에 들어가야 한다는 목표를 내재화한다. 자녀나 학생이 일단 대학에 입학하기만 하면 부모의 역할을 다했다고 여긴다. 양육의 성공 혹은 실패 여부는 자녀의 대학의 이름으로 판가름 난다.

## 아시아인의 양육 제3원칙: 효와 충

### 유교의 핵심 가치인 효 사상을 주입한다

효孝는 유교에서 가장 중요한 가치다. 교육 과정 전반에 걸친 학생들의 주된 글쓰기 주제이기도 하다. 효는 부모에게 자식의 직업이나 배우자 등을 결정할 때 강력한 영향을 미칠 수 있는 자격증 역할을 한다. 유교권에서는 대체로 효를 부채와 의무로 여긴다. 부모가 최선을 다해 자식들을 교육하면, 아이들은 부모에게 순종해 학업적으로, 직업적으로 성공하여 나이 든 부모를 부양함으로써 보답하는 구조다.

부모는 자녀 교육에 지속해서 관여하고, 아이의 학업적 성취를 위해 최선을 다하며, 심지어 부모 자신을 희생하기도 한다. 그 대가로 부모는 아이에게 높은 기대치를 설정하고 순종과 자기 수양을 요구한다. 결과적으로 아이의 학업적 성취는 부모가 아이를 얼마나 잘 키워냈는지에 대한 평가와 직결된다. 아이가 학업적으로 부진하면 부모는 불안, 수치심, 죄책감을 느낀다. 서양에서 부모란 아이의 조력자인 데 반해, 유교권에서 부모란 아이를 가르치고 훈련하는 관리자 혹은 책임자이다.

부모에게 반기를 들거나 부모의 권위에 의문을 제기하는 아이는 가족의 수치로 여긴다. 효 사상을 따르는 아이들은 대개 수동적이고, 무비판적이며, 반 창의적인 방식으로 배우면서 권위적이고 독단적인 순응주의자가 된다. 이렇게 되면 틀 밖 상상력과 새 틀 융합력이 억제된다.

게다가 부모의 희생에 보답하기 위해서라도 아이들의 목표는 사회적인 성공이 된다. 이는 틀 밖 상상력과 새 틀 융합력에 필요한 큰 그림을 생각하는 태도를 더욱더 억누른다. 효 사상이 강한 나이 지긋한 부모는 그렇지 않은 부모보다 대체로 자식으로부터 더 많은 지원을 기대하고, 더 낮은 생활 만족도를 보인다.

### 효의 연장선 상에서, 직장에서의 충성을 요구한다

효는 복종, 무조건적인 권위, 가부장적 리더십이 예상되는 직장이나 사회조직에 대한 충성으로 옮겨간다. 이는 '직장에 평생 헌신한다'라는 식의 사회적 패러다임을 통해 다섯 마리 용의 기적에 기여했다. 하지만 권위에의 맹목적인 충성, 외집단에서 나온 아이디어의 거부로 이어질 수 있고, 그에 따라 틀 밖 상상력과 새 틀 융합력이 억눌린다.

### '우리'와 '타인'이라는 사고방식을 심는다

유사성과 혈연을 중시하는 태도는 내집단 구성원과 외집단 구성원의 엄격한 구별, 즉 '우리 대 타인'이라는 사고방식으로 이어진다. 아시아인은 세상을 비가족 혹은 외집단 구성원과의 무한 경쟁이 이뤄지는 투기장으로 본다. 이들은 또래 친구들을 이겨야 한다고 가르치고, 아이들을 남들과 공공연하게 비교한다. 노력보다는 결과를, 최선보다 최고를 강조한다.

1등을 못한 아이는 실패자 취급을 당하는데, 인간을 이런 식으로 승자와 패자로만 분류하면 아이의 진짜 자신감, 자기효능감뿐만 아니라 지적 교류의 가능성도 억눌린다. 유교권의 교육은 경쟁에 너무나도 치중하는 터라 제대로 된 그룹 프로젝트도 진행하는 일이 드물다. 하지만 창의력 발달에는 자기효능감과 지적 교류가 꼭 필요하다.

### 아이들에게 남의 작업물을 베끼도록 종용한다

아시아 학생들은 자국에서도 해외에서도 표절을 많이 하고 독창성이 낮다. 이들에게 있어서 표절이란, 높이 평가되는 글을 비판하거나 손대지 않음으로써 그 글을 쓴 저자에게 존경을 표하는 방식일 수 있다. 혹은 사회 전체가 정보를 공유하고 소유하는, 즉 글의 소유권에 대한 집산주의적 시각이 반영된 것일 수도 있다. 하지만 600년대에 과거제도가 시작된 이래 극심한 경쟁 탓에 시험에 합격하기 위한 표절은 계속해서 발생해왔다.

유교권 아이들은 대체로 실패에 대한 두려움, 잘해야 한다는 극도의 압박감에서 표절을 한다. 경쟁에 대한 압박이 워낙 크다 보니 일부 아시아인은 도덕성은 아랑곳하지 않은 채 아이의 부정행위에 동조하기도 한다. 유교권에서는 윤리와 예의범절을 중시하면서도 효의 본보기를 지탱하는 행위에는 지나치게 관대하다. 하지만 윤리와 도덕을 떼어놓고 보더라도, 표절은 원래의 작업물을 어떤 식으로든지 개선하거나, 변형할 경우에만 ION 사고에 도움이 된다.

## 아시아인의 양육 제4원칙: 조화와 순응

### 내집단 구성원과의 관계를 세상의 전부라고 가르친다

이들은 조화로운 관계의 가치를 지나치게 강조하고, 남의 호감을 사는 법을 아이들에게 가르친다. 또 간접적인 의사전달과 격식을 장려하면서 체면을 지킬 수 있게끔 의견 충돌과 갈등을 피하라고 가르친다. 예의범절에서는 재미와 유머를 용납하지 않는데, 재미와 유머를 건방지다고 여기기 때문이다.

아이들은 너무 지나치게 부모나 타인의 눈치를 보고, 의사결정 과정에서도 자주성이 부족한 모습을 보인다. 아이들의 자기표현 능력은 짓눌리고 가지치기를 당한다. 아시아인은 아이들의 개성과 독특함을 꺾어버리거나 처벌하면서 순응성을 신봉한다. 그리고 자기효능감과 독창성을 희생한 대가로 얻은 겸손과 순종을 중시한다. 하지만 ION 사고에는 아이들의 재미있는 태도, 감성적인 태도, 주체적인 태도, 자기효능감 있는 태도, 비순응적인 태도에 대한 지지가 필요하다.

### 유교식 양육의 결말

유교식 양육은 낮은 수준의 창의력과 직결된다. 아시아인은 대체로 서양인보다 덜 창의적이다. 하지만 유교권 아이가 4S 풍토에 있을 경우에는 창의적일 수 있다. 유교권의 교육은 창의력을 함양한 예전 미국 교육 제도의 여러 측면을 모방하기 시작했다. 그런데 양육자들은 주로 창의력을 키워준다고 주장하는 요령이나 전략에만 관심이 있을 뿐, 아이들이 ION 사고력을 키우고 적용하기 전에 우선 4S 풍토가 조성되어야 하고, 4S 태도를 길러줘야 한다는 사실은 깨닫지 못한다.

# 타이거 마더가
# 될 것인가

2011년, 예일대학교 법학 교수인 중국계 미국인 에이미 추아Amy Chua가 《타이거 마더Battle Hymn of the Tiger Mother》라는 저서를 출간해 미국을 휘저어놓았다. 이 책에서 추아 교수는 미국 부모들의 자유방임주의, 자녀에 대한 낮은 기대치를 맹비난했다. 자신의 양육 경험을 토대로 해 가차 없는 훈육을 옹호하고, 아주 성공한 듯 보이는 본인의 아이들을 증거물로 내세웠다. 추아 교수는 자신의 양육 방식을 중국식 혹은 '타이거 마더' 식이라고 부른다.

하지만 이런 양육법은 유교권 국가들 전역에서 쓰이고 있다. 타이거 마더 양육은 현대판 유교식 양육이다. 타이거 마더 양육 덕분에 각종 학력 측정 척도에서 뛰어난 실력을 발휘하는 아시아 및 아시아계 미국인 아이들이 많아졌다. 비아시아계 미국인 중에는 이러한 현상을 자기 자식이 누릴 기회와 잠재적 성공에 대한 위협으로 보는 이들도 있다.

추아 교수는 본인의 타이거 마더 원칙을 어떤 식으로 적용해서 자식들이 공부에 계속 집중하도록 만들었는지 서술했다. 가령 그의 집에서는 체육과 연극을 제외한 과목에서 A 미만의 점수나 2등은 용납되지 않았다. 아이들은 메달을 딸 수 있는 과외활동에만 참여할 수 있었고, 당연히 1등상을 타야 했다. 공예, 극장, 놀이 약속, 파자마파티, 학예회, 데이트, 심지어 피아노나 바이올린 말고 다른 악기를 연주하는 것까지도 '루저'의 활동으로 간주하고 금지했다.

추아 교수는 서양의 평범한 부모가 아이에게 하루에 1시간씩 피아노나 바이올린 연습시키는 반면, 타이거 마더는 매일 최소 3시간씩 연습시킨다고 말한다. 세계 여행을 하면서도 그는 기어코 연습할 수 있는 장소를 찾아 아이들이 음식을 먹거나 잠깐 화장실에 다녀올 틈도 없이 3시간 동안 연습을 시켰다.

세 살배기 둘째 딸이 피아노를 배우기 싫다고 하자 추아 교수는 아주 추운 날씨에도 아이를 밖에 세워두었다. 둘째 딸이 다섯 살 때 연습을 제대로 안 하자 아이를 때리면서 아이의 인형을 모조리 불태워버리겠다고도 했다. 둘째딸이 일곱 살 때 또 다른 피아노곡을 포기하자 인형집을 없애고, 몇 년 동안 생일 파티를 열어주지 않겠다고 으름장을 놓았다.

대학생 시절에 내가 한창 과외를 하러 다닐 때에도 과외집의 어머니들은 하나같이 타이거 마더들이었다. 나는 아이의 태도 및 사고력과 어머니의 양육 방식 사이의 상관관계를 분석하는 것을 즐겼다. 아버지가 밤늦게까지 일하는 동안 어머니는 아이들이 더 공부하도록, 미래를 결정지을 명문대 입시 쪽으로 온 관심과 에너지를 집중하도록 아이들을 맹렬하게 밀어붙였다. 타이거 마더 양육은 대체로 모성 행동이다. 아버지가 참여할 수도 있지만, 주로 어머니를 지원하는 정도이다.

일부 미국인 부모들은 타이거 마더 양육이 아이에게 많지 않은 규칙을 설정하고, 아이의 충동이나 욕구를 거의 통제하지 않는 자유방임적 양육보다 낫다고 이야기한다. 미국의 부모 중에는 미래에 자기 손주들이 타이거 마더의 자식들이 설계한 아이폰을 조립하는 저임금 노동자가 될까 봐 두려워하는 이도 있다. 이와 대조적으로 타이거 마더 양육은 아동 학대이며, 타이거 마더의 자식들은 당장이라도 터질 듯한, 정서적으로 상처 입은 시한폭탄이라고 생각하는 이도 있다. 추아 교수의 책 때문에 대다수 미국인은 충격을 받았지만, 그 책의 핵심 메시지를 이해한 사람도 많다.

## 타이거 마더 양육으로 독수리를 키울 수 있는가?

2005년에 나는 '서로 배우기: 동아시아 교육과 미국 교육에서의 창의력'이라는 연구 결과를 발표했다. 이 논문에서 나는 유교식 양육이 암기 학습과 시험 요령 증진에는 좋으나, 이런 식으로 얻어진 지식은 장기 기억으로 전환되는 비율이 낮고, 또 창의력에 좋지 않다고 결론냈다. 미국에서 환영받는 4S 풍토와 태도는 ION 사고력과 건강한 삶을 융성하게 만든다.

타이거 마더 양육은 아이를 억지로 가지치기하고 철사로 감아서 분재로 만드는 과정이다. 가지를 자른다고 해서 식물이 다치지는 않지만, 그 목적은 식물 자체의 자아실현이 아니라 주로 분재 주인의 즐거움과 기쁨이다. 타이거 마더 양육은 '윙 컷', 새가 안전하도록 날개를 자르는 과정과도 비슷하다. 윙 컷을 해도 새는 고통을 느끼지 않고, 장기적인 신체 손상도 전혀 발생하지 않는다. 몇 달 뒤면 깃털은 다시 자란다. 하지만 결론적으로 새는 다시 날지 못하게 된다.

창의적 잠재력을 발달시키지 못한 아이는 나는 법을 한 번도 배우지 못한 병아리와도 같다. 닭장 안팎으로 종종거리면서 다닐 줄만 알지 새로운 모이나 새로운 일을 시도하기 위해서 닭장이나 안마당을 떠날 생각은 전혀 하지 못한다. 자기에게 주어진 것 중에서 골라 쪼아 먹고, 심지어 별 탈 없이 잘 살아가기도 한다. 이 병아리들은 완벽한 시험 점수로 안마당 서열 정상까지 오를 수도 있다. 본인의 기다란 깃털을 다듬고, 무리의 나머지 병아리들의 감탄 어린 시선을 즐기면서 책을 읽고, 나무랄 데 없이 음악 연주도 할 수 있을 것이다. 하지만 이 새들은 자신이 날개를 지닌 목적, 날갯짓만은 하지 못한다.

## 미국식 독수리 양육이 부활해야 한다

미국에는 타이거 마더와 대비되는 표준적인 '독수리' 양육 방식이랄 게 없지만, 실제로 전통적인 미국의 양육 방식은 동양의 타이거 마더 양육과는 다른 특징을 띤다. 명령대로 해내지 못하는 아이에게 사납게 으르렁대는 타이거 마더 양육과 달리 미국의 전통적인, 이제부터 이 책에서 칭할 독수리 양육 방식은 아이들에게 본인의 창의력을 스스로 표현할 수 있도록 다양한 진로를 탐험할 기회를 제공한다.

미국의 양육자는 표준시험이 다가 아니라는 사실을 잘 알았다. 이들은 4S 풍토를 조성하고 4S 태도를 키워서 ION 사고력을 적용하여 혁신가를 길러냈다. 미국인이 대대로 과학 연구, 발견과 발명, 경영, 리더십, 스포츠, 기술, 기업가정신, 예술 분야에서 혁신을 달성케 한 원동력은 표준 시험이 아니라, 반항 정신이었다.

독수리 양육자는 아이의 날개를 자르지 않는다. 대신에 스스로 날기 위해 분투하는 아기 새를 돕는다. 이들은 아기 새가 살아가는 데 필요한 생존 기술을 가르쳐주고, 혼자 힘으로 첫 도약을 하도록 독려한다. 또 둥지 바깥의 세상에 대한 아기 새의 상상력을 자극하고, 위험을 감수하고서라도 날아야 하는 명분을 스스로 찾게끔 영감을 불어넣는다.

독수리 양육자는 아기 새에게 예리한 시력으로 안개처럼 부연 불확실한 미래를 헤치고 나아가는 법을 가르친다. 작은 새들과 무리 지어 다니는 대신에 독수리들이 가끔은 다른 독수리들과 함께 어떻게 땅 위로 높이 날아오르는지 보여줌으로써 아기 새가 제 날개를 펼쳐서 날아오르도록 영감을 준다. 아기 새는 수완 좋은 꽃가루 매개자, 불굴의 노력가가 되면서 나는 법을 배운다. 호기심 많은 낙관주의자가 되어 새로운 장소들을 여행하면서 시야를 넓힌다. 그리고 반항적인 공상가가 되어 결국에는 새로운 방식으로, 새로운 높이까지 날아오른다.

어린 새에게 어디로 어떻게 날아가야 하는지, 어떤 곳이 안전한지, 왜 날아야만 하는지 그 이유를 가르치는 것에는 시간이 걸린다. 날개를 잘라 아기 새를 안전하게 지키는 타이거 마더식 접근법에 비해 위험하기도 하다. 창의력을 가르치는 것은 시험 점수에 집중하는 것보다 돌아오는 보상이 덜 확실한, 다시 말해 보다 위험한 투자다. 날개가 잘린 우등생은 혁신에 이르지는 못하지만, 기존 회사나 체제 안에서 성공하기는 쉽다. 추아 교수의 딸들이 학업성취도가 높다는 사실은 굉장하다.

열린 자세로 타인으로부터 배우는 것은 언제나 좋은 일이다. 하지만 타이거 마더 양육 방식을 하나부터 열까지 따를 경우, 혁신을 달성하지는 못할 것이다. 이 방식은 아이의 4S 태도와 ION 사고력을 억누르면서 4S 풍토를 제한한다. 혁신을 바라는 양육자는 아이들을 교육한답시고 호랑이처럼 발톱을 날카롭게 세운다거나, 검정색 줄무늬의 호랑이 탈을 써서는 안 된다. 독수리 양육 방식을 포기해서는 안 된다. 독수리는 날아오른다. 창의적인 정신도 그러하다. 이 세상은 날개가 잘린 새가 아니라, 독수리들이 만들어낸 대약진과 대발견으로 발전해왔고, 앞으로도 그럴 것이다.

> 인생에서 가장 큰 영광은
> 넘어지지 않는 것에 있는 것이 아니라
> 매번 일어선다는 데 있다.
> — 넬슨 만델라

4부

---

# 창의적 사고력을 키우는
# 사과나무 창의 과정

# 9장

# 사과나무 창의 과정과 ION 사고력

재료가 많다고 꼭 맛있는 음식을 만들 수 있는 것은 아니다. 하지만 더 많은 배합 방식과 요리 방식을 택할 수 있다는 것만으로도 맛있는 음식을 만들 가능성이 커지는 건 당연하다. 다시 말해 선택지가 늘어날수록 창의 과정의 결과물 또한 훌륭할 가능성이 커진다. 많은 아이디어를 쏟아낼수록 더 나은 아이디어가 나온다. 더 많이 창작할수록 더 높은 질의 창작물이 나온다. 혁신가는 창작물을 많이 만들고, 그중 일부가 혁신으로 인정받는 것이다.

# 미국인의
# 잘못된 선택

 대부분의 미국 학교가 갈수록 창의적 사고를 도외시하고 있다. 대학교 및 대학원의 입학 절차도 학생의 학업 준비도를 측정한다고들 하는 SAT, ACT, GRE, GMAT, MCAT, LSAT 같은 시험에만 기대고 있는 판국이다. 그런데 이런 시험들은 저차원 사고력, 다시 말해 암기나 이해력을 측정한다. 최소한 49개 주에서 재능 있는 학생들을 판별할 때 IQ나 표준 성취도 평가 시험을 사용한다. 이 평가들은 미래의 혁신가가 아니라 체제 순응적인 우등생을 선별한다.

 '창의력의 아버지'라고 불리는 토런스 박사는 IQ나 성취도 평가 점수에만 기초하여 영재성을 판별할 경우, 대략 70퍼센트에 달하는 미래의 혁신가가 후보군에서 제외된다고 결론 내렸다. 내가 직접 연구하고 조사했을 때는 상위 20퍼센트의 80퍼센트가 무시되었을 것이라는 결과가 도출되기도 했다.

일례로 1925년 루이스 M. 터먼은 교육학과 심리학 분야에서 가장 오래되고, 최장기간 계속된 종단 연구 가운데 하나를 시작했다. 오로지 IQ 점수만을 토대로 영재를 선별하는 연구였다. 그런데 이 방법으로 인해 터먼은 윌리엄 쇼클리, 루이스 알바레즈 같은 미래의 혁신가를 놓치고 말았다.

IQ는 창의력과 다르다. 혁신을 달성하려면 IQ가 120 정도는 되어야 한다는 데 동의하는 사람이 많다. 하지만 내가 발견한 바에 따르면, 특정 수준에서는 창의력과 IQ 간의 연결 고리가 약하다. 가장 똑똑한 아이가 꼭 혁신가가 된다는 법은 없다. 그런데 창의적인 아이들은 반드시 혁신가가 된다.

거의 모든 아이가 창의적으로 태어난다. 그런데 반 창의적인 풍토에서 자라면 반 창의적인 태도가 길러질 수밖에 없다. 그리고 이런 태도가 아이들의 ION 사고력을 죽이고 만다. 우리는 그저 몇몇 우등생만이 아니라 모든 아이가 ION 사고를 할 수 있게 만드는 4S 태도를 키우도록 4S 풍토를 조성해줘야 한다.

# ION
# 사고력이란

 앞에서 ION 사고력을 가능하게 하는 1단계 4S 풍토와 2단계 4S 태도를 설명했다. 이 장에서는 혁신가가 뭔가 독특하고 유용한 것을 만드는 과정에서 적용하는 3단계, ION 사고를 자세히 설명하려고 한다. ION 사고는 옆의 그림을 보면 알 수 있듯이, 계층적인 순서를 이루고 있는 틀 안Inbox, 틀 밖Outbox, 새 틀Newbox사고로 구성된다. 고차원 사고력은 그보다 앞서 발달해야 하는 저차원 사고력을 토대 위에 형성된다.

 창의적 사고는 마법처럼 난데없이 튀어나오는 생각이라고 여기는 사람이 많다. 하지만 이는 틀렸다. J. P. 길퍼드는 창의력 연구의 선구자다. 그가 한 1950년 미국심리학회APA 회장 취임 연설은 미국은 물론 전 세계에서 '진지한' 창의력 연구가 시작되는 계기가 되었다.

그는 창의적 사고가 학습되고 훈련될 수 있는 두 가지 사고 과정, 바로 수렴적 사고와 발산적 사고로 이뤄져 있다고 주장했다. 토런스는 길퍼드의 이론을 보다 발전시켰다. 나 역시 ION 사고력을 발휘해 두 사람의 이론을 확장했다. 틀 안 전문성은 지식 또는 기술을 얻거나 평가하기 때문에 좁고 깊다. 틀 밖 상상력은 다양한 가능성을 상상하기 때문에 빠르고 폭이 넓다. 새 틀 융합력은 틀 안 전문성과 틀 밖 상상력의 여러 요소를 결합하여 새로운 것 혹은 새로운 과정을 만들어낸다.

ION 사고는 사과나무 창의 과정에 필요하다. 즉, 틀 안에서 전문성을 키우고, 틀 밖에서 아이디어를 창출하고, 잠시 쉬었다가 틀 안에서 아이디어를 비평, 평가한 다음, 그때껏 서로 무관했던 아이디어들을 새 틀로

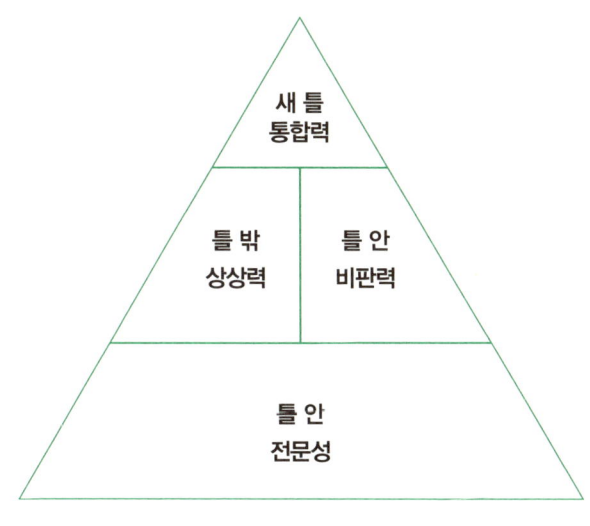

ION 사고력의 구조

연결하고 합성한다. 그러고 나서는 결합된 아이디어를 정제하고 변형하고, 마지막으로 뭔가 독특하고 유용한 것, 전통적인 범주화를 거부하는 혁신으로 홍보한다.


## 1. 틀 안 전문성이란?

틀 안 전문성에는 대개 여성이 남성보다 더 잘하는, 과업을 완수하거나 정답을 고르는 전통적인 방식이 포함된다. 잘 발달한 틀 안 전문성은 좁고 깊다. 또 지식이나 기술을 습득하거나 평가할 수 있게끔 끈질기고 체계적으로 형성된다. 전문성을 키우는 데 필요한 암기력, 이해력, 응용력 같은 저차원 사고력이 틀 안 전문성에 속한다. 암기는 가장 낮은 차원의 틀 안 전문성이다. 그런데 표준시험을 비롯한 대부분의 시험은 주로 암기력을 측정한다.

전문성이란 교육과 훈련을 통해 특별한 지식과 기술을 달성하고 이해한 다음 그 지식과 기술을 새로운 상황에 적용함으로써 특정 사안에 통달하는 것이다. 틀 안 전문성은 줌 렌즈처럼 작동하여 혁신가가 폭이 좁은 지식과 기술을 클로즈업하도록 도와서, 구체적으로 어떤 지식이나 기술을 습득할지 결정하고, 세부사항을 바짝 들여다보고, 그렇게 다시 전문성을 강화시킨다.

이는 주로 수완 좋은 꽃가루 매개자와 불굴의 노력가를 길러내는 혁신가의 토양 태도와 비바람 태도를 통해 발달한다. 혁신가는 기존 규칙 및 규범을 따르거나 모방함으로써 전문성을 키운다.

앞서 나온 그림의 피라미드 중간에서 볼 수 있듯이 틀 안 전문성에는 비판적 사고에 필요한 분석, 평가 같은 고차원 사고력도 들어간다. 사과나무 창의 과정에서 틀 안 전문성은 반드시 틀 밖 상상력이나 틀 안 비판력을 쌓기 전에 갖춰야 한다. 반면에 비판적 사고는 보통 틀 밖 상상력이 발휘되는 과정에서 다양한 아이디어들이 창출된 뒤에 필요하다. 비판적 사고는 창출된 아이디어들을 클로즈업해서 분석하고 평가한 다음 가장 좋은 것을 선택하거나 결정을 내린다.

## 2. 틀 밖 상상력이란?

틀 밖 상상력은 다양한 가능성을 상상하기에 빠르고 폭이 넓다. 또 비순응적인 아이디어를 구하기 때문에 즉흥적이고 무질서하다. 대체로 남성이 여성보다 잘한다. 앞선 그림의 피라미드 중간 부분에 나와 있는 틀 밖 상상력에는 유창한 사고, 유연한 사고, 독창적인 사고 같은 고차원 사고력이 들어간다. 틀 밖 상상력은 곧바로 쉽게 접근 가능한 전문지식과 기술 저장소 넉분에 발휘된다. 틀 밖 상상력은 광각 렌즈처럼 작동하여 혁신가가 폭넓은 시야를 갖고, 문제나 기회에 다가가는 다양하고 독특한 수많은 접근법을 상상하도록 돕는다. 심지어 문제 자체를 재정의할 수도 있다. 틀 밖 상상력은 주로 호기심 많은 낙관주의자와 반항적인 공상가를 길러내는 혁신가의 햇살 태도와 공간 태도를 통해 발달한다. 혁신가는 틀 밖 상상력과 반항적인 낙관주의를 활용하여 틀을 넘어서고, 규칙이나 규범을 깨고, 남들이 할 수 있는 것 이상을 보거나 실행한다.

### 3. 새 틀 융합력이란?

새 틀 융합력은 틀 안 전문성과 틀 밖 상상력의 여러 요소를 결합한 다음 새로운 창작물로 변형한다. 피라미드 제일 윗부분의 새 틀 융합력에는 합성, 변형, 홍보 같은 가장 높은 차원의 사고력이 속해 있다. 새 틀 융합력은 줌 렌즈와 광각 렌즈를 모두 사용하여 그때껏 서로 무관했던 아이디어들을 연결하고 합성한 다음 정제하고 변형하여 마침내 독특하고 유용한 창작물로 홍보한다.

틀 안 전문성만 있는 사람은 지루한 기술자가 되고, 틀 밖 상상력만 있는 사람은 좌절한 몽상가가 된다. 틀 안 전문가는 정보를 빌리고, 틀 밖 상상가는 아이디어를 상상한다. 새 틀 융합가는 틀 안 전문성을 통해 정보를, 틀 밖 상상력을 통해 아이디어를 추출한 다음 합성한다. 그런 다음에는 그것을 다듬어 창작물로 변형시킨다.

틀 안 전문성은 좌뇌 기능을, 틀 밖 상상력은 우뇌 기능을 사용한다. 새 틀 융합력은 좌뇌 기능과 우뇌 기능을 모두 사용한다. 혁신가는 틀 안 전문성과 틀 밖 상상력 둘 다 갖추고, 사과나무 창의 과정의 특정 단계에 따라서 이 둘 사이를 오갈 수 있는 새 틀 융합가다. 뇌혈류, 뇌파검사나 기능적자기공명영상을 보면 혁신가의 좌우 뇌반구는 비혁신가보다 더 상호 협력적이다. 그런데 모든 인간은 습관적으로 틀 안 전문성이나 틀 밖 상상력 가운데 어느 한쪽을 더 많이 사용한다. 따라서 틀 안 전문가와 틀 밖 상상가 사이의 지적 교류는 혁신의 기회를 증진시킨다. 사과나무 창의 과정이 전뇌 과정이 되려면 그 과정이 진행되는 중에 3가지 ION 사고력을 전부 발휘해야 한다.

# 사과나무 창의 과정 1단계: 전문성 개발

사과나무 창의 과정은 사과나무의 계절별 성장 주기와 유사한 8단계로 이루어져 있다. 각 단계는 독특한 아이디어가 온전히 결실을 맺기 위해 반드시 해야 하는 활동이나 상호작용을 담고 있다. 사과나무 창의 과정은 겨울, 즉 전문성 개발과 욕구 식별에서 시작하여 봄, 즉 아이디어 창출, 잠재의식적 처리, 아이디어 평가, 이어서 여름, 즉 합성, 변형을 지나 마지막으로 가을, 홍보 단계에까지 이른다. 문제의 성격이나 시기에 따라서 순서가 바뀔 수도 있고, 어떤 부분은 반복될 수도 있다.

겨울에 사과나무는 죽은 것처럼 보인다. 하지만 실제로는 잠들어 있을 뿐이다. 계속 성장하면서 봄을 맞을 준비를 하고 있다. 겨우내 활동하지 않는 부분과는 별개로 뿌리는 독립적으로 자란다. 덕분에 사과나무는 수분과 양분을 찾아서 뿌리를 뻗칠 수 있다. 이는 그 해의 후반기에 사과나무가 건강하게 성장하는 데 대단히 중요하다. 정원사는 가지를 치고, 불필요한 싹을 제거하고, 외부로부터 나무를 보호함으로써 미래의 개화를 위해 뿌리의 건강을 지켜낸다. 다시 말해 뿌리의 성장이나 전문성의 성장을 실제로 볼 수는 없지만 두 가지 다 한창 일어나는 중이다. 이는 나중에 올 개화와 결실 시기에 분명해진다.

## 전문성이란?

전문성은 특정 주제에 관한 충분하고 완벽한 지식 및 기술이다. 실제 상황에 여러 원칙을 효과적으로 적용할 수 있을 정도의 충분한 깨달음과 이해력을 요한다. 10년 법칙이 시사하는 바와 같이, 전문성은 타고나는 것도 아니고, 하룻밤 사이에 자라날 수도 없다. 자신만의 경험과 실수, 성공과 실패로부터, 그리고 타인의 성공과 실패로부터 배우면서 오랜 시간에 걸쳐 개발된다.

전문성은 창의력 피라미드의 토대를 이루면서 틀 밖 상상력과 새 틀 융합력의 기반을 제공한다. 틀 밖 상상력에 필요한 원료를 제공함으로써 다수의 실행 가능한 대안과 직관력이 나올 수 있도록 만든다. 전문성은 틀 밖 상상력의 결과를 평가하는 비판적 사고도 가능하게 한다. 그러고 나서 새 틀 융합력을 발휘하는 동안 여러 개념 및 개념적 조합들을 제공하여 비판적 사고의 결과들을 합성하도록 촉진한다. 마지막으로는 아이디어를 시행하고 결과를 예측하는 데 필요한 지식을 제공한다.

사과나무는 한참 덜 자라서 생식이 불가능한 경우 꽃을 피우지 못한다. 마찬가지로 조숙한 아이는 전문가가 아니기에 아직 혁신을 달성할 수 없다. 아이들의 상상력은 성인의 상상력보다 더 강렬하고 흥미진진하다. 하지만 아이들의 상상력은 제한적인 지식과 경험 으로 형성된다. 게다가 아직은 큰 그림을 생각하거나 관념적인 추론을 할 수 없기에 자신의 창의력을 혁신으로 잇지 못한다.

청소년기에 발달하는 관념적인 추론 능력은 자신의 상상력과 잠재적 창작물을 결합하여 혁신을 달성할 수 있게 해준다. 복잡한 분야일수록 혁신에 더 깊은 전문성이 필요하다. 세계적으로 최고 수준의 성취에 도달하는 나이가 스포츠 혁신가는 20대 중후반, 예술과 과학 분야의 혁신가는 30, 40대인 것은 바로 이 때문이다. 물론 전문성을 언제부터 키우기 시작했는지에 따라서 달라지기도 한다.

### 전문성 개발을 위한 방법들

탁월한 양육자는 전문성을 개발하는 동안 방해가 되는 요소들을 찾아 제거한다. 아이가 자기 수양과 자기성찰을 훈련하면서 전문성을 키우는 데 필요한 고독과 몰입의 기회를 제공한다.

탁월한 양육자는 아이의 재능이나 재주의 징후를 기다리지 않는다. 아이에게 다양한 자원과 경험을 제공하고, 세 살이 되기 전에 일찍부터 뭔가에 호기심을 갖거나 흥미를 느끼도록 영감을 자극하고 독려한다. 일례로 세 살즈음에 그 같은 자원과 경험을 제공받은 아이는 그런 자원과 경험이 없이 자란 아이보다 단어를 3,000만 개나 더 많이 듣는다. 이를 통해 추후 아이들의 학습 상황을 미루어 짐작할 수 있다.

탁월한 양육자는 재미있는 방식으로 아이를 다양한 주제와 분야, 여러 가지 경험에 노출시킨다. 처음에 아이의 뚜렷한 관심사의 징후가 보이면 탁월한 양육자의 목적의식에 따른 계획, 그리고 아이의 연습과 실전에 대한 분석 및 지도가 뒤따르고, 결과적으로 뚜렷한 관심사에 대한 아이의 자기효능감 향상으로 이어진다. 멘토들은 완만하되 꾸준한 아이의 향상에 대해 즉각적인 피드백을 제공한다. 아이에게 연습 및 실전 기회를 제공하는 동시에 실제 성과와 목표를 비교하면서 냉철한 피드백을 해줌으로써, 아이가 본인의 실적 가운데 특정 측면들을 개선하는 방향으로 높은 목표를 구체적으로 발전시키도록 돕는다. 이는 혁신가의 전문성으로 이어지고, 그 전문성은 혁신가의 열정이 된다.

오랫동안 이어지는 연습과 실전을 통해 아이의 정신은 독특한 패턴의 신경 발달 및 생리적 적응이 이뤄진다. 이것이 바로 아이들에게 내재된 재능과 재주의 뿌리이다. 이러한 결과는 선천적인 능력이 열정이나 혁신의 원천이라는 통념을 깨부순다. 사실 영재처럼 일찍 발현되는 재능과 재주는 전문성 개발과 그 뒤에 이어지는 혁신을 제한하기도 한다.

대부분의 부모는 아이가 전문성을 키우도록 영감을 자극하고 독려하며 도전의식을 북돋기 전에, 아이에게 내재된 재능과 재주의 징후를 기다린다. 그런데 이 순서만 뒤집어도 더 나은 혁신의 가능성을 발견할 수 있다.

첫 번째로 탁월한 양육자는 아이들에게 토양 풍토에서 자원과 경험을 제공하고, 두 번째로 햇살 풍토에서 아이들이 뚜렷한 관심사를 찾도록 도와주고, 세 번째로 비바람 풍토에서 아이들이 부지런히 자기효능감을 키우고 또 자기가 뭘 잘하는지 그리고 뭘 못하는지 배우고, 뚜렷한 관심사의 전문성을 개발하도록 돕는다. 그렇게 되면 재능이나 재주가 발현되면서 열정이 생기고, 최종적으로 아이들은 공간 풍토에서 본인의 전문지식과 기술을 넘어서는 혁신에 필요한 자신만의 고유하고 독특한 아이디어들을 발견하고 개발할 수 있다.

아래의 목록은 전문성을 키우는 구체적인 방법들이다.

**지식과 기술 외우기:** 혁신가는 암기, 이해, 적용 같은 저차원적 틀 안 전문성을 키운다. 암기에 의한 지식 습득은 가장 낮은 차원의 사고력이다. 추상적인 사고방식 이전에 먼저 보거나 듣거나 만지거나 맛보거나 냄새를 맡을 수 있는 뭔가를 배우는, 구체적인 사고방식을 키우고 관련된 세부 사항에 주목하라. 정의, 사실, 목록을 기억하라.

**이해력 키우기:** 이해는 피라미드에서 두 번째로 낮은 차원의 사고력

이다. 습득한 정보와 지식을 충분히, 완전하게 이해하라. 그런 다음에는 글이나 삽화, 그래프 등 도표화하는 등 시각적 방식을 활용하여 개인적으로 의미 있는 형태로 바꿔라. 가령 어떤 이야기 속에서 벌어지고 있는 상황을 설명하고 요약하거나, 자기만의 언어로 정보를 표현하여 본인의 사례를 제시하라. 단순히 정보를 나열하보다는 자세히 설명하고, 관련한 사실들을 더하거나 생략할 수 있어야 한다.

**응용법 알아내기**: 이해력을 키우면서 나온 정보를 새로운 실제 상황에 적용하고, 모형이나 개념을 만들어서 타인과 공유하라. 추상적 또는 이론적 개념을 구체적 또는 현실적 상황을 해결하는 데 적용하고, 실행 계획을 세워라. 새로운 상황이나 환경에서 그것이 어떻게 작동하는지 혹은 작동하지 않는지 배워라.

**IQ나 성적에 집중하는 대신 일찍부터 뚜렷한 관심사 키우기**: ION 사고력에는 IQ보다 초기의 전문성 개발이 훨씬 도움 된다. 일찍이 어떤 주제나 분야에 대한 뚜렷한 관심사 및 전문성을 키울 수 있다면 높은 IQ나 성적이 필요없다. 통념과 달리 IQ나 성적이 엄청나게 높다거나, 사진을 찍듯이 대단한 기억력을 가졌다고 틀 밖 상상력이 좋은 것은 아니다. 학교 성적이 우수한 혁신가는 오로지 점진적 혹은 진화형 혁신만을 달성하는 데 반해, 학교 성적이 낮은 혁신가는 틀 밖 상상력이 좋고, 급진적 혹은 혁명적 혁신을 달성한다.

**가급적이면 스무 살 무렵부터 적어도 10년이라는 기간 동안 하나의 주제 혹은 분야에 몰두하기:** 명확하고 구체적이며 높은 목표를 품은 상태에서 1만 시간 동안 목적의식을 가지고 훈련하라. 공개적으로 성과를 낼 기회를 잡기 전까지 거듭 연습하라. 본인이 선택한 주제에 치열하게 몰두하는 시간은 최고의 재능을 가진 사람에게도 필요하다. 그런 재능이 없는 사람은 훨씬 더 긴 시간이 필요하다. 따라서 고작 몇 달 혹은 몇 년 동안 자신의 뚜렷한 관심사에 전념한다고 본인이 원하는 수준에 도달하지 못할 것이다.

**정규교육보다는 독학으로 연마하기:** 정규교육은 대학교 2학년 때까지만 혁신에 긍정적이다. 이 시기까지는 틀 밖 상상력에 도움이 되는 예술, 인문학 등 다양한 강의를 폭넓게 듣는다. 그런데 대학교 2학년 이후로는 수업이 전공과목으로 한정되면서 새로운 아이디어를 막는 눈가리개가 될 수 있다. 세계에서 가장 위대한 혁신가는 고등 정규교육이 아니라 독학을 통해서 뚜렷한 관심사에 대한 전문성을 키웠다. 알렉산더 그레이엄 벨, 토머스 에디슨, 에이브러햄 링컨, 벤저민 프랭클린은 초등학교를 중퇴했다. 넬슨 만델라와 스티브 잡스는 대학 중퇴자였다. 아인슈타인은 그로스만의 도움이 없었더라면 대학 중퇴자가 됐을 테지만, 계속해서 스스로 공부했다. 혁신가의 에너지와 추진력은 큰 성공을 거둔 뒤에도 줄어들지 않는다. 실제로는 대개의 경우 오히려 더 커진다.

**지나치게 많은 지식이 유창하고, 유연하고, 독창적인 틀 밖 상상력을 제한하지 않게 하기:** 너무 긴 겨울은 사과나무를 얼려버려서 꽃을 피우지 못하게 만든다. 지식의 과포화는 때로 상상력을 제한한다. 이는 다른 아이디어들을 받아들이거나 상황을 새롭고 반항적인 시각으로 보지 못하게 막는다. 백과사전적 지식을 가진 사람은 혁신에 크게 기여하지 못한다. 그들의 지식이 그들을 억누르는 탓에 대안을 받아들일 능력 혹은 의지가 없다. 타인의 관점과 의견을 구하고, 아이처럼 질문을 하는 법을 잊지 않은 호기심 많은 낙관주의자가 혁명적 혁신을 달성한다.

**4S 태도 키우기:** 첫째, 토양 풍토에서 수완 좋은 꽃가루 매개자가 되어 다양한 주제들을 배워라. 둘째, 햇살 풍토에서 특정 주제에 대한 뚜렷한 관심사를 발견하라. 셋째, 비바람 풍토에서 불굴의 노력가가 도전을 추구하고, 높은 기대치에 부응하며 뚜렷한 관심사를 열정으로 바꿔라. 하지만 전문성만 가지고는 혁신을 달성하는 데 불충분하다. 넷째, 공간 풍토에서 반항적인 공상가가 되어 홀로 있으면서 독특할 자유를 활용해 미래의 창작물에 필요한 독특한 아이디어들을 개발해야 한다.

혁신가는 일단 전문성을 충분히 키우게 되면 부족한 부분이나 빈틈, 문제점, 이러한 것들을 해결하는 잠재적 접근법을 인식하기 시작한다. 이는 사과나무 창의 과정의 다음 단계인 '욕구 식별'의 계기가 된다.

# 사과나무 창의 과정 2단계: 욕구 식별

　길고 추운 겨울이 지나면 사과나무는 휴면 상태에서 빠져나온다. 따스한 볕을 감지하자마자 가지에 싹이 돋아나기 시작한다. 혁신가가 전문성 개발 단계에 몰두하고 나면, 그 과정에서 습득한 사전 지식이 남들이 놓친 세부사항에 대한 주의를 환기시킨다. 그리고 모순, 문제점, 빈틈, 놓친 정보에 대한 혁신가의 민감함이 호기심을 부추긴다.

　세부사항 식별에서 인지된 빈틈은 그 다음 단계에서 보완된다. 혁신가는 그 틈을 메우려고 전문성을 더욱더 키우기 때문이다. 호기심은 더 많은 호기심으로 이어지고, 그러면서 빈틈없는 철저한 전문성을 키우게 되는데, 이렇게 모인 정보는 빠르게 혁신가의 의식적, 잠재의식적 기억 속에 녹아든다. 이미 갖고 있는 정보만으로 빈틈을 메우기가 불가능할 경우, 그 빈틈은 욕구가 된다.

**욕구를 식별하는 연습하기:** 본인 혹은 타인에게 신경 쓰이는 것들의 목록을 만든 다음 대응 방법을 찾아보라. 일상생활 속에서 모순, 빠진 조각들, 불완전한 정보를 찾아내라. 그리고 자신의 지식 안에 있는 빈틈들을 인식하고 검토하고 확인하라. 대상, 재료, 방법, 단계, 과정의 불분명한 측면들을 찾아내고, 뭔가를 빼거나 줄이거나 축소하라. 아니면 대상에서 비효율적인 것들, 재료나 방법, 단계를 제거하라. 가짜 이미지, 숨겨진 실수나 오자가 들어있는 이미지나 그림, 사물, 혹은 두 가지 그림 사이의 차이점을 보라. 시각적인 착각을 불러일으키는 이미지, 숨겨져 있지만 발견 가능한 동물, 사람, 물체, 형태, 의미나 메시지가 들어 있는 이미지를 보라.

혁신가는 틀 밖 상상력을 통해 문제 전체를 재구성하고, 욕구를 충족시킬 가능성이 있는 여러 요소들을 떠올린다. 이때 개방적인 태도와 자기효능감 있는 태도가 필요하다. 그럼으로써 혁신가는 복잡하고 근원적인 욕구를 식별할 수 있다. 혁신가의 관찰과 호기심 역시 숨겨진 욕구를 시각화할 수 있게 해준다. 숨겨진 욕구는 혁신가의 상상이나 직관 안에서 처음으로 모습을 드러낼 수도 있는데, 이는 혁신가의 전문성과 시각화 새 틀 융합력 덕분에 가능한 일이다.

기저에 깔린 근원적 혹은 숨겨진 욕구를 충족시키려면 먼저 잠재적 해법을 상상하는 틀 밖 상상력이 필요하다. 그 다음으로 해법의 기준을 결정하는 데는 틀 안 전문성이 필요하다. 혁신가는 일단 욕구를 식별하고, 그 욕구를 충족시킬 기준을 결정하면, 나면 욕구를 충족시킬 아이디어가 창출되기 시작한다.

## 사과나무 창의 과정 3단계: 아이디어 창출

 

앞선 욕구 식별 단계에서 욕구와 기준을 알아낸 뒤에 혁신가는 문제를 해결하거나 욕구를 충족시킬 만한 수많은 아이디어를 창출해낸다. 틀 밖 상상력은 왕성한 개화와 비슷하다. 유창하고, 유연하고, 독창적인 아이디어들이 터져 나오기 때문이다. 아이디어 창출 단계의 목표는 독특한 아이디어를 만들어내고 포착하는 것이다. 혁신가는 아이디어 창출을 위해 유창한 사고, 유연한 사고, 독창적인 사고 같은 고차원적 틀 밖 상상력을 활용한다.

사과꽃은 엽분葉分 사이에서 꽃망울을 갑자기 터뜨린다. 타가수분을 하는 사과나무는 자가수분을 하는 나무보다 더 풍성한 열매를 꼬박꼬박 맺는다. 타가수분이 사과나무의 성공적인 결실에 대단히 중요한 것과 마찬가지로, 독특한 아이디어 창출에도 지적 교류가 매우 중요하다. 지적 교류는 서로의 다양한 지식, 기술, 경험을 공유하고, 만들어내고, 결합하고, 조정하고, 확장한다.

## 유창한 사고, 유연한 사고, 독창적인 사고

**유창한 사고:** 사과나무는 일단 꽃을 피우기 시작하면 아낌없이, 부단히 꽃을 피운다. 마찬가지로 유창한 사고는 특정한 하나의 생각에서 시작하지 않는다. 그보다는 오히려 여러 생각이 즉흥적으로 터져 나온다. 자유로운 흐름이 결여된 경우 아이디어 창출은 잘되지 않는다. 따라서 혁신가는 유창한 사고를 고무하기 위해 즉흥적인 태도와 재미있는 태도를 발휘한다.

혁신가는 주제와 관련한 지식에 대한 깊은 탐구를 거쳐 많은 아이디어를 창출해낸다. 더 많은 아이디어의 창출이 더 독특한 아이디어, 더 나은 아이디어로 이어진다. 유창한 사고는 유연한 사고와 독창적인 사고의 기반이 된다.

종이나 화면에 아이디어들을 시각화하여 포착하는 것이 유창한 사고에 있어서 대단히 중요하다. 혁신가는 일찍부터 포착하는 기술을 키운다. 어떤 아이디어가 상세하게 포착되지 않을 경우 영영 사라질 수도 있기 때문이다. 혁신가는 본인의 유창한 사고에 가장 도움이 되는 활동, 환경, 시간을 알아내어 포착 기술을 향상시킨다. 게다가 최고의 아이디어는 대개 전혀 예상치 못한 순간에 오기 마련이므로, 펜과 메모지, 휴대폰의 노트앱 등을 가지고 다니면서 늘 아이디어를 포착할 준비를 해야 한다. 유창한 사고를 연습하려면 낙서하기, 사진이나 그림 보기 등 답이 없는 개방형 또는 비구조적이고 비체계적인 활동을 하라. 오직 자유로운 흐름에만 주력하라.

**유연한 사고:** 여러 각도에서 여러 종류의 아이디어들을 창출해내는 사고는 유창한 사고보다 훨씬 더 훌륭한 혁신의 예측변수다. 이는 다수의 선택지를 고려하고, 평범하고 흔한 물건이나 상황을 다른 방식으로 인지하는 기술이다.

유연한 사고는 사고패턴을 깨트리고, 상황을 다양한 관점으로, 심지어 반대되는 시각으로도 본다. 그러려면 독립적으로 생각하고, 넘겨짚기를 무시하고, 장애물을 돌파하는 용기가 필요하다. 한 번도 재고되거나, 재설정되거나, 재서술된 적이 없는 가설들은 틀 밖 상상력과 새 틀 융합력을 저해하는데, 유연한 사고가 이를 방지한다. 유연한 사고를 연습하려면 다른 각도에서 보거나, 디자인을 거꾸로 뒤집어 봐도 좋다. 또래 집단이 아닌 친구들을 사귀거나, 반대 관점을 지닌 역할을 맡아라. 또는 어떤 사건을 다른 것들의 관점에서, 다른 시간대에서, 다른 장소(다른 도시나 국가 등)에서 보라. 상반되는 혹은 반대되는 관점에서 문제를 보라. 대안, 선택지, 다른 가능성을 찾아라. 대상, 재료, 방법, 단계, 과정을 뒤바꾸거나, 한 가지 아이디어에 대해서 다수의 목적을 고려하라. 미국특허청에서 본인이 관심을 두고 있는 주제나 분야의 특허 및 특허출원을 확인해보라.

조르주 드 메스트랄, 알렉산더 플레밍, 앙리 베크렐처럼 짜증나는 골칫거리를 의도적으로 사용하라. 조르주 드 메스트랄은 바지에 달라붙는 덤불의 가시 달린 씨앗 때문에 골머리를 앓았으나, 그 씨앗들을 활용하기도 했다. 그는 현미경으로 자세히 살펴본 다음 씨앗의 자연적인 갈고리를 고대로 본떠 벨크로를 발명했다. 알렉산더 플레밍은 실험실 개수대에 놔둔 더러운 실험용품에서 자라난 미지의 곰팡이 때문에 골치가 아팠으나, 그 곰팡이를 활용하기도 했다. 그는 그 곰팡이가 박테리아의 성장을 멈추게 한다는 사실을 발견했고, 페니실린을 개발하는 데 성공했다. 앙리 베크렐은 실수로 사진건판을 우라늄염과 함께 어두운 서랍 속에 놔두었는데, 그 우라늄염이 사진건판을 감광시킨다는 걸 발견했다. 베크렐은 이에 방사능이라는 이름을 붙였다.

**독창적인 사고:** 새롭거나 특이한 아이디어를 창출해내는 사고는 유연한 사고보다도 훨씬 더 훌륭한 혁신의 예측변수다. 비록 유창한 사고와 유연한 사고에 기반을 두고 있지만 말이다. 유연하거나 유창하지 않은 사람도 창의적일 수 있다. 하지만 독창적이지 않고서는 창의적일 수 없다.

유창한 사고와 유연한 사고를 넘어서는 독창적인 사고에는 끈기가 필요하다. 다수의 아이디어가 창출되는 경우 단순한 아이디어가 먼저 나오고, 특이한 아이디어는 나중에 나온다. 독창성과는 거리가 먼 즉흥적인 아이디어들을 독창적인 사고가 재빨리 훑고 지나가면서, 그렇지 않았더라면 나오지 못했을 보다 특이한 아이디어를 창출해낸다. 게다가 유연한 사고를 통해 더 많은 종류의 혹은 다양한 범주의 아이디어를 낳는 경우 아이디어들이 더 특이해질 개연성도 커진다.

독창적인 사고는 창의력의 정점이다. 하지만 앞으로 끌어오려면 햇살 풍토와 공간 풍토가 필요하다. 독창적인 아이디어나 행동은 대개 일탈로 간주된다. 규범에 반하기 때문이다. 사람들은 대부분 변화, 미지의 것, 불확실성에 저항하며, 독창적인 아이디어에 의문을 제기하고 그것을 짓밟는다. 독창적인 사고는 특히 순응이 강요되는 시험 위주 풍토에서 배척당한다. 애석하게도 대다수의 사람들은 독창적인 생각이나 아이디어를 남에게 알리지 않고 혼자만 간직하면서 그 풍토에 적응한다. 혁신가는 비바람 태도와 공간 태도를 바탕으로 고착된 현재와 싸우면서 햇살 태도와 공간 태도를 활용하여 독창적인 아이디어를 창출해낸다. 이들은 위험을 무릅쓰고 지배력 또는 통제력에 맞서 반항적으로 행동한다.

독창적인 사고는 문화에 따라 다르다. 어떤 문화에서는 평범한 아이디어가 실제로 다른 문화에서는 깜짝 놀랄 만큼 특이한 아이디어일 수 있다. 그러므로 여러 문화를 아우르는 지적 교류는 보다 독특한 아이디어를 창출할 수 있는 좋은 방법이다.

## 독특한 아이디어를 창출하는 9가지 지적 교류 기술

특히 아이디어 창출 단계에서 이뤄지는 지적 교류는 브레인스토밍과 비슷해 보일지도 모른다. 하지만 다르다. 브레인스토밍은 보통 아이디어 생산을 위해 의도된 단기적인 그룹 활동이다.

지적 교류는 오랜 시간에 걸쳐 이뤄지는 직접적인 상호작용을 통해 일어난다. 독특한 아이디어를 창출하려면 개인적인 아이디어 창출과 지적 교류를 모두 활용하는 것이 가장 좋다. 특히 아래의 기술들을 따를 경우에 말이다.

개인이 어떤 주제에 대해서 본인만의 전문성을 이미 키워놓은 경우에 가장 효과적인데, 그래야 지적 교류를 할 때 자신의 아이디어나 창작물을 더하거나 개선하는 법을 깨달을 수 있다. 이를 통해 타인의 전문지식과 기술, 경험을 토대로 한 노하우를 접할 수 있는 기회가 늘어나고, 그 결과 통찰력을 바탕으로 지식이나 기술을 독특하게 합성하게 된다. 일찍부터 발달된 혁신가의 수완 좋은 태도와 멘토를 찾는 태도가 아래에 나열한 지적 교류 기술을 쓸 수 있게 만들고, 이는 결국 더욱 더 위대한 혁신의 기회로 이어진다.

**개인적인 아이디어 창출과 지적 교류 결합하기:** 지적 교류 전에 공책이나 포스트잇 등을 활용해 홀로 아이디어를 창출하라. 이 과정은 너무 이른 단계에 집단사고의 영향을 받지 않으면서 개별 아이디어의 독특함을 포착하는 데 도움이 된다. 혼자서 아이디어를 창출해낸 뒤에 타인과 지적 교류를 하고, 각각의 아이디어를 벽이나 보드에 쓴 다음 그 아이디어들을 비교하고 대조하고 합쳐서 재창출하라. 그때껏 서로 무관했던 아이디어들의 예상치 못한 결합은 보다 독특한 아이디어의 창출에 도움이 된다.

**아이디어 창출 전에 몸 풀기:** 혼자서든, 타인과 함께든 아이디어를 창출할 때는 뇌로 가는 혈액의 흐름을 향상시키고 더 많은 아이디어가 즉흥적으로 떠오르도록 몸을 움직여라.

**목표를 명확히 하기:** 체계를 세우면 문제를 더 잘 이해하고, 독특한 아이디어를 낼 수 있다. 조력자는 공식적인 지적 교류에 도움이 된다. 특히 광범위한 목표보다는 목표를 분명히 세울 때, 동시적인 목표보다는 순차적인 목표를 세울 때, 그리고 다수의 목표보다는 소수의 목표에 집중할 때 더 좋은 결과를 낼 수 있다.

**판단을 내리지 않는 개방적인 태도 키우기:** 사과꽃은 따스한 공기 안에서 터져나온다. 모든 아이디어가 방해받거나 평가받는 일 없이 환영받는 환경에서 아이디어는 자발적으로 터져나온다. 모든 아이디어를 큰 소리로 말하고 글로 적어라.

아이디어 평가를 멈춰서는 안 된다. 다만, 즉흥적으로 아이디어를 창출하고 평가하는 것은 한쪽 발은 브레이크 위에, 다른 쪽 발은 액셀 위에 둔 상태로 양발 운전을 하는 것과 같다. 그러니 브레이크 위에 올려둔 발은 치우고 평가는 나중에 하라. 모든 아이디어를 낸 뒤에 조력자는 칭찬 혹은 비판 없이 아이디어를 하나하나 모두 기록해야 한다. 유창한 사고를 통해 즉흥적인 아이디어를 가능한 한 많이 창출하라. 유연한 사고를 통해 다양한 종류의 아이디어를 되도록 많이 창출하라. 독창적인 사고를 통해 특이하거나 이상하거나 거칠거나 정신 나간 아이디어를 가급적 많이 내라.

**다른 관점을 지닌 다양한 집단 활용하기:** 다른 종류의 사과나무 사이에서 이뤄지는 타가수분이 이로운 것과 마찬가지로, 다수의 다양한 관점과 접촉하는 것 역시 이롭다. 가장 독특한 아이디어는 주제나 분야에 대해서 어느 정도 이해하고 있으면서도 폭넓은 관점을 지닌 다종다양한 사람들 사이에서 지적 교류가 이뤄질 때 탄생한다. 다만 공유되지 않은 혹은 소수의 아이디어, 심지어 사소한 차이에도 주의를 기울이는 게 좋다. 독창적인 아이디어는 대개 잘 알려져 있지 않고 인기가 없기 때문이다. 이는 서로 뚜렷하게 구별되는 독특한 아이디어를 더 많이 창출하는 데 도움이 된다.

**논쟁, 반대, 갈등을 지렛대로 삼는 끈기 키우기:** 전형적인 브레인스토밍 과정에서 특히 강조하는 조화나 화합을 과하게 부각시키지 말라. 논쟁, 반대, 갈등은 상충하는 시각 또는 다양한 관점에 맞서면서 후속 아이디어를 자극한다. 또 이를 통해 참여자들은 조롱에 대한 걱정에서 해방된다. 남들과 비슷한 아이디어를 내놓는 대신 아이디어 간의 의견 충돌과 건설적인 갈등을 즐겨라. 단, 의견 다툼과 충돌은 사람 개인에 대한 것이라기보다는 과업이나 주제와 관련된 것이어야 한다는 점에 유의해야 한다.

**본인과 타인의 아이디어 확장하기:** 지적 교류가 이뤄지는 동안에는 분석적이어야 하고, 좋은 청자여야 한다. 그래야 새로운 아이디어를 가진 타인과 새로이 지적 교류를 할 수 있기 때문이다.

**긍정적인 감정 늘리기:** 긍정적인 감정은 정신을 자유롭게 하여 큰 그림 사고를 끌어내고, 즉흥적이고, 유창하고, 유연하고, 독창적인 틀 밖 상상력을 증진시키며, 문제를 식별할 때 민감도를 높인다. 긍정적인 감정은 산만함을 늘릴 수도 있지만, 아이디어의 연결과 결합을 촉진하기도 한다. 영화를 본다거나, 긍정적인 감정을 촉발 또는 유발할 수 있는 새로운 음악이나 음식을 시도해보라. 그런데 긍정적인 감정과 산만함은 대개 집중과 끈기를 감소시킨다. 긍정적인 감정을 즉흥적이고 유창하고 유연한 사고에 활용하되, 끈기와 독창적인 아이디어에 미칠 수 있는 부정적인 영향의 가능성을 염두에 두라.

**독특한 아이디어가 나온 듯해도 계속 탐색하기:** 천천히 시간을 들여서 2차, 3차 아이디어를 수확하라. 또 흔하고 뻔한 아이디어 뒤에 나오는 독창적인 아이디어를 얻기 위해 끈질기게 계속해가라. 또 혼자서든, 타인과 함께든 아이디어를 창출할 때는 시간제한을 설정하라.

혁신가는 9가지 지적 교류 기술을 활용하여 독특한 아이디어를 창출하려고 치열한 노력을 다한 뒤에는 '아하!' 발견을 위해서 잠재의식적인 처리를 촉진하는 방향으로 본인의 사고방식과 환경을 바꾼다.

# 사과나무 창의 과정 4단계: 잠재의식적 처리

정원사는 가지치기나 열매솎기를 하기 전에 잠시 쉬면서 나무 전체가 꽃을 피우기를 기다린다. 마찬가지로 혁신가도 힘이 많이 드는 의식적인 사고에서 벗어나 잠시 휴식을 취하면서 보다 독특한 아이디어를 기다린다.

여기에는 3가지 이유가 있다. 창출된 모든 아이디어를 한 걸음 뒤로 물러나서 보기 위해서, 잠재의식이 아이디어를 처리하고, 배양하고, 걸러내게 하기 위해서, 비판적으로 아이디어를 평가하는 과정에 대비하여 의식을 쉬게 하기 위해서이다.

잠재의식적 처리는 혁신가의 정신에 내재한 검색 엔진과도 같다. 광범위한 전문지식과 기술 내에서 기억을 샅샅이 살펴 추려내고, 분류되지 않은 정보를 비교하고 이해한 다음 서로 무관한 생각들을 연결하여 새로운 아이디어를 창출한다. 혁신가의 잠재의식적 처리는 가능한 목표 지향적인 공상에 의해 촉진된다. 이 경우 의식이 거의 집중되지 않은 상태에서 잠재의식이 틀 밖 상상력을 발휘한다.

### '아하!'란?

혁신가는 쉬거나 공상할 때 새로운 관점이나 통찰력, 갑작스런 '아하!', 즉 깨달음에 이른다. 바로 그런 순간에 뜻밖의 아이디어나 생각들의 연결과 결합이 이뤄진다. 잠재의식은 대체로 습관, 스트레스, 방해 요소, 의식의 엄격한 논리 구조에 가로막혀 힘을 발휘하지 못하는 경우가 많다. '아하!'는 사과나무 창의 과정이 진행되는 동안 어느 시점에서든 일어날 수 있다.

하지만 대개의 '아하!' 순간은 혁신가가 문제를 해결하거나 독특한 아이디어를 창출하는 것처럼 구체적인 목표를 달성하기 위해서 애를 쓴 뒤, 휴식을 취하면서 마주하기 쉽다. 마치 봄방학처럼 말이다. '아하!'가 언제나 문제 전체에 대한 완벽한 해법이 될 수는 없다. 일반적으로 사과나무 창의 과정의 특정 단계와 관련된 작은 '아하!' 순간들 중에서, 커다란 '아하!'의 순간이 등장하고는 하는 것이다.

## 종잡을 수 없는 '아하!'를 활용하는 법

'아하!' 경험이 오로지 천재성 또는 운의 결과물이라고 생각하는 사람이 많지만, 실제로는 혁신가가 배우고, 관리하고, 연습하고, 계획하는 자발적이고 능동적인 기술이다. 다음의 절차에 따라서 사과나무 창의 과정 전반에 걸쳐 '아하!'를 외쳐라.

### 구체적인 목표를 세우기 전
- 자기 수양적인 태도와 자발적인 태도로 특정 뚜렷한 관심사에 대한 전문성을 달성하고, '아하!' 아이디어를 인식할 수 있는 마음의 준비하기.
- 호기심 많은 태도와 개방적인 태도로 새로운 아이디어나 변화를 찾아내고 즉각 반응하기.
- 이중문화적인 태도와 복잡성을 추구하는 태도로 폭넓은 주제, 영역, 분야에 스스로를 노출시키기.
- 위험을 감수하는 태도와 비순응적인 태도로 신출내기나 외부자처럼 생각하고, 기존 경계나 제약을 확장하거나 넘어서기.
- 큰 그림을 생각하는 태도와 박애적 태도로 별개의 조각보다는 전체를 보고, 그것들 사이의 패턴이나 관계 찾아내기.
- 수완 좋은 태도와 멘토를 찾는 태도로 다양한 영역이나 분야에 속한 전문가와 지적 교류하기.

- 불확실성을 수용하는 태도와 반항적 태도로 최소한 두 가지 서로 다른 주제, 영역, 분야를 연결하거나 결합하기.

### 구체적인 목표를 달성하려고 할 때

- 근면 성실한 태도와 끈기 있는 태도로 쉬거나 공상하고 있을 때도 잠재의식이 집요하게 계속 목표를 처리하도록 휴식이나 공상 시간을 계획하기 전에 구체적인 목표에 몰입하기.
- 자기성찰적인 태도와 복잡성을 추구하는 태도로 목표나 문제, 관련된 생각이 뭉근히 익어가면서 멀리 떨어진 개념들을 잇도록 숱한 시간과 공간을 활용하여 천천히 깊이 생각하기.
- 자기효능감 있는 태도와 굴하지 않는 태도로 목표를 달성하기 위해 자신감을 갖고 '아하!' 순간 조우하기.

### 오랫동안 목표를 달성하려고 애쓴 뒤

- 긍정적인 감정을 바탕으로 한 감성적인 태도와 낙관적인 태도로 기존 환경을 떠나 몸과 마음의 휴식 취하기.
- 재미있는 태도와 공상하는 태도를 발휘하여 끈기 있는 태도에서 즉흥적인 태도로 전환한 다음 집중하지 않은 상태에서 공상 즐기기.
- 하던 일에서 벗어나 잠시 휴식 시간을 갖는 동안 다른 쉬운 혹은 덜 힘든 일을 하면서 공상하기. 잠재의식이 생각들을 소화시키고 뭉근히 끓여서 익히도록, 그리고 목표를 위해서 그러한 처리 과정을 늘

릴 수 있도록 만들기.
- 밤에 푹 잘 자고, 올빼미형보다는 아침형 인간 되기. 마음속에 목표를 품은 상태에서 꿈과 '아하!' 발견을 포착하도록 잠들기 전 침대 맡에 펜과 종이 두기.

### '아하!' 아이디어를 포착한 뒤
- 호기심 많은 태도와 에너지 넘치는 태도로 아이디어에 몰입하여 끝까지 따라가고, 아이디어를 현실로 바꾸기.
- '아하!' 아이디어는 잠재의식적 처리에 대한 의식적 깨달음에 불과하므로 개방적인 태도와 독립적인 태도로 아이디어를 비판적으로 분석하고 평가하기.

# 사과나무 창의 과정 5단계: 아이디어 평가

꽃이 만개한 지 적어도 한 달 뒤에 정원사는 꽃가지치기나 열매솎기를 하면서 될성부른 꽃과 열매만 남긴다. 그렇게 하면 남아 있는 열매로 나무의 에너지와 양분이 흘러들어가면서 크기, 색깔, 품질이 향상된다. 너무 이른 시기에 열매솎기를 하면 꽃이 만개하지 못하고, 너무 늦게 열매솎기를 하면 다 익은 열매의 크기가 작아진다.

마찬가지로 독특한 아이디어를 의식적으로 많이 창출한 뒤에, 그리고 휴식을 취하면서 잠재의식적으로 더 독특한 아이디어를 창출한 뒤에 혁신가는 가장 유용한 아이디어를 선별한다. 혁신가는 비판적 사고를 거쳐 평범한 아이디어를 제거하여 유용한 아이디어의 질을 향상시키는 데 자원을 집중한다.

## 비판적 사고란?

독특하지만 유용하지 않은 아이디어는 엉뚱하거나 정신 나간 것으로 간주된다. 휴식을 취한 뒤에 혁신가는 비판적으로 생각하면서 아이디어 창출 및 잠재의식적 처리 단계에서 나온 아이디어들을 솎아낸다. 비판적 사고를 할 때는 분석, 평가 같은 고차원적 틀 안 전문성을 활용한다. 오늘날과 같이 정보가 저렴하고, 마우스 클릭 한 번이면 나오는 세상에서는 비판적 사고가 유용한 정보를 골라내는 데 있어서 필수이다.

비판적 사고는 그저 뭔가를 단순히 비판하는 단일 단계의 과정이 아니다. 아이디어를 분석한 다음 객관적인 기준과 비교하고, 체계적으로 평가한 뒤에 가장 유용한 아이디어를 선별하는 과정이다. 다른 사과들을 솎아내면서 성장이 빠른 사과 몇 알만 남겨두는 정원사와 마찬가지로, 혁신가도 5가지 열매솎기 기술을 활용하여 유용한 아이디어를 엄선한다.

## 유용한 아이디어를 선별하는 5가지 열매솎기 기술

**전체 그림을 보기 전까지는 의사결정 미루기:** 개방적인 태도로 절대 그 어떤 것도 추정하지 말라. 쉽게 이용 가능한 또는 외견상 유용한 아이디어를 찾아도 계속 생각하라. 아이디어를 받아들이기 전에 독립적인 태도로 출처를 찾아 진실인지 거짓인지, 가끔은 진실인지, 부분적으로 진실인지 비교하고, 대조하고, 판단하여 신뢰성 및 타당성을 점검하라. 속단하지 말고 아이디어에 대한 판단을 뒷받침하는 추가 증거를 찾아 내라. 만약 그 증거로 인해 결론이 달라지는 경우 아예 생각 자체를 바꾸거나 대안이 되는 설명을 고려하라. 선택지를 솎아내고 유용한 아이디어를 선별하기 전에 더 많은 아이디어를 공격적으로 찾아내고 참을성 있게 검토하라.

**아이디어를 충분히 이해할 때까지 끈질기게 분석하기:** 기저에 깔린 근원, 원인, 정황을 조사하고, 아이디어와 관련된 사실들을 모아라. 아이디어와 관련하여 뭔가를 생각하거나 행할 때 본인이 생각하는 것을 큰 소리로 말함으로써 정신적 과정을 보여줘라. 더 잘 이해하도록 아이디어를 여러 요소나 부분 혹은 순차적인 단계로 쪼개라. 각 부분 간의 관계, 전체와 부분의 관계를 알아내라. 필수적인 부분들, 상호작용 및 관계를 식별한 다음 이를 바탕으로 통찰력이나 결론, 시사점을 뽑아낸 뒤 그에 따라 분류하고 종합하라. 그러한 통찰력, 결론, 시사점에 대한 이유를 설명하라.

**비논리적인 추론을 인식하고 잡념을 줄여 아이디어를 찾아보고 체계적으로 평가하기:** 이를 통해 자원의 집중이 극대화된다. 불안, 분노, 두려움 같은 부정적인 감정을 지나치지 않고 부족하지도 않게 활용하여 끈기 있게 집중력을 늘려라. 이 감정들은 계산과 논리적 사고를 향상시키고, 그에 따라 산만함을 줄여서 비판적 사고를 가능하게 돕는다. 하지만 부정적인 감정은 큰 그림 사고보다는 폭이 좁거나 구체적인 사고 및 끈기를 자극하므로 대체로 틀 밖 상상력을 둔화시킨다. 또 집중력이 늘어날수록 정신적 유연성은 줄어든다. 따라서 집중력을 발휘하는 단계에서 유연한 사고가 경직될 수 있다는 점을 항상 염두에 두어야 한다.

**독특한 아이디어를 유용하게 만들기 위해서 구체적인 특성을 의도적으로 증폭시키기**: 아이디어를 실행 불가능하게 만드는 요인을 곱씹는 대신 '그것이 가능하려면 무엇이 더해져야 하는가?'라는 질문을 하라. 좋아하지 않는 특성을 지지하는 입장에서 그것을 옹호하거나, 또 글로 써봐라. 너무 이른 시기에 가지치기를 당할 가능성이 있는 초기의 덜 유용한 아이디어의 경우 이 기술이 특히 중요하다.

**객관성을 유지하면서 선별된 아이디어를 체계적으로 평가하기**: 아이디어에 대해서 평가 기준을 개발하거나 SWOT 분석 등의 기준을 적용하여 아이디어의 특성 하나하나를 면밀히 살펴라. 평가 기준을 만들기 위해서는 욕구 식별 단계에 기초하여 목표를 세우고, 비용, 시간, 질, 참신함, 합법성, 안정성, 타당성, 이행의 편의성 등을 만들고, 각각의 아이디어를 기준에 따라 수치로 평가하는 방법을 개발하고, 휴식을 취한 다음 앞서 개발한 방식으로 측정하여 합산한 총 가치를 토대로 가장 유용한 아이디어를 선별하고, 칭찬할 만한 아이디어들을 보다 포괄적이고 종합적인 아이디어로 결합한다.

평가 단계에서 아이디어를 비판적으로 평가하고 선별한 뒤에야 혁신가는 비로소 다음 합성 단계에 적용할 만한 아이디어를 얻었다고 할 수 있다.

# 사과나무 창의 과정 6단계: 합성

 가지치기와 열매솎기가 이뤄지고 나면 선별된 꽃과 열매 안그 성장을 더욱 촉진하게 돕는 양분이 꽃과 열매에 잘 흡수된다. 마찬가지로 혁신가도 선별된 아이디어들의 필수 요소나 속성을 독특하게 합성한다.

### 합성이란?

 합성은 상황과 정보의 본질을 유지한 상태에서 일관성 있는 새로운 형태로 재결합하는 것이다. 개개의 나무보다 숲을 보는 포괄적이되 꼼꼼한 시각을 키우는 것이다. 혁신가는 아이디어 평가 단계에서 나온 필수 요소나 속성을 재구성하고, 어떤 아이디어의 강점을 다른 아이디어의 강점과 연결하기도 한다. 초반에 합성은 복잡성을 더하는 탓에 비생산적으로 보인다. 하지만 효과적인 합성은 궁극적으로 창작물의 완성도를 높인다.

기존 아이디어들을 단순하게 연결하거나 모방하는 것은 창의적이라고 하지 않는다. 그러나 혁신은 기존 아이디어의 여러 요소들을 합성하는 데서 출발한다. 이는 혁신이 천재성의 결과가 아니라는 점, 여러 혁신가가 서로 모방하지 않고도 동시에 유사한 혁신에 이를 가능성이 있다는 점을 시사한다. 일례로, 아인슈타인과 같은 시기에 비슷한 이론을 연구하고 있었던 물리학자들가 여럿 있었다.

## 합성을 위한 기술들

혁신가는 합성에 가장 고차원적 능력인 새 틀 융합력을 사용하고, 독특한 합성의 경우 틀 안 전문성보다는 틀 밖 상상력을 더 많이 활용한다. 각각의 합성 기술은 저마다 서로 무관한 아이디어들의 다양한 측면을 연결한다. 이를 통해 혁신가는 보통은 의식적인 연계로 인해 보지 못하는 다른 관점이나 기회를 볼 수 있고, 그 결과 아이디어의 독특한 합성이 가능해진다.

**큰 그림 보기**: 혁신가는 틀 밖 상상력을 발휘하여 합성한다. 이는 세부적인 것보다는 더 큰 맥락이나 체계에서 정보를 제시하는 것으로 나, 여기, 지금을 떠나서 생각하는 큰 그림을 생각하는 태도와 박애적 태도 덕분에 가능해지고 향상된다. 여러 사건, 아이디어, 속성의 관계를 되돌아보는 자기성찰적인 태도와 복잡성을 추구하는 태도에 의해서도 촉진되는데, 틀 밖 상상력과 새 틀 융합력을 더욱 향상시키고, 독특한 합성을 위한 틀을 만들어낸다.

큰 그림을 보는 연습을 하려면 추상미술, 격언, 사진 등 해석적인 의미를 지닌 대상을 추상적인 서술과 이야기를 즐겨라. 아니면 눈 앞에 놓인 것을 추상적으로 묘사해라. 나, 여기, 지금, 그리고 현실로부터 벗어나라. 처음에는 그래픽으로 뭔가를 설명하고, 그 다음에는 개요를 활용하고, 결국에는 오직 추상적인 서술 방식만을 사용함으로써 구상적인 사고방식을 추상적인 사고방식으로 바꿔라.

**경계 넘나들기**: 대부분의 위대한 혁신에는 경계 넘나들기 및 극단적으로 다르거나 서로 무관한 주제 혹은 분야 연결하기를 통한 합성이 적용된다. 혁신가는 다양한 취미나 열정을 발전시킴으로써 경계를 넘나든다. 예술 분야 혁신가 중에는 과학적 또는 공학적 배경을 갖고 있는 경우가 많고, 과학 분야 혁신가 가운데는 예술적 배경을 갖고 있는 사람이 많다. 경계 넘나들기는 예술적 전문성을 지닌 과학 분야 노벨상 수상자들에게서 두드러지게 나타난다. 혁신가는 위험을 감수하는 태도와 반항적

인 태도 덕분에 규범이나 전제에 의문을 제기하고, 여러 주제나 분야 간의 경계를 넘나들 수밖에 없다. 혁신가의 자기성찰적인 태도와 복잡성을 추구하는 태도는 경계 넘나들기에 따른 필수 요소나 속성의 합성을 촉진하고, 매우 다른 주제들의 독특한 합성을 낳는다.

경계를 넘나드는 연습을 하려면 어떤 문제를 외부의 시선으로 설명하라. 또는 본인이 불편함을 느껴서 빠져나가려면 반드시 뭔가 새로운 것을 배워야 하는 상황에 빠뜨려 그 문제를 정면에서 마주하고 재정립하게 하라. 일을 역방향으로 하거나, 잠재적인 해법에서 출발하라. 하는 일에 예측 불가능성을 더하거나, 업무에 내재된 명백한 오류를 전시하듯 공개하라. 다른 분야에 대해서 배우거나, 교차 접근법을 익혀라. 방법론을 한 가지로 국한시키지 말라.

**패턴 찾기**: 혁신가는 패턴을 찾아 합성한다. 이는 본질을 잃어버리거나 사실을 왜곡하는 일 없이 복잡한 아이디어를 합성하는 방법이다. 무관하거나 피상적인 정보는 무시하고, 필수 요소나 속성을 앞으로 끌어내어 패턴을 찾아낸다. 혁신가는 습관적으로 데이터, 아이디어, 이미지, 소리, 수학, 역사, 언어, 음악, 춤에서 패턴을 발견한다. 이는 큰 그림을 생각하는 태도에서 비롯하는데, 대개는 예술적 훈련 및 비언어적 사고에 의해 촉진된다. 혁신가는 유사점, 차이점, 관계를 인식함으로써 인간 행동, 상황, 자연 속에서 패턴과 추세를 발견한다. 그리고 복잡성을 추구하는 태도와 불확실성을 수용하는 태도를 바탕으로 심지어 혼돈 속에

서도 반복성, 의미, 핵심 원칙을 찾아낸다. 이는 작은 아이디어들에서 위대한 혁신을 도출하는 데 도움이 된다.

**점 잇기:** 혁신가는 점을 잇는 기술을 발휘하여 합성한다. 이 기술은 상황을 서로 무관한 수많은 조각들이 아니라 연결된 전체로 보는 데서부터 출발한다. 큰 그림을 생각하는 태도 덕분에 혁신가는 별개의 나뭇가지 대신에 나무 전체를, 별개의 연결고리 대신에 사슬 전체를 인식할 수 있다. 점 잇기 기술은 토막 지식보다 일반 원칙 및 방법론을 배움으로써 향상된다. 일반 원칙과 방법론은 혁신가가 부단히 찾아내는 패턴이나 관계, 유사점이나 차이점을 서로 연결할 수 있는 틀을 제공한다.

점을 잇는 연습을 하려면 다양한 아이디어를 자세히 설명해주는 사람들을 곁에 둬라. 어떤 집단에 속해서 일하는 경우라면 그 집단의 풀을 가급적 다양하게 만들어라. 영화 감상, 독서, 보통 때는 관심 없는 장르나 스타일의 예술작품 관람 등 새로운 경험이나 또는 유비법(명랑한 비관주의, 순종적인 독립성, 부재하는 현존, 외로운 공존, 진짜 모조품 같은 식의 모순어법으로 창의력이 어떠한지 묻고 답하기)을 통해 아이디어를 연결하라.

노벨상 수상자들의 혁신은 기존 아이디어의 독특한 합성이기도 하다. 매우 다른 주제나 분야의 나온 점들을 이으려면 시간이 걸리는 데다, 오로지 상상 속에서만 시작되기도 한다. 합성에 필요한 상상은 은유나 비언어적 소통처럼 최고차원 새 틀 융합력에 의해 촉진된다.

**은유적 사고하기:** 혁신가의 은유적 사고는 유비법을 활용하여 개념적 빈틈을 메우는 데 도움이 된다. 은유는 한 가지 대상이 다른 대상과 비유적으로 유사하다는 점을 암시함으로써 서로 다른 두 대상을 비교하는 것이다. 은유적으로 생각하면 상황을 새로운 관점으로 보는 것이 가능해지고, 이는 보다 독특한 합성으로 이어진다. 그리고 경계를 넘나들어 비교하고, 어떤 주제를 기존 경계 바깥에서 생각하게 만들어 틀 밖 상상력과 새 틀 융합력을 더욱 촉진하고, 청중의 관심을 끌면서 창작물을 홍보하는 데도 도움이 된다. 따라서 은유를 사용하는 것은 사과나무 창의 과정의 최종 단계인 홍보 단계에서도 효과적이다. 은유는 이해하기 쉽고, 청중의 마음속에 생생한 이미지를 새기기도 용이하다. 단순하고 기억하기 쉬우며 유익하다. 다양한 감각에 호소하는 경우 은유가 훨씬 더 기억에 남을 수 있다.

자신이 어떤 사람인지, 또는 무엇에 열정을 느끼는지 암시할 수 있도록 본인의 뚜렷한 관심사에서 은유를 개발하라. 동물이나 상징을 활용한 은유로 이야기를 풀어나가도 좋다.

**시각화하기:** 혁신가(그리고 여성보다는 남성)는 대체로 단어보다는 그림으로 생각한다. 이들의 자기성찰적인 태도와 공상하는 태도는 문제에 대해 숙고하고, 고도의 시각적 심상을 키우는 데 도움이 된다. '아하!' 순간은 대부분 아이디어를 시각화하는 과정에서 발생한다. 시각화는 시각예술이나 공연예술, 글쓰기, 음악, 스포츠, 발명, 발견 등 여러 매체를 넘나드

는 독특한 합성에 필수적이다. 그림 한 점이 천 마디 말의 가치가 있다. 뇌는 대체로 글을 읽을 때보다 이미지로 생각할 때 더 빨리 아이디어를 잠재의식적으로 정리하고, 이해하고, 기억하기 때문이다. 시각화는 창작물을 홍보하는 데도 효과적이다.

시각화를 연습하려면 잘 그리려는 걱정 없이 낙서하고 아무렇게나 휘갈기면서 그림을 그리는 습관을 들여라. 다양한 방식으로 그림을 그려라. 이야기 혹은 책에서 읽은 것을 시각화하라. 그림, 흐름도, 이야기의 순서, 소리, 움직임을 만들어내라. 불가능한 관점을 실제로 구현해보라(불가능한 건물이나 건축, 불가능하게 연결된 그림, 사방으로 끝없이 내려가거나 안으로 들어가는 무한 계단, 기하학적으로 불가능한 평면이나 표면). 시각적 은유와 이미지를 모아뒀다가 발표할 때 단어 대신 활용하라. 해결하려고 애쓰는 중인 문제와 관련된 그림이나 물건, 시각적으로 뭔가를 상기시켜 주는 것들을 근처에 둬라.

**오감으로 생각하기**: 혁신가는 시각, 청각, 촉각, 후각, 미각을 사용하거나 결합하여 본인의 아이디어를 분명히 보여주거나, 서로 무관한 아이디어들을 새롭게 연결하여 독특하게 합성한다.

오감으로 생각하는 연습을 하려면 오감에 주의를 기울이되 한 번에 하나의 감각씩 집중하라. 아니면 감각 가운데 하나를 차단한 다음 느낌이 어떻게 다른지 묘사하라. 잘 안 쓰는 손, 입이나 발가락으로 글씨를 써봐라. 일하거나 놀 때 다양한 재료들을 만지고, 느끼고, 냄새를 맡고, 다

둬봐라. 이야기나 책 속에 등장하는 장소에서는 어떤 냄새가 날지 또는 어떤 소리가 들릴지, 등장인물들이 어떤 냄새를 맡을지, 어떤 소리를 들을지 상상해봐라. 어떤 노래에서 무슨 맛이 날지, 어떤 느낌일지 상상하라. 도시 안에서 민족색이 강한 구역들을 방문하여 냄새와 광경을 곱씹어라. 어떤 과일이나 채소를 오감을 총동원해서 그것을 한 번도 안 먹어 본 사람에게 묘사하라.

**몸으로 생각하기:** 추상적인 개념을 육체적으로 실연해보면 더 구체화된다. 이는 더 나은 아이디어가 더 많이 창출되도록 촉진한다. 육체의 즉흥성을 연습하면 정신적 즉흥성을 자극하게 된다. 제스처와 몸짓언어는 의식적으로 생각하기 전에 즉흥적으로 나오기 때문이다. 혁신가는 육체적이고 적극적이며 정서적으로 생생한 방식으로 생각하고 아이디어를 전달한다. 이는 아이디어를 창출하고, 확장하고, 숙성하는 데 도움이 되고, 그 결과 독특한 합성이 촉진된다. 창작물을 홍보하는 데도 효과적인데, 청중으로부터 강한 육체적, 정서적 반응을 끌어낼 수 있기 때문이다.

틀 밖 상상력을 향상시키는 은유를 실제 행동으로 옮겨봐라. 몸동작을 통해서 추상적인 아이디어가 구체화된다. 대화 없이 오로지 몸으로만 이야기를 들려주거나 상황 또는 사물을 묘사해라. 동작으로 개념, 아이디어, 시, 이야기, 노래를 전달하라. 글을 몸짓, 마임, 소리로 해석하라. 타인이나 동물의 움직임이 갖는 의미를 해석하라. 집에서 만든 악기들로 연주회를 열고, 신체의 움직임과 즉흥성을 위한 공간을 마련하라.

# 사과나무 창의 과정 7단계: 변형

사과는 서서히 차츰차츰 익는다. 더 커지고, 달아지고, 붉어지고, 먹을 수 있게 될 때까지 익어간다. 사과의 긴 변형 과정은 따서 먹을 상태가 될 정도로 준비가 되었을 때 완료된다. 이와 유사하게 혁신가도 합성된 아이디어들을 정교화하고, 정제하고, 단순화하여 유용한 창작물로 변형하는데, 이 과정에 시간이 오래 걸린다. 일례로, 스티브 잡스는 마우스에 기반을 둔 그래픽 유저 인터페이스를 본인이 생각해낸 가전제품으로서의 컴퓨터 개념과 독특하게 합성했다. 그러고 나서는 오랫동안 기능을 정교화하고, 정제하고, 단순화하는 과정을 거쳐 유용한 매킨토시 컴퓨터로 변형했다.

사과를 최상의 품질(크기, 당도, 색깔 등)로 탈바꿈시키기 위해서 정원사는 잡초와 해충을 통제하고, 상한 과일을 솎아내고, 적절한 양의 비료와 물을 공급한다. 비료를 너무 많이 주면 잎과 싹이 무성해지기는 하나 열매가 더 적게 열리거나 크기가 작아진다. 이와 유사하게 혁신가가 아이디어를 최대한 유용하게 변형할 때도 반드시 정교함과 단순함 사이에서 완벽한 균형을 찾아야 한다.

## 아이디어를 변형하는 기술들

대단한 아이디어를 갖고만 있는 것보다 그 아이디어를 창작물로 변형하기가 훨씬 더 어렵다. 오랜 시간 동안 하나의 이야기를 실제로 쓰는 것(유용한 것)과 단지 어떤 이야기를 즉흥적으로 상상하는 것(독특한 것) 사이의 차이와 비슷하다. 혁신가는 정교화, 상상력을 발휘한 정제, 단순함 추구 등 새 틀 융합력을 발휘하여 합성된 아이디어를 하나의 창작물로 변형한다. 틀 밖 상상력보다는 틀 안 전문성을 더 많이 쓰는 지적 교류를 통해 단순함을 추구하면서 상상력을 발휘하여 창작물을 정제하고, 끈질기게 정교화한다.

**끈질기게 정교화하기:** 혁신가는 필요에 따라 즉흥적이고 유연한 틀 밖 상상력에서 집요하고 체계적인 틀 안 전문성으로 전환하는 새 틀 융합가이다. 덕분에 고된 정교화 과정 및 기술(세부적인 것까지 완성하기, 설명하

기, 확장하기, 강화하기), 지난한 변형 단계의 완수가 가능해진다. 끈기는 모든 혁신가가 하나같이 공유한 가장 중요한 태도 가운데 하나로, 변형 단계, 그 중에서도 특히 정교화 과정에 필요하다.

여성은 대체로 끈기가 있고 세부사항에 관심을 기울이는 덕분에 틀 안 전문성, 그리고 새 틀 융합력의 정교화 기술에 능하다. 그런데 여성의 정교화는 틀 밖 상상력을 희생시킨다. 틀 안 전문가들은 집요하고 논리적이며 체계적인 사고를 하는데, 이는 창작물의 유용성에 기여한다. 하지만 이들의 끈질긴 정신은 유연한 정신을, 그리하여 틀 밖 상상력을 희생시킨다. 이와 대조적으로 틀 밖 상상가는 즉흥적이고, 현실성을 별로 따지지 않으면서 무작위적이고 잠재의식적인 사고를 하는데, 이는 창작물의 독특함에 기여한다. 다만, 대체로 다른 새로운 아이디어나 기회에 정신이 팔리기 때문에 끈기가 부족할 수 있다. 게다가 틀 밖 상상가의 유연한 정신은 끈질긴 정신을, 그리하여 틀 안 전문성을 희생시킨다.

틀 안 전문성 혹은 틀 밖 상상력 어느 하나만 가지고는 혁신을 달성할 수 없다. 틀 안 전문성이든 틀 밖 상상력이든 반드시 새 틀 융합력을 거쳐야만 혁신으로 이어지기 때문이다. 따라서 틀 안 전문가와 틀 밖 상상가 간의 지적 교류가 혁신의 기회를 증진시킨다.

정교화를 연습하려면 최근에 다녀온 여행, 또는 다른 시간이나 장소에 있다면 했을 일을 가급적 믿을 만한 세부 내용을 많이 써서 정교화하라. 해결되지 않은 미스터리와 관련된 세부 사항들이나 이야기의 깊은 뜻, 등장인물들의 행동, 그리고 시詩를 탐구하고, 검토하고, 더하라. 잡지를 아무 페이지나 무작위로 펼쳐서 나온 사진을 장식하고, 꾸미고, 무슨 일이 벌어지는 중인지, 사람들이 무엇을 하는 중인지 혹은 어떤 감정을 느끼고 있는지, 그 사람들이 그곳에 어떻게 도착하게 되었는지, 그들에게는 어떤 배경 이야기가 있는지 세부 내용을 더해봐라.

**상상력을 발휘하여 정제하기:** 합성된 아이디어를 상세하게 정교화한 다음에 혁신가는 그것을 더욱더 다듬는데, 이는 사소하고 미묘한 변화를 통해 뭔가를 개선하여 독특함을 끌어내는 기술이다. 정제는 구체적일 수도 있고, 상상에 의한 것일 수도 있다.

틀 안 전문가는 점증적인 변화와 반복을 거쳐 새로운 정제가 성과에 미치는 파급력을 측정할 수 있는 형태의 구체적인 정제를 선호한다. 틀 밖 상상가는 상상력을 발휘하는 정제를 더 많이 활용한다. 상상에 의한 정제는 반복적이지 않다. 대신 창작물의 독특함을 키우는 예상 밖의 변주를 통해 실험한다. 새 틀 혁신가는 틀 밖 상상가와의 지적 교류를 통해 상상력을 발휘하여 본인의 창작물을 정제한다. 잡스는 워즈니악과, 아인슈타인은 베소와 그렇게 했다. 타인과의 지적 교류는 혁신가가 창작물을 더욱 정제하도록 도와서 새로운 아이디어를 촉발시키기도 한다. 혁신가는 다양한 관점을 얻고, 냉철한 비판을 끌어안으며, 실수와 실패를 통해 끈질기게 계속 나아가면서 훌륭한 창작물을 더 훌륭하게 만든다.

**단순함 추구하기:** 정교함과 복잡함이 지나치면 창작물의 유용성이 줄

어든다. 너무 부족해도 마찬가지다. 오늘날 당연시되는 기초 개념이나 기술도 한때는 너무 복잡해서 대부분의 사람이 이해하지 못하던 시절이 있었다. 하지만 역사 전반에 걸쳐 혁신가는 복잡함을 단순함으로 변형해왔다. 가능한 선택지들을 단순히 거른다거나, 범위를 좁혀서 선별하는 게 아니다. 복잡함의 반대인 미니멀리즘은 제한적인 유용성을 낳을 뿐이다. 그런데 단순화 기술은 복잡한 시스템의 완전한 이해에서 출발한다. 그런 다음에는 본질만 남기고 방해 요소 혹은 중요하지 않은 요소들을 제거함으로써 유용하도록 만든다. 유용한 변형을 위해 단순화 기술에서는 틀 밖 상상력보다는 틀 안 전문성을 더 많이 활용한다.

단순화를 연습하려면 극적인 사건이나 복잡함이 있겠지만 그래도 삶에서 단순한 기쁨을 찾아라. 냉소적으로 살기에는 인생이 너무 짧다. 미래의 여러 상황을 설명하고 단순화하는 데 활용 또는 재활용할 수 있는 복잡한 상황의 필수 요소들(역사적 추세, 서술 자료, 판례)을 찾아라. 뻔한 정보를 제거하여 중대한 기능성을 증폭시켜라(가장 큰 변화를 만들어내는 자료 가운데 10퍼센트만 선택하기). 타인이 여러 수준의 정교함 또는 단순함에 어떻게 대응하는지 비교함으로써 세부 내용이 너무 적은 것과 너무 많은 것 사이에서 균형을 찾아라.

잡스는 전화기, 음악 재생장치, 내비게이션의 복잡한 합성을 단순하고 쓰기 쉬운 하나의 아이폰으로 결합했다. 오키프는 꽃잎을 비롯한 세세한 부분들을 일일이 그리는 대신 다채롭고 도발적인 작품에서 꽃의 가장 독특한 정수를 확대함으로써 단순함을 달성했다. 만델라의 장기 수감 생활은 그가 외적인 성취 대신 내적인 풍요에 집중하는 데 도움이 되었고, 이를 통해 만델라는 자기 내면의 단순함, 개인의 이익보다는 인류애를 달성할 수 있었다. 아인슈타인은 하급 특허심사관에 불과했지만, 중구난방이거나 복잡한 특허 출원 서류들을 검토하고 고쳐 쓰면서 단순화하는 법을 익혔다. 덕분에 복잡한 개념을 다른 물리학자들도 이해하고 활용할 수 있을 정도로 단순하면서도 대담한 방식으로 변형해 설명할 수 있었다. 다른 물리학자들도 유사한 아이디어를 떠올리기는 했으나 오직 아인슈타인만이 본인의 혁신적인 이론을 단순화하고 홍보하여 세상에 그 가치를 인정받았다.

　타인의 창작물을 세상 사람들이 이해할 수 있는 단순한 설명으로 변형하여 더 폭넓은 청중이 그 창작물에 접근할 수 있도록 만드는 경우도 있다. 일례로, 프리먼 다이슨은 복잡한 물리학 이론들을 완전히 숙지한 다음 리처드 파인만, 줄리언 슈윙거, 도모나가 신이치로의 양자전기역학 이론들을 결합하여 파급력이 대단한 논문 두 편을 썼다. 다이슨의 단순한 설명은 독특하고 복잡한 이론들을 다른 물리학자들이 이해할 수 있는 유용한 방식으로 변형했다. 다이슨의 단순화 덕분에 앞서 언급한 물리학자 세 사람은 1965년에 노벨물리학상을 받을 수 있었다.

# 사과나무 창의 과정 8단계: 홍보

사과나무 창의 과정의 최종 단계 동안 혁신가는 청중의 관심을 끌기 위해 주로 틀 밖 상상력에 기대다가, 창작물의 특징과 이점을 설명하기 위해 틀 안 전문성을 활용한다. 정원사는 노동의 결실을 계획하고, 수확하고, 판매할 때 좋은 타이밍이 긴요하다는 사실을 잘 알고 있다. 열매를 너무 빨리 따면 맛이 충분히 들지 않을 테고, 너무 늦게까지 그냥 놔두면 저장성이 떨어지거나, 어쩌면 썩어버릴지도 모른다. 새나 곤충이 해를 입히거나 못쓰게 만들 수도 있다. 정원사는 열매의 상태가 나빠지기 전에 되도록 빨리 팔아야 한다. 원거리 수송 가능성도 있으니 위치도 대단히 중요하다.

마찬가지로 혁신가 역시 본인의 창작물을 적시적소에 홍보한다. 혁신가는 적절한 장소나 시기가 오기 전에 사과나무 창의 과정의 모든 단계를 완수함으로써 적임자가 된다. 적절한 장소라 함은 혁신가의 창작물이 잘 받아들여지는 곳이다. 아인슈타인에게는 취리히, 잡스에게는 실리콘밸리, 만델라에게는 요하네스버그, 오키프에게는 뉴욕, 퀴리에게는 파리였다. 다문화적인 도시들은 비순응성을 중시하고 국적, 인종, 종교, 성적 지향이 다양한 외부자들을 수용한다. 이런 도시에 있으면 지적 교류와 홍보에 성공할 확률이 높아진다.

## 아이디어를 홍보하기 위한 기술들

혁신가는 홍보에 최고차원 새 틀 융합력(은유, 시각화 등 비언어적 소통, 오감, 몸짓 사용하기)을 활용한다. 합성 단계에서도 사용되는 기술들이다. 그리고 또 다른 최고차원 새 틀 융합력(표현, 네이밍, 스토리텔링 등)도 홍보에 활용한다. 표현 기술은 틀 밖 상상력보다는 틀 안 전문성을 더 많이 써서 특징과 이점을 설명한다. 반면 네이밍과 스토리텔링 기술은 틀 안 전문성보다는 틀 밖 상상력을 더 많이 써서 관심을 유도하고 설득한다.

**특징과 이점 표현하기:** 혁신가는 자신의 고유한 감정과 생각을 표현하는 능력을 키우는데, 이는 사과나무 창의 과정 전반에 걸쳐 대단히 중요하다. 개방적 태도, 수완 좋은 태도, 공감하는 태도 덕분에 혁신가는 타인으로부터 배울 수 있고, 청중이 원하고 필요로 하는 것을 이해하게 된다. 합성된 아이디어들을 하나의 창작물로 변형하는 과정을 완료하면 혁신가는 또 다시 지적 교류를 하면서 창작물의 독특하고 유용한 특징과 이점을 남들에게 알린다. 이들은 수용적인 청중뿐만 아니라 아이디어 킬러들과 비평가들도 창작물을 이해하고, 받아들이고, 갈망할 수 있게끔 단순한 방식으로 표현한다.

표현하는 연습을 하려면 여러 가지 요점들로 아이디어를 정리한 다음 그 요점들에 초점을 맞춰서 전달하라. 협상할 때는 악수를 한다든지, 음료나 음식을 제공한다든지, 협상 상대나 청중의 소통 방식을 모방하여 신뢰를 쌓아라. 거울 혹은 믿을 만한 친구들 앞에서 발표 연습을 하거나, 직접 발표하는 모습을 녹화해서 본인의 몸짓언어를 관찰하라. 말은 단호하게 하고, 머뭇대는 표현이나 부정적인 제스처는 피하라.

**관심을 끄는 독특한 이름 짓기:** 혁신가는 창작물에 타인의 관심을 끄는 이름이나 제목을 사용한다. 다시 말해, 짧으면서도 구체적으로 이름이나 제목을 짓는다. 이렇게 하면 청중이 기억하기도, 타인에게 전달하기도 쉽다. 혁신가가 붙인 이름이나 제목은 청중에게 이득이 되는 점과 키워드로 창작물의 정체를 알려주고, 타깃 청중을 끌어당기며, 언론사나 정보 제공 매체의 검색 엔진에 최적화된다. 게다가 흥미롭거나 도발적이기도 해서 청중의 호기심이나 정서적 반응을 자극한다.

일례로, 퀴리 부부가 역청우라늄석에서 우라늄과 토륨을 제거한 뒤에

추가로 다른 방사성원소를 분리해냈을 때 마리 퀴리는 모국인 폴란드의 이름을 따서 새 원소를 '폴로늄'이라고 명명했다. 당시 폴란드는 독립국가로 존재하지 않았음에도 불구하고 마리는 폴란드의 독립을 염원하며 그런 이름을 붙였고, 이는 의도치 않게 도발적이었다.

네이밍을 연습하려면 본인의 자서전 제목을 생각해보고, 인생 경험에 딱 들어맞는 핵심 구문들을 선별하라. 명랑하고 재미있고 긍정적인 제목을 지어라.

**스토리텔링으로 설득하기:** 스토리텔링은 자리를 뜰 수 없을 정도로 흥미진진한 이야기를 지어내는 기술이다. 뇌는 여러 전달 형태 중에서도 특히 이야기를 더 잘, 그리고 더 오랫동안 기억한다. 정보는 이야기와 경험으로 저장되기 때문이다. 혁신가는 홍보에 스토리텔링을 활용하는데, 그 결과 틀 밖 상상력과 새 틀 융합력이 더욱 향상된다. 혁신은 논리적인 주장이나 사실에 기반한 정보보다는 스토리텔링의 감정적 호소에 더 많이 의존한다. 스토리텔링은 보다 단순하게 전달하고, 청중의 감정에 호소하여 정보를 기억할 만하게, 또 설득력 있게 만든다. 단순히 설명하는 대신 보여주는 것이다. 스토리텔링으로 창작물을 전할 뿐만 아니라, 청중의 스토리텔링 역시 귀담아 들으면서 상호 이해에 도달한다. 또 타인의 부정적인 혹은 중요한 피드백에 선제적으로 대응하고, 창작물의 긍정적인 속성을 증폭시키며, 사람들이 보다 광범위한 청중에게 구전하도록 독려함으로써 실제 판매로 이어지기도 한다.

스토리텔링을 연습하려면 친분을 맺거나 긴장된 상황을 누그러뜨리기 위한 대화를 시작하라. 이야기의 배경지식을 공유하면서 청중이 주제에 친숙해지도록 하고, 개인적인 관련성을 맺게 만들어라. 또 현실적인 플롯과 일련의 사건들을 제공하라. 전해들은 이야기를 해줄 때는 세부 내용 가운데 어떤 부분이 확실한 것인지, 추론된 것인지 진실해야 한다. 청중과 공동으로 협력하여 목표를 추구하고, 청중에게 뭘 사야 하는지 말해주기보다는 서로의 욕구와 능력에 대해 더 알아가라.

애플의 신제품을 홍보할 때 잡스는 본인의 창작물을 소개하는 능수능란한 이야기꾼이었다. 어린 시절 부끄럼 많고 혼자 있기 좋아했던 잡스는 대학 때 친구인 로버트 프리들랜드로부터 남들이 자신의 비전을 공유하게끔 설득력 있고 카리스마 있게 납득시키고 확신시키는 법을 배웠다. 다음은 1997년에 나온 애플의 유명한 60초짜리 영상의 내용이다.

> 미친 자들을 위해 축배를. 부적응자들. 반항아들. 사고뭉치들. 네모난 구멍에 박힌 둥근 못 같은 이들. 세상을 다르게 보는 사람들. 그들은 규칙을 싫어합니다. 그리고 현상 유지를 존중하지 않습니다. 그들의 말을 인용할 수도, 그들에게 동의하지 않을 수도, 그들을 찬양하거나 비난할 수도 있습니다. 다만, 당신이 할 수 없는 단 한 가지는 그들을 무시하는 것입니다. 그들이 세상을 바꾸기 때문입니다. 그들은 인류를 앞으로 나아가게 합니다. 그들을 정신 나간 사람으로 보는 사람들도 있을지 모릅니다. 하지만 우리는 그들을 천재로 봅니다. 본인이 세상

을 바꿀 수 있다고 믿을 정도로 미친 자들, 바로 그런 자들이 실제로 세상을 바꾸기 때문입니다.

이 스토리텔링 광고에서 잡스는 알베르트 아인슈타인, 밥 딜런(음악과 시가 사회에 어떤 식으로 영향을 미칠 수 있는지 보여준 음악가), 마틴 루터 킹(비폭력 시민 불복종을 통해 인종차별 극복 운동을 이끈 침례교 목사), 리처드 브랜슨(작은 음반회사로 시작해 10억 달러 항공사를 이끌게 된 기업가), 존 레논(자신의 유명세를 이용하여 세계 평화 같은 대의를 알린 음악가), 토머스 에디슨(세상 사람들이 전구나 축음기처럼 삶을 바꾸는 기술들을 이용할 수 있도록 만든 발명가), 버크민스터 풀러(지오데식 돔을 대중화한 건축가이자 시스템 이론가), 무하마드 알리(본인의 유명세를 이용해서 인종차별과 빈곤에 맞서 싸운 권투선수), 테드 터너(뉴스 매체에 혁명을 일으킨 CNN을 창립한 언론 재벌), 마리아 칼라스(한 예술 분야의 형식을 재정립한 오페라 가수), 마하트마 간디(시민 불복종을 통해 압제를 극복할 수 있음을 조직적이고 성공적으로 증명한 인도 독립운동 지도자), 아멜리아 에어하트(편견과 고정관념을 이겨내고 항공 기술을 개척하고 대중화한 초기 여성 조종사), 알프레드 히치콕(영화를 예술로 끌어올린 감독 겸 제작자), 마사 그레이엄(안무 기술과 무용에 혁신을 일으킨 무용가), 짐 헨슨(교육 프로그램과 영화에 인형을 사용하는 대변혁을 일으킨 인형극 공연자 겸 제작자), 프랭크 로이드 라이트(우수한 최신 기술과 부상하는 양질의 재료를 지렛대 삼아 도시 건축 및 가구 설계를 근본적으로 철저하게 바꿔놓은 건축가), 파블로 피카소(시각예술을 통해 인간 사고의 추상적인 근간을 드러낸 화가) 같은 위대한 혁신가의 삶을 시각적으로 언급한다.

애플 광고는 이야기를 통해 이 혁신가에게, 그리고 더 나은 방향으로 세상을 바꾼 이들의 에너지 넘치는 태도, 큰 그림을 생각하는 태도, 비순응적인 태도, 위험을 감수하는 태도, 반항적 태도에 찬사를 보낸다. 사실 대다수 사람들은 혁신가의 그러한 태도들을 부정적으로 보는데도 말이다. 잡스의 스토리텔링은 '컴퓨터로 사람들이 세상을 바꾸는 데 보탬이 되고자 하는 외부자'라는 애플의 이미지를 만들어냈다. 그리고 이러한 이미지 덕분에 애플 컴퓨터 사용자들의 강한 감정, 영감, 욕구, 자부심과 애플 간의 연대감이 형성되면서, 애플은 부도 위기에서도 살아남아 세계에서 가장 가치가 큰 기업이 될 수 있었다.

스토리텔링은 만델라의 성공에도 중요했다. 처음에 그는 마하트마 간디의 비폭력 저항에 전념했다. 그런데 1960년 샤프빌에서 경찰이 비무장 남아프리카 흑인 69명을 학살하고 후속 조치로 ANC를 금지하자 노선을 바꿨다. 1961년 만델라는 아파르트헤이트를 종식시키기 위해 사보타주와 게릴라 전술을 쓰는 ANC의 군사 부문을 공동 출범시켰다. 이 일로 그는 수감되었고, 노동자 파업을 선동하고 정부의 허가 없이 출국했다는 혐의로 기소되었다. 1964년 리보니아 재판에서 사형선고를 받을 상황에 처한 만델라는 본인을 방어하기 위한 변론 대신 4시간에 걸친 스토리텔링으로 청중을 사로잡았다. 그는 인종 평등 투쟁에 참여한 이유, 남아프리카의 다인종 민주주의를 달성하기 위해 폭력적인 저항 방식을 택할 수밖에 없었던 이유 등을 비롯하여 자신의 인생 여정을 들려주었다. 만델라는 마지막으로 이렇게 이야기를 끝맺었다.

나는 평생 아프리카인들의 투쟁에 투신해왔습니다. 나는 백인의 지배에 맞서 싸워왔습니다. 나는 흑인의 지배에 맞서 싸워왔습니다. 나는 모든 사람이 조화롭게, 동등한 기회를 누리면서 더불어 살아가는 민주적이고 자유로운 사회의 이상을 마음속에 간직해왔습니다. 이것이야말로 내가 바라는 삶의 이유, 이루고자 하는 이상입니다. 필요하다면 내 목숨과도 바꿀 각오가 되어 있는 이상입니다.

만델라의 이야기는 그를 탄압한 사람들을 비롯하여 수천 명의 마음을 건드렸다. 만델라는 피고의 항변, 세계 도처에서 일어나는 부당함과 불의에 주목하고, 압제 하에서 살아가는 사람들에 대한 인간의 깊은 양심 속 인류애를 불러일으키는 평범한 한 인간의 호소로 바꿔놓았다. 만델라의 스토리텔링은 그가 더 큰 목적을 위해 기꺼이 목숨을 내놓는, 진실로 용감한 혁신가라는 사실을 보여주었다. 그가 마음속에 품고 있던 원칙들이 용기의 원천이었다. 소심하게 벌벌 떨면서 그의 열정과 목표를 부정하는 것이 만델라에게는 가장 큰 위험이었다는 사실을 청중도 분명히 알게 되었다. 그는 자신의 큰 꿈을 현실로 탈바꿈시키기 위해서라면 죽음도 기꺼이 마주했다. "죽을 각오가 되어 있다"는 만델라의 최후 진술이 그를 사형 선고에서 구해냈다.

# 사과나무 창의 과정에 적용되는 ION 사고력

ION 사고와 사과나무 창의 과정은 혁신을 준비하고 달성하기 위한 모형이다. 아마추어이건 전문가이건 상관없이 본인이 바라는 창작물에 따라 맞춤식으로 누구든지 해볼 수 있다.

1984년 잡스가 최초의 컴퓨터에 다양한 서체(폰트)를 구현하는 기능을 만들어낸 과정을 ION 사고가 적용되는 사과나무 창의 과정으로 설명할 수 있다.

**1단계(전문성 개발):** 열 살 때 잡스는 처음으로 데스크톱을 보고 나서 뚜렷한 관심사에 불이 붙었다. 곧바로 그는 폭넓은 경험과 독서를 통한 틀 안 전문성을 활용하여 컴퓨터에 대한 전문성을 키우기 시작했다.

**2단계(욕구 식별):** 컴퓨터에 대한 전문성을 키우면서 잡스는 틀 밖 상상력을 활용하여 사용자의 욕구를 알아냈다. 그렇게 해서 생각해낸 것이 바로 가전제품으로서의 컴퓨터, 개인용 컴퓨터라는 개념이다.

**3단계(아이디어 창출):** 잡스는 틀 밖 상상력을 바탕으로 워즈니악과 함께 여러 가지 재료, 방법, 기기, 기술을 집어넣어 개인용 컴퓨터의 성능을 향상시키고자 수많은 아이디어를 숙고 끝에 떠올렸다. 대학 중퇴 직후에 들었던 수업에서 비롯된 캘리그래피에 대한 아이디어도 여기에 포함되어 있었다.

**4단계(잠재의식적 처리):** 아이디어를 창출한 다음에는 휴식을 취하면서 개인용 컴퓨터에 대한 식별된 욕구를 충족시킬 수 있는 아이디어 전체의 큰 그림을 보았다. 이는 잡스가 보다 독특한 아이디어를 창출하는 데 도움이 됐다.

**5단계(아이디어 평가):** 긴 휴식을 취하면서 창출된 아이디어로부터 거리를 두고 떨어져 있다가, 그 아이디어들이 얼마나 유용한지 또는 유용하지 않은지 알아보기 위해서 비판적 사고를 통해 시험하고 평가했다.

**6단계(합성):** 캘리그래피를 비롯한 미술, 디자인을 기술과 새 틀 융합력을 통해 합성한 결과로 도출한 아이디어 중 하나는 당시 대부분의 화면에서 보이던 초기 컴퓨터 글꼴 대신 사용자가 지정하는 맞춤형 서체를 선택할 수 있도록 한 것이었다. 이 합성은 아날로그적인 기술인 캘리그래피와 첨단 기술의 산물인 컴퓨터의 성공적인 결합을 의미했다.

**7단계(변형):** 캘리그래피와 컴퓨터의 합성은 단순한 기술적 결합만을 뜻하지 않는다. 잡스의 새 틀 융합력으로 이 합성을 정제하고 변형하여 오늘날 모두에게 자연스러운 개념인 개인용 컴퓨터personal computer의 원형 중 하나라 할 수 있는 맥Mac이 탄생한 것이다. 나아가 오늘날 모두에게 익숙한 개념인 UI와 UX, 즉 사용자 인터페이스user interface와 사용자 경험user experience 역시 개인용 컴퓨터라는 개념이 등장하면서부터 본격적으로 다뤄지기 시작했다.

**8단계(홍보):** 마지막으로 잡스는 새 틀 융합력을 발휘해 재밌고 색다른 방식으로 청중에게 창작물, 맥을 홍보했다. 그리고 자신의 창작물에 대한 독특한 스토리텔링 및 기억하기 쉽고 호감 가는 이름을 통해 충성도 높은 새로운 소비자들을 탄생시켰다. 이후에 세계 최고의 기업으로 발돋움할 애플의 시작은, 이렇게 자그마한 아이디어에서부터 시작되었다.

## 사과나무 창의 과정 내의 ION 사고력

| 사과나무 창의 과정 단계 | ION 사고력 구체적 기술 | 주 사고력 |
|---|---|---|
| 1. 전문성 개발 | 암기 | 틀 안 전문성 (전문지식·기술) |
| 1. 전문성 개발 | 이해 | 틀 안 전문성 (전문지식·기술) |
| 1. 전문성 개발 | 적용 | 틀 안 전문성 (전문지식·기술) |
| 2. 욕구 식별 | 숨겨진 혹은 근원적인 욕구 발견 | 틀 밖 상상력 |
| 3. 아이디어 창출 | 유창한 사고 | 틀 밖 상상력 |
| 3. 아이디어 창출 | 유연한 사고 | 틀 밖 상상력 |
| 3. 아이디어 창출 | 독창적 사고 | 틀 밖 상상력 |
| 4. 잠재의식적 처리 | 아하! | 틀 밖 상상력 |
| 5. 아이디어 평가 | 분석 | 틀 안 비판력 (비판적 사고) |
| 5. 아이디어 평가 | 평가 | 틀 안 비판력 (비판적 사고) |
| 6. 합성 | 큰 그림 사고 | 새 틀 융합력 |
| 6. 합성 | 경계 넘나들기 | 새 틀 융합력 |
| 6. 합성 | 패턴 찾기 | 새 틀 융합력 |
| 6. 합성 | 점 잇기 | 새 틀 융합력 |
| 7. 변형 | 정교화 | 새 틀 융합력 |
| 7. 변형 | 정제 | 새 틀 융합력 |
| 7. 변형 | 단순화 | 새 틀 융합력 |
| 8. 홍보 | 표현 | 새 틀 융합력 |
| 8. 홍보 | 네이밍 | 새 틀 융합력 |
| 8. 홍보 | 스토리텔링 | 새 틀 융합력 |

## 나가는 말

모든 사과 씨앗이 근사하고 멋진 사과나무로 자랄 수 있는 것처럼, 아이들도 모두 창의적인 혁신가가 될 잠재력을 지니고 태어난다. 하지만 오직 비옥한 토양에 심어져서 밝은 태양, 거센 비바람, 자유로운 공간을 받아들이고 누린 씨앗만이 가장 맛있는 사과를 맺는 사과나무로 자랄 수 있다. 탁월한 농부는 씨앗의 유전적인 측면에 기대서는 안 되고, 4S 풍토를 조성하여 씨앗의 잠재력을 끌어내야 한다는 사실을 잘 안다.

마찬가지로 양육자 역시 아이의 유전적 탁월함이나 타고난 재능을 기대하기보다는, 아이에게 맞는 4S 풍토를 조성해주어 창의적 잠재력을 일깨워줘야 한다. 유전적 탁월함이나 타고난 재능에 대한 맹신은 아이가 노력하고 시도하려는 의지 자체를 꺾는다. 내가 예전에 한국에서 가르쳤던 학생과 지금 미국에서 가르치는 학생의 가장 큰 차이가 여기에 있다. 한국 학생은 노력의 힘, 내적 통제 소재를 믿는데, 미국 학생은 타고난 능력, 외적 통제 소재를 믿는다. 더 중요하게는 이러한 믿음과 태도가 학생이 피드백을 어떻게 수용하고 적용하는지, 그래서 어떻게 역량이 향상되는지에 영향을 미친다는 점이다.

　미국 학생은 직설적이고 솔직한 피드백을 기분 나쁘게, 인신공격으로 받아들인다. 반면 한국 학생은 같은 피드백을 더 열심히 할 동기로 삼는다. 적당한 성취에도 트로피를 주거나, 끊임없이 긍정적인 피드백만 제공하면 목표 달성에 정말로 필요한 능력을 잃고 만다. 칭찬이나 긍정적인 피드백만 좋고, 부정적인 피드백은 나쁘다고 여기는 사람이 많다. 하지만 목표 달성의 측면에서는 부정적인 피드백이 긍정적인 피드백보다 효과적이다. 냉철하면서도 방향성이 분명한 피드백, 즉 비바람 풍토는 창의력 개발에 대단히 중요하다.

　사과나무 창의 과정 내에서 틀 안 전문성, 틀 밖 상상력, 새 틀 융합력을 적절한 때에 적용하면 혁신이 촉진된다. 양육자는 4가지 풍토를 순차적으로 모두 조성하면서, 되도록 일찍 아이들이 뚜렷한 관심사를 발견하고, ION 사고를 발달시키도록 도와야 한다. 처음에 자신의 뚜렷한 관심사에 대한 전문성을 키우는 데는 암기와 이해력이 필요하고, 이후에는 적용 기술을 익혀야 한다. 마주한 상황이나 문제를 배우고 습득한 지적 도구로 해결할 수 있다.

　안타깝게도 대부분의 표준시험에서는 이러한 응용력이 측정되지 않는다. 독특한 아이디어를 창출하려면 틀 안 전문성과 더불어 틀 밖 상상력도 반드시 키워야 한다. 아이들은 대부분 틀 밖 상상력을 발휘할 수 있다. 그런데 반 창의적 태도를 기르는 반 창의적 풍토, 특히 시험 위주 풍토에 있으면 틀 밖 상상력이 계속해서 줄어든다. 틀 밖 상상력의 저하는 먼저 가정에서, 이후에 학교에서, 나아가 사회에서도 이어진다.

  표준시험 위주의 교육제도에 자원을 쏟으면 안 되는 중요한 이유 하나가 바로 틀 안 전문성과 틀 밖 상상력에 미치는 부정적인 영향 때문이다. 심지어 표준시험이 항상 일관된, 혹은 표준적인 방식으로 관리, 운영, 채점되지 않는다는 의미에서는 정확한 '표준화'를 보장하지도 않는다. 일례로, 2012년 5월 5일 내 아들이 SAT를 볼 때 시험 감독관들이 고사실에 늦게 온 바람에 일부 과목의 시험 시간이 단축되고 말았다. 응시생들은 공황 상태에 빠졌고 이는 시험 점수에도 영향을 미쳤다.

  단적인 예일 수 있지만 학생의 학업적 잠재력, 적성과 소질, 성취에 대한 평가로서의 표준시험에 신뢰성과 타당성이 그리 높지 않다는 사실을 확인하기에는 모자람이 없는 사례이다. SAT나 ACT 등의 표준시험 점수는 학생의 대학 입학에 가장 큰 영향을 미치는 데도 말이다.

  미국 고등학교 내신 시험인 GPA, 과외활동 등 다양한 경험이 표준화된 시험 점수보다 중요하다는 주장도 있다. 하지만 종적 데이터 분석 결과에 따르면, 대학은 결국 시험 점수를 가장 중시한다. 게다가 소위 '좋은' 대학은 시험 점수에 더 큰 비중을 부여하고 있다. SAT와 ACT 점수는 학생들의 IQ와 매우 높은 상관관계가 있다는 점에서, 대학은 '똑똑한' 학생을 선호하기 때문이다.

  그런데 표준시험은 학생이 대학 교육을 받을 '준비가 되어 있음'을 측정하게끔 되어 있다. 누가 똑똑한지, 더 똑똑한지, 제일 똑똑한지 찾아내도록 고안된 표준시험을 대비하는 과정에서 창의력은 떨어진다. 더 심각한 문제는 시험 점수가 가정 소득과 연계된다는 점이다. 고소득 가정의 학생은 비싼 사립 고등학교에 들어가고, 입시 강의를 듣거나 과외 받을 여유가 있다. 이에 반해 취약 가정의 학생은 그럴 형편이 못 된다.

'누가 똑똑한지, 더 똑똑한지, 가장 똑똑한지' 알아내려는 헛되고 소모적인 감별은 '누가 부자인지, 더 부자인지, 제일 부자인지' 판별하는 경쟁으로 변질 중이다. 실제로 이는 시험의 목표에서 멀어지는 역효과를 낳는다. 이런 풍토에서 아이들은 4S 태도가 꺾이고, 결국 분재화되고 만다. 이런 풍토에 저항하는 아이에게는 '사고뭉치'라는 꼬리표가 붙는데, 만약 이런 아이가 본인의 ION 사고력을 적용할 만한 다른 방법을 찾지 못하면 일탈을 저지르는 문제아가 될 수도 있다.

어떻게 하면 시험 위주 풍토에 맞서 미래의 혁신가를 배출할 수 있을까? 무리에서 삐져나온 아이나 어른을 사고뭉치라고 낙인찍기보다, 그들 안의 창의적 잠재력을 알아봐 줘야만 한다.

나의 멘토인 토런스 박사는 1937년 대학을 졸업하고 처음 발령받은 학교에서 이러한 사실을 발견했다. 그는 사고뭉치로 찍혀 근방의 학교에 진학할 수 없는 학생이 가던 직업 고등학교, 조지아군사대학 부설 고등학교에서 처음 교편을 잡았다. 그는 사고뭉치라 불리는 이 학생들에게서 '특별한 불꽃'을 발견했고, 이에 자극받아 대학원에서 공부해 심리학 학위까지 취득했다. 그 후 토런스 박사는 상담사로 학교에 복귀했으나, 1945년 제2차 세계대전 당시 미국 공군에 곧바로 징집되어 군의 심리사로 복무하게 됐다.

그는 제2차 세계대전과 한국전쟁을 치르며 본인이 생존 훈련을 시켰던 제트기 에이스들에게서도 조지아의 학생들에게서 발견한 것과 똑같은 '특별한 불꽃'을 보았다. 여기서 그는 그 불꽃이 창의적 사고를 가능케 하는 창의적 태도라는 사실을 알아냈다. 제트기 에이스들은 조지아의 '사고뭉치'들과 같은 4S 태도가 있었는데, 바로 그 태도가 그들의 생존력과 직결됐다. 하지만 그 사고뭉치들이 반 창의적인 풍토에 있을 때는 사람들이 그들을 부정적으로만 평가했다.

알베르트 아인슈타인, 스티브 잡스, 넬슨 만델라, 조지아 오키프, 마리 퀴리 등 역사상 가장 위대한 혁신가는 대부분 암기나 기계적 학습을 잘하지는 못했다. 또 반 창의적인 풍토에 있을 때는 사고뭉치 딱지가 붙기도 했다. 우리는 여기서 배워야 한다. 아이들이 시험 성적이나 학업적 성과를 내도록 밀어붙이는 대신, 아이들이 뚜렷한 관심사를 알아내도록 도와야 한다. 골치 아픈 듯 보이는 아이들의 개성이나 행동에서 장기적으로 긍정적인 측면을 보아야 한다. 그래야 ION 사고를 위한 4S 태도를 독려할 수 있다. ION 사고력은 공상하는 태도, 굴하지 않는 태도, 비순응적인 태도, 반항적 태도 같은 골치 아픈 태도들 덕분에 더욱 강화될 수 있다.

더불어 우리 모두 자신의 4S 태도를 긍정적으로 봐야 한다. 한국에서 나는 학생일 때도 교사일 때도 나 자신이 실패자, 사고뭉치인 줄 알았다. 그 뒤의 결혼 생활에서도 나는 똑같은 패배감을 느꼈다. 토런스센터에서 4S 풍토를 경험하기 전까지는 말이다.

자식이 없었던 토런스 박사는 제자들을 자식처럼 여겼다. 그는 가난한 대학원생들의 학비를 지원했다. 그리고 이 사실을 얼마나 잘 감췄는지 이들은 지금까지도 대학원생 시절에 자신이 받은 지원금을 토런스 박사가 아니라 대학이 준 것으로 알고 있다. 이랬던 토런스 박사는 내게도 할아버지 같은 사람이 되었다.

'창의력의 아버지'이던 그는 내가 '창의력의 손녀딸'이 되도록 영감을 북돋워 줬다. 유교권의 반 창의적인 풍토에서 내게 좌절을 안긴 나의 태도들은, 미국의 4S 풍토에 와서는 내 전문성을 키우는 열정이 되었다. 만약 내가 4S 풍토를 만나지 못했더라면 어땠을까.

나의 창의적 잠재력을 알아보고 (토양 풍토에서) 다양한 학업적 자원과 경험을 제공해주고, (햇살 풍토에서) 다양한 이론과 연구 결과를 재미있게 소개해줌으로써 내가 혁신가가 되도록 영감을 불어넣어 줬다. 또 (비바람 풍토에서) 높은 기대치와 냉철한 피드백으로 도전의식을 북돋고, (공간 풍토에서) 유교적 순응주의에서 나를 해방시키면서 나의 개성과 독특함을 발견하고 키울 수 있게 도와준 멘토들을 만나지 못했더라면, 내가 과연 어떤 종류의 사고뭉치가 됐을지 종종 궁금해지곤 한다.

나는 오늘날 세계각지에서 타이거 마더 양육에 관심을 가지는 세태가 우려스럽다. 개방적인 태도는 타인과 외부에서 무언가를 배울 때 유용하다. 이때 '타인과 외부'에는 타이거 마더와 유교 문화도 포함된다. 그리고 타이거 마더 양육에는 그 방식만의 장점이 분명히 있다. 하지만 타이거 마더 양육, 특히 입시지옥을 있는 그대로 받아들인다면 그 양육 방식의 많은 장점에도 불구하고, 혁신은 불가능해지고 말 것이다.

과거 미국의 어른들은 표준시험만이 능사가 아니라는 사실을 자연스럽게 받아들였다. 그들은 별다른 힘을 들이지 않고 아이에게 4S 풍토를 제공하고 아이의 4S 태도를 길러줬다. ION 사고력을 적용하여 혁신을 이뤄내는 수완 좋은 꽃가루 매개자, 호기심 많은 낙관주의자, 불굴의 노력가, 반항적인 공상가를 길러냈다. 대대로 미국의 혁신가를 낳은 것은 시험 점수가 아니라, 반항 정신이었다.

우리가 4S 풍토를 조성하여 개인의 4S 태도를 기를 수 있다면, 역사상 가장 위대한 혁신가에게 영감을 주고, 독려하고, 가르치고, 도전 의식을 불어넣고, 멘토가 되어준 이들과 같은 방식의 양육을 제공하는 셈이 된다. 다양한 자원과 경험을 제공하는 비옥한 토양 풍토, 영감과 격려를 전하는 밝은 햇살 풍토, 높은 기대치와 도전을 자극하는 거친 비바람 풍토, 홀로 있으면서 독특할 자유를 허용하는 자유로운 공간 풍토를 경험한 사람은, 결국 세상이 바라는 위대한 혁신을 우리 모두에게 선물해줄 것이다.

## 인생을 바꾸는 창의력 수업

2024년 9월 18일 초판 1쇄

**지은이** 김경희  **옮긴이** 손성화
**펴낸이** 이원주, 최세현  **경영고문** 박시형

**책임편집** 박현조  **디자인** 디자인붐
**기획개발실** 강소라, 김유경, 강동욱, 박인애, 류지혜, 이채은, 조아라, 최연서, 고정용
**마케팅실** 양근모, 권금숙, 양봉호, 이도경  **온라인홍보팀** 신하은, 현나래, 최혜빈
**디자인실** 진미나, 윤민지, 정은예  **디지털콘텐츠팀** 최은정  **해외기획팀** 우정민, 배혜림
**경영지원실** 홍성택, 강신우, 김현우, 이윤재  **제작팀** 이진영
**펴낸곳** (주)쌤앤파커스  **출판신고** 2006년 9월 25일 제406-2006-000210호
**주소** 서울시 마포구 월드컵북로 396 누리꿈스퀘어 비즈니스타워 18층
**전화** 02-6712-9800  **팩스** 02-6712-9810  **이메일** info@smpk.kr

ⓒ 김경희 (저작권자와 맺은 특약에 따라 검인을 생략합니다)
ISBN 979-11-94246-18-3 (03370)

- 이 책은 저작권법에 따라 보호받는 저작물이므로 무단전재와 무단복제를 금지하며, 이 책 내용의 전부 또는 일부를 이용하려면 반드시 저작권자와 (주)쌤앤파커스의 서면동의를 받아야 합니다.
- 잘못된 책은 구입하신 서점에서 바꿔드립니다.
- 책값은 뒤표지에 있습니다.

쌤앤파커스(Sam&Parkers)는 독자 여러분의 책에 관한 아이디어와 원고 투고를 설레는 마음으로 기다리고 있습니다. 책으로 엮기를 원하는 아이디어가 있으신 분은 이메일 book@smpk.kr로 간단한 개요와 취지, 연락처 등을 보내주세요. 머뭇거리지 말고 문을 두드리세요. 길이 열립니다.